KB071299

나는 왜 이런
사람이 됐을까?

굳게 믿었던
나라는 존재에게
던지는 질문

나는 왜 이런
사람이 됐을까?

Was wir glauben,
wer wir sind

네시베 카흐라만 지음

이은미 옮김

추수밭

한 그루의 나무가 모여 푸른 숲을 이루듯이
청림의 책들은 삶을 풍요롭게 합니다.

✦

저를 믿고 자신의 이야기를 들려준 모든 환자분께,
그리고 해당 사례들에 등장하는 모든 분께 이 책을 바칩니다.

✦

머리말

이 책을 쓰기 시작할 무렵, 내 머릿속은 환자들이 들려준 이야기들로 가득했다. 그 이야기들을 하나하나 적어 내려가는 동안, 나는 환자들의 이야기와 내 이야기가 어느 정도 겹친다는 사실을 깨달았다. 여기에는 내 이야기도 좀 섞여 있을뿐더러, 이 책에서 던지는 질문들 다수는 나 자신을 향한 것이기도 하다.

자기 자신에 관한 저만의 가정Assumption. 이 주제로부터 자유로울 사람은 아무도 없다. 때론 유익하고 때론 방해되는, 자신에 관한 가정은 우리 모두에게 있다. 그리고 이는 대개 서로서로 비슷하다.

나는 베를린 시내의 어느 카페 창가에 앉아 머리말의 마지막 문구들을 작성하고 있었다. 카페 안 사람들은 노트북으로 바삐 일하고 있었고, 카페 밖은 활기로 넘쳐났다. 내 시선은 카페 앞을 지나가는 사람들에게로 자꾸만 향했다. 그 사람들의 신념이 궁금했다. 그들에 대해 어떤 평가를 내리고자 하는 게 아니다. 원격으로 진단하려는 것도 아니다. 신념은 병리적인 게 아니기에 그럴 수도 없다. 신념은 지극히 정상적인 거다. 신념은 우리 모두와 관련되어 있고, 그렇기에 우리는 지극히 평범한 사람들이다.

우리의 신념은 자기 자신에게 해가 되는 가정을 내포하고 있을 수 있다. 더 나아가 다양한 생물학적·심리학적·사회적 요인과 결합하면서 치료까지 필요한 질환을 유발할 수도 있다. 그런데 신념들이 존재하는 데에는 다 그만한 이유가 있다. 이 세상으로부터 우리가 얻어낸 정보들을 그 무엇보다 우리의 신념이 가장 잘 설명해줬던 순간들이 분명 존재할 것이다. 우리의 신념이 우리에게 삶, 인간, 그리고 이 세상에 관해 설명해줬다. 신념은 우리 내면에 존재하는 나침반과도 같았다. 하지만 나이를 먹어가며 우리는 성장과 성숙을 거듭하고 삶의 변화를 마주한다. 그렇기에 이제는 이 오래된 나침반을 한 번 점검해보고 필요하다면 새롭게 수리해볼 때가 됐다.

앞으로 우리는 내가 만나왔던 다양한 환자의 이야기와 그들의 개인적인 신념을 접하게 될 것이다. 마지막 장에 소개된 문항들은 우리 자신의 신념을 파악해보고 자세하게 살펴보는 데 도움이 될 것이다.

자기 자신의 신념을 파악하고 제대로 다뤄보는 과정에서 자기 자신에게 공감하는 자아self가 함께하길 바란다. 처음엔 익숙치 않아 매일매일 연습해야겠지만, 그래도 자기 자신과 공감하는 일에 성공할 수 있길 바란다. 당신을 사랑하는 사람들이 당신을 바라보는 것처럼, 스스로도 자기 자신을 그렇게 바라봐줄 수 있길 바란다.

차례

1부

내 생각을 인식하기

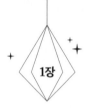

1장

내 안의 신념을 들여다보는 법

코로나19 팬데믹 이후 심리학과 심리치료에 관한 관심은 더욱 커졌다. 이곳저곳에서 자기 발견, 자기 지각, 자기애愛 등의 용어를 자주 접하게 된다. 어떻게 자기 자신을 발견하고, 받아들이고, 사랑해야 하는 걸까? 인터넷 검색창에 이 단어들을 넣어보면 (당연한 말이겠지만) 자기 자신을 더 많이 사랑할 수 있게 도와준다는 지침들이 단계별로 소개된 페이지를 찾아볼 수 있다.

이에 반해 사람들 간의 관계는 문제가 있거나 심지어 '유독한' 것으로 점차 더 인식되고 있다. 모든 초점이 개인, 자기 자신에게 맞춰져 있는 개인화 사회에서는 이상할 일도 아니다.

나는 나 자신만 찾아내어 사랑하면 돼. 다른 것들은 죄다 중요치 않아.

그런데 거울도 없이 자기 자신을 어떻게 인지하지? 지도도 없는데 어떻게 찾으란 소리지? 상대방도 없이 어떻게 사랑할 수 있다는 거지?

자기 자신을 좀 더 잘 파악하기 위해서는 타인과의 상호작용이 꼭 필요하다. 물론 자신만의 조용한 창고 안으로 들어가, 자기 자신, 나만의 생각, 내 인생사를 홀로 다뤄봐도 된다. 그러면 자기 자신을 좀 더 심오하게 들여다볼 수도 있다. 동시에 되레 자기 혼란에 빠질 위험도 있다. 그렇다면 이 작은 창고를 벗어나, 다른 사람들과 상호작용하는 자기 모습을 보게 된다면 어떨까. 그 순간, 우리는 혼자서는 절대로 시뮬레이션해볼 수 없는 양상의 자기 자신을 마주하게 된다.

다른 사람들의 시선, 표정, 몸짓, 행동 등은 나와 무슨 관련이 있는 걸까?

어떤 주제는 내게 특별한 감정을 불러일으킨다. 그 주제는 무엇이며 이유는 뭘까?

지금껏 내가 경험한 세계와 내 지각 방식은 서로 어떤 연관이 있을까? 내 인생사와 개인적인 이야기들은 이 세상과 주변 사람들, 그리고 자신을 바라보는 내 지각 방식에 어떤 영향을 미쳐왔을까?

어떤 사람이나 물건, 혹은 행위를 평가할 때 내가 그 무엇도 아닌 바로 이 방식으로 평가하는 이유는 뭘까? 그들에 관한 내 확신은 어디에서 비롯된 걸까? 나 자신에 관한 확신은? 이 세상에 관한 확신은 또 어떻고?

'나는 충분하지 않아', '나는 사랑받을 가치가 없어', '나는 원래 무능해'. 누가 내게 이런 말을 한 거지? 이런 말을 나는 언제부터 믿기 시작한 거지?

환자들과 마주 앉아 그들의 이야기에 귀 기울이다 보면 여러 의문이 들곤 한다. 이 사람은 내게 왜 이 이야기를 들려줄까? 수많은 이야기 가운데 바로 이 부분을 이야기하는 이유는 뭘까? 그러한 의문과 함께 나는 이 이야기의 핵심은 정말로 무엇인지, 이 이야기가 실상 어디에서 비롯된 것인지 곰곰이 생각해본다.

'나는 충분하지 않아'라는 이야기를 당신에게 들려준 사람은 누구입니까? 이 이야기를 당신 자신에게 자꾸 하는 이유는 뭡니까? 이 이야기가 없다면 당신은 도대체 누구입니까?

물론 내가 제일 먼저 던지는 핵심 질문은 이거다.

당신의 이야기는 무엇입니까?

인생에 관한 이야기를 그냥 들려달라는 소리가 아니다. 제대로 된 기억력만 있다면 누구나 다 이야기할 수 있다. 자기 자신과 관련된 특별한 일들을 정확한 시간 순서로 설명할 수도 있다. 그런데 정말로 흥미로운 건 그 중간에 놓인 이야기들과 마주했을 때다. 있었던 그대로의 사실보다, 사실처럼 받아들여왔지만 실상 사실이 아닌 것들. 이게 더 흥미롭다. 자기 자신에 관해 계속해서 믿어왔지만, 정작 제대로 확인해본 적은 단 한 번도 없었던 것들. 그냥 곧이곧대로 받아들이며 더 깊게는 단 한 번도 파고들어본 적 없던 가정. 우리의 무의식 세계 속에 단단하게 뿌리내린 것들. 그곳에서 아무도 모르게 조용히 우리의 인식에 영향을 미치고, 어떤 상황이나 다른 사람들, 이 세상, 혹은 자기 자신을 평가하는 우리의 방식에 막강한 영향력을 펼쳐왔던 것들. 그렇게 이들은 우리의 감정, 생각, 그리고 행동에 엄청나게 많은 영향을 미쳐왔다. 아무런 검증 없이 그대로 받아들여서는 지금껏 우리 자신을 이끌도록 내버려뒀던, 내면 깊숙이 박혀 있는 가정을 우리는 '신념'이라 부른다.

신념이란 주제에 대한 사람들의 관심이 점점 더 높아져가는 가운데 심리학 관련 책들에서는 자기 자신에게 방해되는 신념에 대해서 더 잘 이해할 필요가 있다고 이야기한다. 그런데 신념이란 도대체 뭘까? 정확하게 무엇을 말하는 걸까?

✦ '나는 이렇게 살아야 한다'는 믿음 ✦

신념은 **진실** 여부와 상관없이 사람들이 기본적으로 **믿는** 말이다. 신념은 가정이거나, 확신이거나, 혹은 삶의 원칙이다. 우리가 알고 있으며 사실로 증명해낼 수 있는 게 아니라, 우리가 **믿고** 있으며 경험과 해석으로 입증해 보이고자 애쓰는 것이다.

한편 신념은 자기 자신과 타인, 그리고 이 세상에 관한 가정에서 비롯된다. 신념은 자신만의 해석과 평가로 이루어져 있다.

신념에는 '…하면, 그때 …하다' 법칙('내가 충분히 잘 해내면, 그때 나는 가치 있는 사람이 돼!', '우선은 일, 그다음에 즐거움')이나 허락, 금지 및 제한('너는 …하면 안 돼', '해야만 돼', '할 수 없어')의 의미가 내포되어 있을 수 있다. 신념의 내용은 일반화된 경우가 많기에 절대적인 진실('늘 …했었어', '…한 건 누구나 다 알아', '원래 그래!')처럼 들린다. 이 때문에 신념은 어느 정도 신빙성을 갖추게 되고, 그렇기에 우리는 자신의 신념에 대해 거의 의문을 품지 않는다.

✦

환자 X가 상담실을 찾아왔을 때, 바깥 날씨는 무척 추웠다. 그리고 그가 가져온 이야기 주제는 그를 한층 더 춥고 힘들게 만들었다.

"어렸을 때부터 저는 '싸울 땐 절대로 울면 안 된다'라고 배웠어요. 아주 어렸을 때부터 제 신조였죠." X는 확신에 가득 찬 표정으로 내게 설명했다.

"그걸 누가 가르쳐주던가요?" 내가 물어보았다.

"새아빠요. 그는 괴물이었어요. 새아빠는 기회만 있으면 저를 비난했고, 무시했고, 비방했고, 깎아내렸어요." 그의 눈빛은 단호했다.

"정확하게 어떤 일이 있었는지 제게 이야기해주실 수 있나요?"

"한 가지 예를 들자면, 제가 한번은 영화를 보고 있을 때였어요. 결말이 참 슬펐던 영화였죠. 저는 막 울고 싶어졌어요. 하지만 새아빠 앞에서는 강해 보이고 싶었죠. 그래서 안 울려고 안간힘을 다 썼어요. 제가 그렇게 잘 참아냈다는 사실에 스스로 좀 뿌듯해하고 있었어요. 그런데 그때 새아빠가 엄마한테 씩 웃으면서 이렇게 말하더군요. '네 아들 놈이 지금 울려 하잖아!' 그러더니 X는 무언가를 꾹 참아내려는 듯 자신의 입술과 이를 꽉 깨물었다.

결국엔 울었을까? 나는 궁금했다.

"그래서 울었나요?" 나는 내 생각을 입 밖으로 내뱉었다.

"네, 눈물이 바로 터져 나왔어요. 울지 않으려고 마지막까지 쥐어 짜내던 힘이 그 순간 바닥나버린 거죠. 정말 비참했어요."

그 찰나, 나는 그의 눈에서 수치심을 읽을 수 있었다. 그리고 이는 금세 분노로 바뀌었다.

각 감정에는 저마다의 기능이 있다. 예를 들어 분노는 우리를 각

성시킨다. 보통은 아주 실용적인 감정으로, 분노는 우리 자신을 보호하는 데 필요하다. 분노는 우리가 자신을 스스로 방어할 수 있게, 또는 자신만의 경계boundary를 지켜나갈 수 있게 도와준다. 나는 그의 신조를 생각해봤다. '싸울 땐 절대로 울면 안 된다.'

이 말을 들으면 우리의 머릿속엔 대개 적군이나 적수 등과 몸으로 부딪치는 실제 싸움이 떠오를 것이다. 그런데 X의 적군이자 적수는 그를 양육할 사람, 그를 책임져야 할 사람, 실상 그의 보호자이자 본보기가 되어주어야 할 사람이었다. 바로 새아빠. X에게는 새아빠와 함께하는 하루하루가 전쟁이었던 거다. 즉 X는 전쟁 통에 자라났다. 전쟁 중엔 사람들이 싸운다, 그리고 전쟁 중엔 울지 않는다.

바로 이게 그가 지금껏 학습해왔던 것이었고, 이것이야말로 자기 자신, 이 세상, 그리고 이 세상 사람들에 관한 그의 가정이었다. 그리고 이를 포함한 여러 다른 가정과 함께 그의 신념이 만들어졌다. 이 신념 덕분에 그는 엄청난 성공을 거두며 승승장구해왔다. 그의 신념은 그를 정당성을 굉장히 중시하며 힘이 없는 사람들을 위해서라면 기꺼이 헌신하는 투사이자 구세주로 만들어줬다.

신념은 분명 우리에게 방해만 되는 건 아니다. X의 사례만 보더라도 알 수 있다. 비록 말도 안 되는 어처구니없는 상황에서 만들어진 신념이지만, 이들은 아주 멋진 구동 장치로서 우리를 밀고 당기며 성공 대로로 이끌어주기도 한다.

강한 사람에게는 아무런 선택의 여지가 없었던 이야기가 늘 존재한다.

그렇지만 이러한 신념이 우리가 넘어서야 할 도전 과제가 될 때도 있다. '나는 강해야만 돼', '나는 약한 모습을 보여서는 안 돼' 등의 신념은 직장 생활에서는 아주 유익할 수 있겠지만, 사적인 개인 생활에서는 되레 걸림돌이 될 수도 있다. X의 사례를 보면, 그의 신념들은 그를 '투사'로 만들어줬고 성공할 수 있게 도와줬지만, 그로부터 빼앗아간 것들도 분명 있다.

싸움이 있는 곳엔 사랑이란 없다. 전쟁이 있는 곳엔 평화란 없다.

X는 사적으로 친밀한 관계를 만들어본 적이 거의 없었다. 그러한 관계가 그에게는 위협적으로 다가왔기 때문이다. '나는 사랑받을 자격이 없어'란 신념을 내면화하고 있는 사람들은 정서적 친밀함이나 관계 형성을 위한 진심 어린 노력을 죄다 잠재적인 위협으로 간주해버린다. 자칫하면 본인이 가지고 있던 신념과 연결된, 그 비참한 감정이 다시금 올라올 수도 있기 때문이다.

X는 언어적 학대와 신체적 폭력이 난무하던 가정에서 자랐다. 그렇다면 그는 가족을 무엇과 연결 지을까? 친밀함은 무엇과 연결될까? 그에게 애착 관계란 어떤 의미일까? 그에게 애착 관계는 얼마나

안전한 것일까?

> X는 자신의 엄마에게서 약함을 봤다.
> 이는 그를 두렵고 불안하게 만든다.
> X는 새아빠에게서 전쟁과 침략을 봤다.
> 이는 그를 아프고 화나게 만든다.

생애 첫 애착 관계를 두려움, 불안, 고통, 분노 등으로 경험했는데, 다른 애착 관계에서 어떻게 안전함을 느낄 수 있겠는가? 그런데 그러면서도 그의 내면에는 친밀함과 애착 관계에 대한 내적 욕구가 늘 존재했다.

한번은 그가 이런 말을 한 적이 있었다. "행복한 가정을 보면 그런 행운이 내게도 있었으면 얼마나 좋았을까 싶어요."

하지만 그는 사람들과 멀찍이 떨어진 곳, 안전하다고 느끼는 바깥에서 그들을 바라볼 뿐이다. 그리고 이 거리는 친밀함과 애착 관계와는 정반대에 있다. 이게 바로 X의 내면 깊이 자리해 있던 가정이다. 이들은 친밀함과 더불어 진정한 애착 관계 앞에서는 X를 주춤거리게 만든다. 왜냐하면 애착 관계에는 친밀함이 필요하지만, 친밀함은 위협적이고 X를 울게 할 수도 있기 때문이다. 그리고 X에게 운다는 건 약함을 의미했다. 이게 바로 그가 어렸을 때 경험했던 바다. 거리를 두면 안전하지만, 가까워지면 벌 받는다.

애착 관계는 싸움이다. 그리고 싸울 때는 울면 안 된다.

적어도 지금까지 그는 이렇게 믿어왔다.

✦

이 책에는 이러한 이야기가 여럿 담겨 있다. 이야기는 허구는 아니지만, 그렇다고 항상 사실이지만도 않다. 그 이면에 사실이 아니면서 우리를 방해하는 신념들이 숨겨져 있기 때문이다.

이들은 듣거나 읽기만 하면 굉장히 재미나고, 마음에 확 와닿으며, 이래저래 우리의 마음을 동요시킬 이야기다. 하지만 **온몸으로 겪어본다면** 이들은 아프고, 힘겹고, 복잡하며, 방해만 되는 이야기가 된다.

바로 이러한 이야기를 환자들이 내게 들려주었다. 나는 환자들과 함께 그들의 이야기 속에서 그들의 삶을 방해해오던 신념을 찾아내려고 노력했다. 또한 그 신념을 환자들과 함께 곱씹어보며 분석해보고자 노력했다. 그렇게 함으로써 앞으로 펼쳐질 그들 삶의 이야기에 긍정적인 영향이 미치길 바랐다.

사람들은 이야기를 좋아한다. 여러 세대에 걸쳐 이야기를 전달하고, 이야기를 통해 사색에 빠지거나 미소 짓기도, 혹은 두려움에 빠지기도 한다. 대개 이야기에는 청자나 화자에게 전달하거나 가르쳐주고픈 메시지가 담겨 있다. 이야기에는 힘도 있다. 이야기를 접하는 사람들이 굳이 의식적으로 인지하지 않아도 그들의 행동에 영향을 미칠 수 있기 때문이다.

허구적 이야기에 담긴 메시지를 접하면, 우리는 보통 그 이야기 속 인물들의 관점에서 그들의 이야기를 함께 경험하게 된다. 그러는 동안에도 실제로는 어떤 위험한 일도 일어나지 않는다는 걸, 우리는 안전하다는 걸 잘 알고 있다. 그런데도 그 감정만큼은 우리가 직접 겪어본 것처럼 생생하게 느낄 수 있다. 소파에 편안하게 앉아 차 한 잔 마시며 이야기 속 사건에 우리를 내맡기게 된다. 그다지 많은 걸 행하지 않아도, 아무런 위험을 감수하지 않아도, 우리는 상상의 세계나 어두컴컴하고 침울한 시간 속으로, 혹은 로맨틱한 드라마 속으로 들어가볼 수 있다.

그렇기에 나도 지금까지 이 엄청나게 효과적인 장치를 활용해왔다. 지금은 상담 현장에서 접한 구체적인 이야기들을 이곳에 담아보고자 한다. 그럴 만한 이유도 있다. 이 이야기들에는 전달하고픈 그 메시지가 있다. 그리고 이 메시지는 이야기들을 풀어나가고 설명하는 나만의 방식, 그리고 독자(바로 당신)의 지각 방식에 따라 달라진다. 어떤 이야기들은 우리에게 꽤 많은 걸 전달해줄 것이고, 어떤 이야기들은 아무런 감흥도 못 줄 수 있다.

어떤 이야기 속으로 들어가볼지, 그리고 그 이야기를 통해 자기 자신의 이야기에 얼마나 깊이 파고들어볼지는 오로지 우리에게 달려 있다.

이 책의 대화들을 읽다보면, 그러한 대화들 이후엔 모든 게 한순간 다 좋아졌다는 착각이 들 수도 있다. 그런데 사실은 그렇지 않다. 그럴 수도 없다. 이곳에 소개된 대화들은 치료 과정 전체를 통틀어 가장 중요했던 핵심 순간들만 몇 개 요약해놨을 뿐이다.

심리치료는 하나의 과정이다. 치유 역시 분리된 하나의 과정이다. 특히 자신의 신념을 알아차리고 분석해보고, 이로부터 해방되는 일은 어쩌면 평생 계속될지도 모른다. 하지만 꼭 평생에 걸쳐야만 하는 과정은 아니다.

더 빨리 가도 괜찮다.

우리도 한번 그래보자.

✦ 생각의 가지들이 '신념 체계'가 되어가는 과정 ✦

사람들은 자신의 신념이 자신을 방해하거나 제대로 기능하지 못할 때가 돼서야 비로소 이들에 관해 곰곰이 생각해본다. 혹은 그럴 때만 제 신념을 제대로 다뤄본다. 다시 말해 신념이 자신에게 도움이 되기보단 점차 더 큰 피해를 불러일으킬 때나 X의 사례처럼 삶의 특정 영역에서 문제들을 유발할 때만 제 신념들을 뒤돌아본다. X의 경우 어린 시절의 경험으로 용감한 투사로 성장했고, 항상 자신감에 가득 찬 당찬 모습을 보였으며, 그 어떠한 약점도 드러내 보이지 않았다. 이러한 면모는 그의 삶에서나 직장 생활에서 굉장한 도움이 됐다. 그런데 이러이러한 행동을 해야 한다는 규칙 체계는 사적인 관계나 진정한 친밀함과 깊은 신뢰를 바탕으로 하는 관계에서 문제가 됐다. 대개 이럴 때 우리는 자신의 신념에 관해 깊이 생각해보고 필요할 때는 달리 수정해보고자 노력하게 된다.

- 애착 관계, 친밀함, 친숙함에 관해 나는 실상 어떻게 생각하고 있는가? 그 이유는 무엇인가?
- 이러한 가정은 어디에서 비롯된 것인가?
- 예전에 경험했던 애착 관계는 어떠했는가?
- 이 경험들로부터 생겨난 가정은 무엇인가?

두려움이 많은 사람은 되레 이런 가정을 마음속에 품고 있을 수 있다.

- 자기 자신에 관해: 나는 할 수 없어, 도움이 필요해.
- 타인에 관해: 사람은 믿을 수 없어.
- 세상에 관해: 세상은 위험한 곳이야.

이러한 가정을 품고 세상 속으로 나아간다면, 이 가정과 맞아떨

어지는 경험, 더 나아가 결국엔 이 가정을 확증해줄 경험을 계속해나
갈 가능성이 아주 높다. 신념은 이런 식으로 우리 내면에 깊게 자리매
김하게 된다. 그리고 그 결과, 서로를 검증해주는 또 다른 신념이 만들
어진다. 바로, **신념 체계**belief system다.

유념해야 할 건, 이러한 생각도 우선은 그저 가정에 불과하다는
거다. 그런데 우리의 뇌는 이렇게 한번 떠오른 가정을 웬만하면 확증
하고 싶어 한다. 그렇기에 그 가정을 확증해줄 경험을 우리가 최대한
많이 하도록 우리의 지각을 걸러내는 작업을 한다. 두려운 생각으로
집 밖엔 거의 나가지 않는 사람이 인근 지역에서 일어난 사건·사고를
TV 방송으로 접하게 되면, 이는 이 세상은 위험하다는 그의 가정을 한
번 더 확증하는 셈이다. 그러면 그 사람은 이렇게 생각한다. '밖에 안
나가길 잘했어. 아니면 내가 그 일을 겪었을지도 모르잖아! 집 밖 세상
은 위험하다고 내가 말했잖아!'

회피 행동(고립)은 강화된다. 즉 더 자주 등장한다. 그러면서 안
전감과 통제감을 느끼게 된다. 그런데 유감스럽게도 이는 잠시 잠깐
일 뿐이다. 두려움은 또 다른 영역으로 범주를 넓혀가는 경향이 있다.
더 많은 두려움을 내포한 가정이 한순간 불쑥 생겨난다. 이들 역시 우
리는 되물어보거나 따져 들지 않는다. 그러는 동안 이들은 '나는 무력
해', '나는 할 줄 아는 게 없어'와 같이 그 이면에 숨겨진 신념을 점점
더 굳건하게 만들어나간다. 그 결과 점점 더 복잡하게 두려움과 관련
한 신념 체계가 형성된다.

그런데 자기 자신에 관한 가정은 우연히 만들어진 게 아니다. 이러한 가정이 형성되는 데에는 다양한 요인이 영향을 미친다. 게다가 이들은 서로 아무런 상관 없이, 완전히 제각각으로 흘러들어올 수도 있다. 우선 이러한 가정은 부모나 주요 애착 대상, 혹은 반복적으로 발생하는 특정 상황에 의해 학습되었을 수 있다. 생물학적 요인들이 연관되었을 수도 있다.

예를 들어 증조부모님이 전쟁 피란민이었고 트라우마를 경험했었다면, 이들의 제대로 다뤄지지 못한 전쟁 트라우마가 세대에 세대를 거쳐 계속 이어질 수도 있다. 이를 '여러 세대에 걸친 대물림 **transgenerational inheritance**'이라 부른다. 아니면 트라우마를 경험함으로써 가족들 간의 행동방식이 달라졌을 수도 있다. 그러면서 아이들을 지나치게 더 많이 보호했을 수도 있고, 두려움에 기반한 조심스러운 행동방식이 그 가족 사이에서는 일반적이었을 수도 있다. 아이들을 더 안전하게 보호하려는 의도에서 부모들이 일상생활 속에서 일어날 수도 있을 법한 '위험'을 계속 언급하고 많은 걸 금지한다면, 그 아이들이 이 세상에 관한 두려운 가정('이 세상은 위험해')을 계속해서 만들어나가는 건 전혀 이상할 게 없다. 부모들의 이러한 행동에 아이들은 대개 논리적인 설명만 찾는다. 즉 이 세상은 정말로 위험해야만 한다. 그렇지 않고서야 부모가 그토록 과도하게 자신을 보호할 이유가 없지 않은가? 이런 식으로 부모는 양육 방식과 행동에 관한 자신의 가정들을 제 아이들에게 넘겨준다. 이들을 입 밖으로 내뱉을 필요도 없다. 사회적 학습은 역할

모델을 통해 이루어지기 때문이다. 이 말인즉슨 아이들은 제 주변의 사람들을 따르며 그들의 행동을 모방한다. 행동은 비교적 의식적으로 모방하지만, 그 이면에 숨겨진 가정은 무의식적으로 넘겨받는다. 그렇기에 이러한 가정은 그 어떠한 분석도 없이 그냥 넘겨진다. 아이들은 그 가정을 오히려 하나의 진실로 받아들여 계속 확증하며 강화해나간다. 그리고 이는 삶에 엄청난 영향을 미친다.

그런데 어떤 메시지는 굳건히 믿으며 진실로 받아들이지만 어떤 메시지는 안 그런 이유가 뭘까? 부모가 전하는 메시지를 몽땅 다 받아들였다면, 우리는 그들과 아주 비슷하게 행동해야만 하고 이 세상에 관한 우리만의 가정은 만들어내지도 못해야 한다. 하지만 그렇지 않다는 걸 사람들의 삶과 행동방식을 보면 명확하게 알 수 있다. 우리는 흔히 우리 부모와는 굉장히 다르다. 우리에겐 늘 우리만의 선택권이 주어지기 때문이다.

하나의 가정에서 확고한 신념으로 바뀌는 데에는 다음의 요인이 영향을 미칠 수 있다.

- 이 가정은 자주 반복된다.
- 이 가정은 권위적인 인물 그리고(혹은) 중요한 애착 대상으로부터 전달된다.
- 이 가정은 지금까지 저장돼 있던 다른 가정 및 신념과 맞아떨어지고, 그렇기에 '일관성 있게' 받아들여진다.

- 이를 대체할 만한 다른 설명이 없다.
- 이 가정은 일반화된 사실처럼 들린다.
- 이 가정은 이미 (부모 등을 통해) 선보여졌고 의문시된 적이 없다.

중요한 건, 이 가정을 반드시 입 밖으로 내뱉어야 하는 건 아니라는 사실이다. 이러한 가정은 특정 행동방식이나 비구두적nonverbal 의사소통 방식을 통해 훨씬 더 미묘한 방식으로 전달될 수도 있다. 처음엔 완전히 다른 의미였으나, 받는 사람이 (지금까지의 경험들을 바탕으로) 저만의 방식으로 그렇게 받아들일 수도 있다.

아이와 정서적으로 함께해주지 않는 부모를 예로 들어보자. 엄마는 아이에게 정서적인 지지나 접근을 거의 하지 않는다. 그런데 악의로 그런 게 아니라 지금 자신의 감정과 생활로 너무 정신이 없어서, 이른바 과부하 상태여서 엄마가 그런 행동을 보일 수도 있다. 그러나 아이는 (엄마의 원래 의도는 고려하지 못한 채) 자기가 중요한 존재가 아니라고, 심지어 투명인간 취급을 당하고 있다고까지 생각해버린다. 이러한 상황이 오래가고 이러한 감정을 확신시켜줄 경험을 아이가 계속 겪다 보면, 아이는 '나는 중요하지 않아', '나는 쓸모없어'와 같은 신념을 형성하고 내면화하게 된다. 이러한 신념이 확고해지면 아이는 세상을 깨달아가는 과정에서 특정 사실들을 필터처럼 걸러내 받아들이게 될 뿐 아니라, 일반적으로 흔한 경험조차 자신의 신념에 대한 확증으로 받아들이게 만든다. 그러면 어떤 사실들은 객관성을 잃고 그 순간 그 맥락에서 그 사람에겐 논리적이고 합당한, 지극히 개인적이고 주관적인 진실이 된다.

그렇다면 이 신념은 무슨 일을 초래하게 될까? 어렵지 않게 바로 떠올려볼 수 있다. 이제부터 아이는 수많은 다양한 경험을 '나는 중요하지 않아'라는 관점으로 바라보게 된다. 특히 대인관계에 큰 영향을 준다. 더는 자신을 바보로 만들지 말자. 신념은 우리 삶에 막강한 힘을 발휘한다. 신념은 우리의 지각을 변화시키며 이에 따라 우리의 생각, 감정, 그리고 행동이 달라진다.

그런데 도대체 왜? 그래서 우리가 얻는 게 뭔데? 우리의 뇌와 무의식이 이러는 이유는 뭘까?

근본적으로 우리의 정신은 일관성, 즉 조화롭고 논리적인 상태를 계속 유지하려고 한다. 우리의 정신 체계는 신념을 이용해 우리를 악의적으로 조종하려는 게 아니다. 우리의 경험을 신념을 통해 논리적으로 연결하려는 것이다.

예를 들어 엄마의 보살핌을 받지 못한 아이는 그 이유를 논리적으로 설명하지 못한다. 그렇지만 엄마에게 의존하는 자신의 마음은 온몸으로 느낀다. 아이에게는 엄마의 존재, 그리고 엄마와의 정서적 친밀감이 필요하다. 그런데 허락되지 않는다. 아이의 현실 속에서 이에 대한 논리적인 이유는 단 하나다. '나 때문일 거야.' 어른들과 다르게 아이들은 잘못의 원인을 대부분 자기 자신에게서 찾는다. 이를 대체할 만한 또 다른 현실이 존재하지 않기 때문이다. 엄마는 정서적으로 멀찍이 떨어져 있기에 자신의 행동에 관한 이유를 아이에게 설명해주지 않는다. 다시 말해 아이는 그 이유를 스스로 찾아내야 한다. 이에 아이는 자신을 거부하는 엄마의 행동과 거리감에 대한 이유를 자신에게서 찾아본다. 그리고 결국엔 그 이유를 찾아낸다. 그러면 '나는 중요하지 않아', '나는 사랑받을 가치가 없어'와 같은 생각이 합리적인 이유가 된다. 엄마가 계속해서 아이에게 거리를 두거나 애정 없이 대하면, 이러한 경험이 아이의 합리적인 설명을 뒷받침하게 되고 상호 간의 논리적인 연결고리를 형성하게 된다. 아이가 이 같은 경험을 많이 할수록, 이를 수정해줄 만한 반대 경험을 적게 할수록, 이러한 가정을 기반으로 한 아주 확고한 신념들이 형성될 가능성은 점점 더 높아진다. 그리고 이 과정은 무의식적으로 이루어진다.

그러므로 신념을 다루는 과정의 첫 번째 단계에서 할 작업은 '자신의 신념에 대한 의식화'이다. 다양한 방법이 있지만, 그중 하나는 신념 이면에 담긴 생각을 곰곰이 분석해보는 것이다. 예를 들어 우리의 생각들을 '가정'이라 명시하면서 시작해볼 수 있다. 사실 정확하게 따지고 보면 우리의 생각은 하나의 가정에 불과하기 때문이다. 생각들은 처음엔 그저 확인되지 않은 말들에 불과하다. 이게 사실일 수 있다고 내가 가정하는 것뿐이다. 이를 입증하려면 그 정당성을 확인해봐야 한다. 그러려면 이 신념을 만든 생각을 깊게 파고들어봐야 한다.

그런데 유감스럽게도 우리는 자신의 생각을 그렇게 곰곰이 따져보지 않는다. 우리의 생각 안에 엄청나게 많은 편향bias이 내재해 있을 수 있음에도 우리는 자신의 생각을 믿는다. 우리에게 전해졌던 신념, 그리고 지금껏 살아오는 동안 무의식적으로 받아들였던 신념이 사실이라고 우리는 무의식적으로 확신하고 있다. 이 신념들은 우리의 개인적이고 주관적인 진실을 반영하고 있다. 그런데 우리가 신념을 의도적으로 선택한 경우는 거의 없다. 신념은 먼저 우리에게 제시된다. 권위적인 인물이나 주요 애착 대상들이 우리에게 이 가정을 언급했고, 그 이후에도 이 가정은 충분히 자주 반복해서 제시됐다. 그러면서 이들은 타당성을 얻게 되고 우리의 진실로 거듭나게 됐다. 이들은 당연히 우리 자신, 우리의 생각과 행동, 특히 감정을 쥐락펴락한다. 내가 충분하지 않은 존재라고 (의식적이건 무의식적이건) 아주 확신하고 있다면, 스스로 느끼는 기분 역시 이와 맞아떨어진다. 이러한 방식으로 우리가 맞닥뜨린 상황을 평가하고, 이러한 방식으로 주변의 관계에 반응하며, 이러한 방식으로 일상 활동을 펼쳐나간다. 이들은 우리가 전혀 깨닫지 못하는 동안 매 순간 삶의 여러 면모를 결정해나가고 있다. 우리 삶 가운데 이들의 영향이 미치지 않는 곳이 있기는 할까?

　　그렇다고 우리가 우리의 무의식에 무방비 상태로 내던져 있는 건 아니다. 우리는 그 생각을 자세히 분석해볼 수 있다. 그런데 그러려면 개인적인 이야기 속으로 들어가, 그때 생겨난 신념부터 파악해야 한다.

우리 삶에 이래저래 부정적인 영향을 미쳐왔지만, 절대적인 진실인 양 확인조차 안 하며 지금껏 그저 우리 자신을 내맡겨왔던 생각들을 파헤쳐보자. 이제는 그러한 생각들로부터 자유로워지고 싶은가? 그렇다면 이 흥미진진한 이야기들 속으로 여행을 떠나보자. 마지막엔 내면의 이야기들 속으로 자신을 이끌어줄 것이다.

우선 이것 하나만은 분명하게 알고 가자. 우리 자신, 다른 사람들, 그리고 이 세상에 관한 개인적인 가정은 언제든지 내던져버릴 수도, 달리 바꿔볼 수도 있다. 우리는 우리의 생각이나 신념에 속수무책으로 던져져 있지 않다. 선택권은 언제나 우리 자신에게 있다. 우리 이야기의 저자는 우리 자신이다. 그 이야기가 우리 자신을 써내려가는 게 아니다. 우리 자신이 그 이야기를 써내려가는 거다.

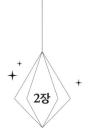

2장

아주 사소한 실수라도
용납할 수 없어요

신념은 어떻게 형성되는가

A는 (늘 그렇듯) 약속된 상담 시간에 칼같이 딱 맞춰 나타났다. 그녀는 너무도 확실한 성격이었기에 나 역시 그녀에게 제시간에 치료실 문을 열어줘야 한다는 압박감을 느꼈다. 그러다 문득 한 가지 사실을 깨닫게 됐다. 나는 A가 도착할 시간이 다가올수록 점점 더 긴장했고, 철제 캐비닛에서 그녀의 문서철을 허겁지겁 꺼내왔으며, 치료 시작 전 스낵 하나를 빨리 먹어도 될까 두 번이나 고민하고 있었다. 무슨 일이 있어도 나는 오후 2시 정각에는 치료실 문을 열어 A를 안으로 들이고 싶었던 거다. 이런 압박은 그 어떤 다른 환자에게서도 느끼지 못했다. 나는 A에게 신속하게 문을 열어주면서 오늘은 이에 관해 꼭 이야기해보리

라 결심했다. 그녀는 치료실 안으로 재빨리 들어서더니 서로 마주 보게끔 놓여 있는 소파 중 하나에 서둘러 자리를 잡았다. 나는 문을 닫은 다음 그 반대편 소파에 앉았다.

✦ 명확한 판단을 방해하는 신념 ✦

요즘 그녀의 기분이 어떤지 가볍게 이야기 나눈 뒤, 나는 그녀에게 물어보았다. "A 씨와의 상담 시간 직전에는 제가 평상시와 완전히 다르게 행동한다는 걸 오늘 깨닫게 됐어요. 제가 굉장히 긴장하면서 압박까지 느끼고 있더라고요. 특히 시간을 정확하게 지켜야 한다는 압박을요. 다른 욕구에는 거의 신경조차 쓰지 못하고요. 시간만 계속 확인할 뿐이죠. 이런 느낌을 A 씨도 아시나요?"

그녀는 대답했다. "제 하루하루가 어떻게 돌아가고 있는지를 지금 이야기하고 계시네요. 저는 끊임없이 재촉당하는 기분이에요. 다른 건 알지도 못하고요." 그녀는 깊게 숨을 내쉬더니 소파에 살포시 몸을 기댔다. 처음이었다. 꼿꼿하지 않은 자세로 그녀가 내 앞에 앉아 있던 적은 지금껏 단 한 번도 없었다. 최대한 빨리 어떤 결론을 내려야 할 것처럼 그녀는 눈썹을 들썩이며 내 대답 혹은 다음 질문을 기다리고 있었다.

나는 그녀에게 이렇게 부탁했다. "재촉받는 기분은 구체적으로 어떤 걸까요? 조금 더 자세하게 이야기해주세요."

"사실 견디기 힘든 기분이지만, 제 절친이기도 해요. 흠, 친구이자 적이죠. 제게는 꼭 필요한 존재거든요. 저를, 제 하루를, 제게 주어진 모든 일을 완벽하게 조직하고 수행해내도록 도와줘요. 저는 늘 120퍼센트 노력해요. 확실하게 믿고 일을 맡길 만하죠. 그 덕분에 직장에서도 지금의 위치에 오를 수 있었던 거고요. 저를 성공하게 만들어줬고, 제가 제 역할을 계속해서 제대로 해내게 해주죠." 그녀는 잠시 말을 멈췄고, 나는 기다려주었다. 그렇게 우리는 잠시 아무런 말도 하지 않은 채 가만히 앉아 있었다.

그녀가 침묵을 깨더니 다시 말을 이어갔다. "하지만 제 역할을 끊임없이 제대로 잘 해내야 한다는 건 정말 끔찍하리만큼 힘든 일이기도 해요."

"당신이 당신의 역할을 제대로 해내야만 한다고요?"

"네, 그런 거죠. 흠, 사실 꼭 해야만 하는 건 아니에요. 하지만 저를 계속 다그치는 그 무언가가 제 안에 있어요. 저는 그냥 뭔가를 계속 해나갈 수밖에 없어요. 그것도 최대한 완벽하게요."

"당신이 실수하거나 일이 아주 완벽하게 돌아가지 않으면 어떤데요?" 나는 그녀에게 물었다.

"아휴, 그건 정말 참기 힘들죠. 한번은 이런 적이 있었어요. 퇴근하기 전에 영수증을 모아 상사 사무실에 가져다놓아야 했어요. 그런데 그걸 제가 깜빡한 거예요. 그러다 밤 10시에 생각난 거죠. 저는 그날 한숨도 못 잤어요. 죄송하다는 메일을 여러 차례 썼어요. 밤새도록 괴로웠고요. 어쩌면 이리 멍청할 수 있냐고 저를 미워하기도 했죠. 그다음 날 아침도 걸렀어요. 제게 주는 일종의 벌이었죠. 뭐, 목구멍으로 넘어가지도 않았고요. 평상시보다 한 시간 일찍 출근했어요. 회사에 도착하자마자 모든 서류를 상사 책상 위에 올려놓았고요. 그런데 최악이 뭔지 아세요? 제 상사는 그 사실을 전혀 몰랐다는 거예요. 제가 그토록 사과했던 것에 되레 엄청나게 놀라더라고요. 얼마나 민망하던지! 제가 엄청난 무능력자 같았어요!" 그녀는 자신의 두 손에 얼굴을 파묻었다. 그녀의 온몸이 재차 경직됐다. 그녀는 자기 자신을 수치스러워하고 있었다.

"그런 기분을 어떻게 알고 계시죠?" 나는 궁금했다.

"아, 실상 제 망할 놈의 어린 시절부터죠. 그런 기분을 저는 엄마 때문에 매일 느꼈어요. 선생님도 아시잖아요, 엄마는 정말 독재자였어요. 엄마의 대화 방식에는 명령하기, 금지하기, 때리기밖에 없었어요."

"실패의 감정을 생각할 때 머릿속에 떠오르는 구체적인 상황이 있을까요?" 나는 좀 더 자세하게 알고 싶었다.

"저희 자매 중 한 명이 잘못하거나 금지된 행동을 해도 저희는 늘 다 같이 혼났어요. 어떻게든 엄마 마음에 들고자 저는 아주 어렸을 때부터 모든 걸 최대한 정확하게 해내려고 노력했어요. 칭찬이라도 한 번 들을까 해서요. 말도 안 되는 소리였죠! 엄마는 단 한 번도 칭찬해주지 않았어요. 지금까지도요. 저는 정말 노력했다고요. 언제나 말 잘 듣는, 아주 착한 어린이였어요. 하지만 여동생들 가운데 누구 하나 시끄럽게 굴거나 뭐라도 바닥에 떨어뜨리면 엄마는 저희 셋 다 혼냈어요. 정말 치욕스러웠어요. 엄마는 무슨 일이냐고, 누가 '잘못'했냐고 물어볼 생각조차 안 했어요. 그냥 우리 셋 다 때리는 게 엄마에게는 더 쉬웠겠죠."

"그 일이 A 씨에게 수치스럽게 다가왔다는 것, 충분히 이해되네요."

"네. 그 순간 저는 그냥 제가 너무도 부끄러웠어요."

"정확한 이유가 뭘까요?"

"저는 그만한 가치조차 없었던 거니까요. 이해하시겠어요? 실상 무슨 일이 있었는지 물어볼 만큼의 가치조차 제겐 없었던 거예요. 저는 거의 투명인간이었어요. 그런데 완벽하게 투명하지는 않았던 거죠. 때릴 만큼은 눈에 보였던 거예요. 모욕적이죠. 그러면 제가 참 부끄러웠어요."

"상사분의 사무실에서처럼요? 그 전날 영수증이 몽땅 빠져 있었다는 걸 상사분이 전혀 눈치채지 못했던 그때처럼요?" 나는 그녀에게 물어보았다.

"네, 똑같아요. 저는 정말 노력을 많이 해요. 그런데 사람들이 알아주질 않아요. 저에게 관심조차 없다고요." 그녀는 두 손으로 다시금 자신의 얼굴을 감쌌다.

"그 때문에 계속해서 더 많이 노력하시는 건가요? 그러면 사람들이 당신을 좀 더 많이 알아봐줄지도 모른다는 희망에서요?"

"네, 그런 것 같아요. 제가 이렇게 노력하고 있다는 걸 사람들이 알아봐줬으면 좋겠어요. 한번 칭찬해줄 수도 있고, 한번 고맙다고 말해줄 수도 있잖아요."

"그렇기에 자신의 역할을 계속해서 제대로 해내야만 하는 건가요?"

"네."

"그리고 이때 당신은 자기 자신에게 아주 친절하지는 않아요, 그렇죠? 자신의 욕구는 모두 등한시하고 있고요. 몇 시에 일어나야 하고 얼마나 먹어야 하는지 등 꼭 지켜내야 할 사항과 금지 행위를 자기 스스로 부여하고 있어요. 스스로 금지한 행동이지만, 이를 행한다거나 실수라도 저지르면 직접 벌까지 내리죠."

"네, 엄마처럼요." 그녀는 입꼬리를 올리며 미소 지었지만 눈은 슬퍼 보였다.

"맞아요. 단지 이제는 엄마가 전혀 필요하지 않죠. 엄마의 의사소통 방식을 A 씨가 내면화했고 그대로 넘겨받았어요. 이제는 A 씨가 이 모든 걸 스스로 다 하고 있어요."

"달리할 방도가 없어요. 저는 그래야만 돼요." 그녀가 잠시 말을 멈췄다. "아. 젠장. 또 나왔어요. 이 망할 놈의 '해야만 한다!'"

우리는 성과를 요구하는 A의 생각을 계속 다루어보았다. A가 이미 지각하고 있던 그녀의 전형적인 생각은 다양한 상황 속에서 거의 자동으로 튀어나왔다. 바로, '달리할 방도가 없어. 그래야만 돼.' 그 이면에는 다음과 같은 가정이 놓여 있었다. '나는 특히 많은 성과를 내야만 돼.' 그리고 이 가정에는 다음과 같은 신념이 숨겨져 있었다. '나는 중요하지 않아.' 이 연결고리를 거꾸로 되짚어 올라가보면, '나는 이걸 해내야만 돼!'와 같이 성과를 요구하는 생각과 이에 상응하는 행동, 즉 언제나 120퍼센트로 노력하면서도 정작 자신의 욕구는 뒷전으로 두며 자기 자신에게 엄격했던 그녀의 행동이 지극히 논리적이라는 걸 알 수 있다.

A는 '중요하지 않은 존재'가 되는 것만큼은 어떻게든 모면하고 싶었기에 지금껏 그렇게 행동해왔다. 아주 잘 이해되지 않는가. 그 이면에 놓여 있던 '나는 중요하지 않아'라는 방해꾼 신념이 A에게 불러일으키는 감정이 있었다. 바로 수치심과 모욕감이다. 이들을 느끼지 않고자 모든 고행을 감수할 만큼 A의 신념은 자신에게 아주 고통스럽고 위협적이었다. 하지만 이 신념은 (아이러니하게도) 그녀의 행동으로 인해 거듭 입증되었고 그녀에게 수치심을 불러일으켰다. 어떻게 그럴 수 있을까?

A의 상사와의 사건을 다시 떠올려보자. A의 상사는 그녀의 신념이 계속해서 검증되고 강화되는 것과 실상 아무런 상관이 없다. 이와 관련된 건 그러한 상황에 대한 그녀의 지각과 판단, 그리고 그녀의 행동이다. 또한 그 상황이 그녀에게 그렇게 비치는 건 그녀의 내면화된 신념 때문이다.

A는 자기 일에 과도할 정도로 매진했다. 그러면서 통제감과 안전함을 느꼈다. 그녀는 이렇게 알고 있었기 때문이다. '나는 많은 걸 해냈고 잘하기도 해. 사람들이 나를 봐줄 거야. 나를 무시할 수가 없지.' 그런데 누구나 다 그렇듯 그녀도 한 가지 실수를 했다. 그녀는 한 가지 사실을 잊고 있었다.

자, '나는 중요하지 않아'와 같은 방해꾼 신념이 하나도 없는 B라는 사람이 있다고 생각해보자. 그는 아마도 이렇게 생각할 것이다. '오, 젠장! 완전히 까먹고 있었네. 흠, 어쩔 수 없지. 내일 아침 일찍 갖다놔야겠다.' 그렇게 상황을 우선 정리했을 것이다.

이에 반해 A는 실수를 엄청난 재앙으로 받아들였다. 그녀는 특히 자기 자신에게 엄격했고, 실수를 저지를 때마다 스스로 벌줬으며, 자기 자신을 깎아내렸다. 그녀는 **실수하면 벌 받는다**고 알고 있었기에, 그렇게 자신에게 벌주던 엄마의 행동을 반복해왔다. 그런데 A의 상사는 문서의 부재조차 알지 못했었다. 이 사실을 A가 접하게 되었을 때, 그녀의 가장 큰 두려움이 올라왔다.

나는 중요하지 않아.

수치심. 또 그 감정이다.

방해꾼 신념이 파악되면 A가 그렇게 행동할 수밖에 없었던 이유를 충분히 이해할 수 있다. 그러한 행동이 그녀의 정신 체계 속에서는 지극히 논리적일 수밖에 없었던 이유를 이해하게 된다. 그러한 신념이 형성된 이유를 이해하게 되면, 이 사람이 그 순간에 그렇게 행동할 수밖에 없었던 이유를, 어떤 때는 생존을 위한 행동방식이었음을 이해하게 된다.

우리가 저만의 신념을 이해할 수 있고 이로 인해 유발된 행동을 충분히 납득할 수 있으며 자기 자신을 성찰까지 할 수 있게 되면, 자신에 관한 심층적인 지각, 자기 인정, 더 나아가 자기애를 위한 훌륭한 조건을 갖추게 된다.

✦ 내적 비평가의 목소리 ✦

그러므로 우리 자신의 모습 가운데 자기 인정과 자기애로부터 자기 자신을 멀어지게 만드는 면모가 무엇인지를 파악하고 분석하는 일은 중요하다. A는 자기가 저지른 실수에 굉장히 엄격하고 강하게 반응했다. 왜? 그렇게 배웠으니까. 그녀의 유년기 시절에 중요했던 애착 대상들은 그녀에게 실수하면 벌을 받게 된다고 가르쳐줬다. 당연히 그녀는 이 메시지를 받아들였고 내면화했다. 그렇게 되면 체벌할 엄마나 아빠가 실재하지 않아도 된다. 이 내면화(내재화) 과정이 시작되면 그녀의 인격 가운데 비판적이고 엄격한 부분이 곧장 체벌 역할을 담당한다. 이는 흔히 '내적 비평가'로 불린다. 거의 모든 사람이 이 내적 비평가를 알고 있다. 그는 자주 등장하고, 아주 시끄러우며, 모르는 게 없는 것처럼 행동한다. 이러한 인격 특성이 내비치는 그럴듯한 우월함과 권위 때문에 내적 비평가는 특히 더 중요시된다. 관심을 주면 줄수록 내적 비평가의 힘은 더욱 세진다. 그가 말하는 내용을 보면, 성과를 요구하고, 엄격하고, 평가적이고, 비판적이며, 때론 경멸적이고 폄하적이기까지 하다. A의 내적 비평가는 대략 이렇게 말했을 것이다. "젠장, 이 멍청한 녀석, 실수를 또 저질렀어? 그걸 어떻게 잊어버릴 수 있지? 미친 거 아니야? 그 자리까지 도대체 어떻게 올라간 거야? 정말 미스터리군. 지금부턴 자면 안 돼. 잘 자격이 없지! 부끄러운 줄 알아!"

문제는, 우리가 내적 비평가의 생각이 우리 자신의 생각이라 여기기에 그냥 그렇게 다 믿어버린다는 거다. 완전히 다 맞는 소리는 아니다. 그렇다고 어떤 외부의 힘이 우리에게 말한다거나 환청으로 인해 이러한 생각이 우리 머릿속에 떠오른다는 뜻은 아니다. 내적 비평가의 생각도 우리 자신의 생각이긴 하다. 하지만 우리 스스로 만들어낸 생각들은 아니란 소리다.

A가 '실수'를 저질렀을 때 그녀의 엄마가 A를 인내심을 가지고, 사랑스럽게, 공감적으로 대해줬다면 그녀의 내적 목소리는 어떤 모습이었을까? 아마도 이랬을 거다. "아, 이런! 내가 이걸 깜빡하다니! 정말 화날 일이군. 최대한 빨리 가져오겠다고, 내일 아침 일찍 상사에게 보고해야겠어. 아주 급한 일은 아니었길 바라야지. 뭐, 실수할 때도 있지. 다음번엔 중요한 일이 있을 때마다 수첩에 꼭 메모해둬야겠어."

실수는 누구나 다 한다. 중요한 건 그다음이다. '이 문제를 어떻게 극복해야 할까? 비판을 받게 되면 어떻게 대처해야 할까? 나 자신을 어떻게 대해줘야 할까? 왜 그래야 할까?' 이런 생각을 이어가야 한다.

우리 내면에서 올라오는 비판적인 목소리는 대부분 우리가 내면화한 권위적인 인물이다. A의 경우, 그녀의 엄마다. 그리고 실수를 저지를 때마다 A는 그녀 엄마의 행동을 넘겨받았다. 다시 말해 A의 자기비판적 행동은 그녀 스스로 만들어낸 게 아니라 그녀의 엄마로부터 학습한 것이다.

그렇다면 우리는 학습된 행동의 산물에 불과한 걸까? 내 생각에, 우리는 훨씬 더 그 이상이다. 하지만 어느 정도는 학습된 행동을 기반으로 한다. 그리고 이에는 엄청난 장점이 있다. 우리는 새롭게 배울 수도, 재학습할 수도, 혹은 예전에 습득한 걸 내던져버릴 수도 있다.

내적 비평가의 말도 결국엔 우리의 생각이다. 그러나 아직 점검해보지 않은 가정에 불과하다. 우리의 신념을 우리가 매번 만들어내는 것도 아니다. 신념이 언제나 우리 자신에게서 비롯된 건 아니란 소리다. 신념은 우리의 경험, 타인과의 상호작용, 사회화, 양육 및 교육 등을 통해 자라난다. 즉 우리의 신념 형성에는 일단은 우리가 어찌할 도리가 없는 외적 요소들이 관련된다. 또한 우리가 살아가는 바로 그 시점에 우리 사회가 직면하고 받아들이는 요인들도 영향을 미친다. 달라진 사회적 환경 속에서 지금 생생하게 경험하고 있는 가치들도 마찬가지다. 예를 들어 오늘날 우리 사회가 중시하는 가치는 70년 전에 중요시됐던 가치와는 완전히 다르다. 우리 세상은 역동적이며, 그렇기에 우리 사회와 주변 환경의 가치, 우리가 살아가는 동안 마주하는 사람들 역시 역동적일 수밖에 없다. 살면서 우리는 정말로 엄청나게 많은 변화를 경험한다. 아주 확고하고 굳건한 신념을 만들어나가는 게 심히 신기할 정도다.

그런데 신념 형성의 근본 이유는 바로 이 변덕스러움에서 비롯된다. 우리의 뇌 속에 카테고리 및 가정이 생성되면 통제가 가능해지기 때문이다. 신념을 안정적으로 유지하기 위해 우리는 대개 서로서로 잘 맞아떨어지는 신념을 여럿 디자인해서는 이른바 **신념 체계**를 만들어낸다. 신념 체계는 우리가 변화무쌍한 삶을 잘 헤쳐 나가도록 도와준다. 우리가 지각하는 것들과 우리가 직면하는 상황이 이 신념 체계를 통해 모두 정리·정돈된다. 우리가 경험한 것들과 우리가 받은 인상들을 주요 카테고리 속에 옮겨 담음으로써 이들을 더 잘 저장할 수 있고, 이후 우리가 필요로 할 때마다 더 빨리 찾아낼 수도 있다.

우리의 뇌는 이런 규칙을 좋아한다. 각 개인의 논리 속에서는 이러한 규칙이 아주 중요하다.

이때 핵심 역할을 하는 게 개성individuality이다. 이 세상에는 A와 비슷한 경험을 하고 A와 아주 유사한 사회적 조건을 갖춘 사람들이 많다. 그런데 이 사람들 모두가 A와 똑같은 신념을 만들어내지는 않는다. 극복 전략 역시 모두 똑같지 않다. 각자의 생각, 행동, 그리고 내면화된 가정에 따라 확연하게 다른 모습을 보일 때도 있다.

즉 A라는 경험이 B라는 신념으로 무조건 연결되는 건 아니다. 우선은 각 개개인의 내적 규칙으로 보내진다. 그러면 이 규칙이 A라는 경험을 저마다의 신념 체계에 잘 안착하게끔 애쓴다. 우리 모두 저마다의 규칙 체계를 가지고 있다. 그리고 각자 다양하게 저만의 경험을 저만의 신념 체계 속에 정리해놓는다.

이러한 신념 체계에서 핵심 사안은 외부인들이 이해할 수 있냐 없냐가 아니라, 내적 일관성, 즉 지금껏 수집해온 정보들 간의 일치성이다. 지금껏 수집된 정보에서 정확하게 이 신념 체계가 이 특정 신념과 단단하게 결합하는 이유와 방법에는 다음의 주요 요인이 영향을 미친다. '주변 환경으로부터 얻어낸 정보들로 우리는 무엇을 할까? 이 정보들은 어떤 유전적 특성에 부합할까? 우리가 역할 모델로 삼고 있는 주변 핵심 인물들은 이 정보들을 어떻게 다룰까? 우리는 얼마나 많은 스트레스에 노출되어 있을까? 내적 규칙을 만들어낼 능력이 우리에게는 얼마나 많이 남아 있을까?' 그 이후에 수집된 정보들은 모두 이 신념 체계 속에 저장된다. 한번 생겨난 규칙은 일반적으로 계속 유지된다.

단 우리가 이 과정을 의도를 가지고 해석하거나 이미 형성된 신념 체계를 적극적으로 분석해보지 않는다면 말이다.

저는 혼자 있는 게 편하고 좋아요

왜 신념을 알아차려야 하는가

✦ 타인이 중심이 된 이유 ✦

"저는 혼자 있는 게 진짜 좋은 것 같아요." G는 소파에 몸을 깊이 파묻
으며 말했다.

"혼자 있을 때 주로 무엇을 하나요?" 나는 그녀에게 물어보았다.

"모르겠어요. 좋은 질문이네요. 혼자 있으면 그냥 더 편해요. 사
람들이랑도 잘 어울리긴 하지만 잠시뿐이에요. 그 후엔 혼자만의 시간
이 꼭 필요하거든요. 제가 하고 싶은 대로 그냥 제 하루하루를 마음대
로 만들어나가고 다른 사람들에게 저를 맞추지 않아도 되는 게 좋은

듯해요."

"하지만 다른 사람들과 함께하는 시간도 그립잖아요." 지난번 상담 때 그녀가 했던 말이 떠올랐다.

"네, 맞아요. 하지만 치러야 할 대가가 상당하죠." 그녀는 생각에 곰곰이 빠진 채 대답했다.

"어떤 대가요?"

"안전함." 그녀는 나지막이 대답했다.

이게 참 흥미로운 점이다. 나를 찾아오는 환자들은 대부분 외로움을 두려워했다. 영원히 혼자일까 봐, 혹은 버려질까 봐 그들은 두려워했다. 결혼이나 연인 관계, 가족, (어떤 성격의 커뮤니티건) 공동체 소속 등을 통해 그들은 안전함을 느꼈다. 즉 그들에게 외로움은 안전성의 부재를 의미했다. 그런데 G에게는 아니었다. 왜 그럴까?

"안정적인 관계 속에서도 G 씨가 안전함을 대가로 치러야 하는 이유가 뭘까요?" 나는 내 머릿속에 떠오른 질문을 그녀에게 그대로 던졌다.

"솔직히 저도 잘 모르겠어요."

애착 관계를 실상 무엇과 연결 짓냐고 한번 물어볼까? 그녀의 첫 번째 애착 관계 경험은 어땠냐고 물어볼까? 하지만 이 질문들은 마지막에 던져봐야겠다고 결심했다.

"그래요, 다르게 질문해볼게요. 혼자 있는 게 왜 안전한 건가요?"

그녀는 잠시 생각에 빠졌다.

"처음 떠오르는 건 부정적인 기억이네요. 여덟 살쯤이었을 거예요. 가족들 모두 차에 타 있었어요. 그러니까 엄마, 아빠, 나, 그리고 여동생 두 명. 부모님은 동생들을 친구들 집에 각각 내려줬죠. 자고 오기로 했거든요. 저는 친구들이 별로 없었어요. 항상 폐쇄적이고 조용했거든요. 하지만 친구들이 몇 명 있었더라면 어땠을까요…." 그 기억을 떠올리는 동안 G의 표정은 바뀌었다. 아주 슬퍼 보였다. "그때 아빠가 저보고 어느 친구 집에 데려다줘야 하냐고 묻더라고요. 엄마가 아빠한테 그랬어요. 저는 약속이 없어서 집에 다시 간다고요. 그게 아빠는 별로 마음에 안 들었나 봐요. 아빠가 짜증 났다는 걸 표정에서부터 알겠더라고요. 아빠는 하룻밤 정도는 그 누구의 방해도 없이 엄마랑 단둘이 있고 싶었던 거예요. 시간이 지난 다음에서야 알겠더라고요. 하지만 그때는 정말 몰랐어요."

"기분이 어땠나요?"

"심히 당황스러웠어요. 정말 너무너무 부끄러웠죠. 아직도 그때 그 순간을 정확하게 기억하고 있어요." 이 말이 그녀의 진심이란 걸 그녀의 얼굴을 보면 알 수 있었다.

"뭐가 그토록 당황스럽던가요?"

"제게 친구가 단 한 명도 없었다는 사실이요. 저를 아무도 초대하지 않았다는 거요. 친구들도, 부모님도 저를 사랑하지 않는 듯한 기분, 그 누구도 저를 원하지 않는 듯한, 그런 기분이었어요. 확 사라져버리고 싶었어요." 그녀의 눈에 눈물이 고이기 시작했고, 결국엔 두 뺨을

타고 흘러내렸다.

"다시 말해 G 씨는 어렸을 때도 자주 혼자였군요. 친구들도 별로 없었고요."

"네, 학교에서도 비슷했어요. 저는 쉬는 시간마다 화장실에 자주 갔어요. 쉬는 시간이 끝날 때까지 화장실에 들어가 있곤 했죠. 한번은 선생님과 마주친 적이 있었어요. 쉬는 시간 내내 화장실에 있었냐고 물어보시더군요. 저는 그냥 웃으면서 아니라고 대답했어요. 그렇게 많은 학생 가운데 저만 그렇게 혼자였다는 게 너무 부끄러웠어요. 학생들이 수백 명이나 되는데 쉬는 시간에 저랑 같이 있어줄 친구는 단 한 명도 없었다는 게 너무너무 부끄러웠어요." 그녀의 얼굴 위로 눈물이 주룩 흘러내렸다. 그녀는 휴지 한 장을 뽑아 얼굴에 흘러내리는 눈물을 닦아냈다. 하지만 그녀의 표정 속에는 부끄러움이 여전히 역력하게 남아 있었다. 불편한 감정을 눈물처럼 그냥 닦아내버릴 수만 있다면 얼마나 좋을까.

나는 다시금 그간의 대화를 떠올리며 정신을 집중했다. 그녀는 처음엔 혼자인 게 좋다고 말했었다. 혼자 있는 게 긍정적으로 보였고, 그렇게 비쳤었다. 하지만 지금 그녀가 이야기해준 기억들은 수치심으로 가득했다. 혼자 있는 건 그녀에게 부끄러운 일이었다. 그녀가 원한 게 아니었다. 그녀는 친구들의 초대를 받고 싶었고, 쉬는 시간을 함께 보낼 친구들이 있었으면 했다.

"G 씨는 혼자 있는 게 불편하고 부끄러웠군요. 운동장에 혼자 있는 모습을 그 누구에게도 보이고 싶지 않았고요." 그녀의 대답을 이미 알고 있었지만, 그래도 질문해보았다. 확인받고 싶었던 게 아니다. G가 지닌 생각의 흐름을 이쪽으로 바꿔보고 싶었다.

"네." 그녀는 훌쩍거리며 대답했다.

"혼자 있는 게 사실 싫었던 거죠?"

"네, 하지만 뭘 어떻게 해야 할지 모르겠더라고요. 저는 사회생활에 정말 서툴렀거든요. 사람들과 관계 맺는 일이 너무도 힘들었어요. 저는 굉장히 폐쇄적이었고, 다른 사람들과 가까워지는 데 엄청나게 오랜 시간이 걸렸어요. 그런 제가 싫었고, 진짜 이상하게 보였어요. 저도 저 같은 사람이랑은 친해지고 싶지 않았을 거예요."

"왜 그렇죠?"

"저는 별난 애였으니까요. 말도 없었고, 어딘가 이상해 보이고. 한마디로 불쾌하고 심히 재미없는 아이였던 거죠. 다른 사람들을 전혀 원망하지 않아요. 제게 아무도 말을 걸지 않았다는 것을 저는 이해할 수 있어요."

"요즘은 어떠한가요?" 나는 궁금했다.

"사실 크게 달라진 건 없어요." 그녀의 눈빛은 단호하면서도 암울했다.

"그 말은, 지금도 혼자 있는 걸 좋아하지는 않는 거네요. G 씨는 (스스로 말한 것처럼) 불쾌하고 별난 사람이니까 그 누구도 G 씨와 어울리기 싫어할 거라고 믿고 있군요."

그녀는 고개를 살짝 떨구며 내 눈빛을 피했다. 수치심이 또다시 올라온 것이다.

"네. 쓸데없는 짓은 안 하고 싶어요. 다른 사람들도 헛수고하게 만들고 싶지 않고요. 제가 얼마나 사랑받을 가치가 없는 사람인지 보여주려고 제게 거울을 들이미는 사람들과 더는 함께하기 싫어요. 저를 그토록 아프게 할 사람은 더는 마주치고 싶지 않아요."

"누가 G 씨를 그토록 아프게 했는데요?" 나는 질문을 던졌고, 이제 우리는 초기 애착 관계 경험에 대한 질문에 다다르게 됐다. 포장만 조금 달리했을 뿐이다.

"부모님. 특히 그날 차 안에서 저를 바라보던 아빠의 눈빛이요. 아빠는 자기 집에 잠자러 오라고 초대하는 친구가 제게 단 한 명도 없다는 걸 아시고는 제게 무슨 문제라도 있는 건 아닌지 의아한 듯한 표정으로 저를 바라봤어요. 하지만 그때뿐만이 아니었죠. 계속 그랬어요. 저는 늘 특별한 아이였어요. 긍정적인 의미로서는 아니고요. 저는 점점 더 조용해졌어요. 점점 더 소극적으로 변했고, 꼭 필요할 때 빼고는 방에서 나오지도 않았죠. 부모님이나 두 여동생은 그런 저를 그냥 무시하면서 자신의 일상을 살아갔어요. 완전히 사라지는 데 거의 성공한 거죠. 저는 어떻게든 투명인간이 되고 싶었거든요. 저를 아무도 못 보길 바랐어요."

"왜 그러고 싶었을까요?"

"그들 눈빛에서 저 자신을 보게 되니까요, 마치 거울처럼요. 그 눈빛을 저는 너무도 잘 알아요. 너는 도대체 뭐가 문제냐고 말하는 그 눈빛. 너는 틀려먹은 녀석이라고 제게 말하는 그 눈빛을요." 그녀는 깊게 숨을 들이마시더니 잠시 숨을 멈췄다. 그런 다음, 다시금 천천히 내뱉었다. 호흡 기술이었다. 그녀는 자신의 감정을 통제할 줄 알았다. 이는 그녀의 전문 분야이기도 했다.

"그러면 G 씨는 어떤 눈빛을 접하고 싶었나요?" 내 질문에 그녀는 깜짝 놀라 했다. 그녀의 얼굴이 살짝 붉어졌다. 수치심이 또? 아니다. 이번엔 그렇지 않았다. 되레 당황스러워하는 듯한 느낌이었다.

"〈타이타닉〉이란 영화를 아시나요?"

"그 영화를 모르는 사람이 있을까요?" 나는 고개를 끄덕였다.

"레오나르도 디카프리오가 케이트 윈슬렛을 바라보던 그런 눈빛이요. 영화 내내 그랬죠. 처음 만났을 때부터 끝까지. 엄청 감성적으로 들린다는 거, 저도 알아요. 하지만 그런 눈빛을 저는 그때 처음으로 접해봤어요. 열네 살 때쯤 그 영화를 처음 봤는데, 태어나서 처음으로 그런 눈빛을 본 거예요. 사랑하는 사람들이 서로를 바라보는 눈빛. 그때까지는 그런 눈빛을 전혀 알지 못했죠. 제가 아는 눈빛이라곤 경멸의 눈빛, 그것밖에 없었어요."

"지금껏 그런 눈빛, 그러니까 사랑의 눈빛으로 G 씨를 바라보던 사람을 만난 적이 있었나요?" 그녀에게 물어보았다.

"네. 딱 한 사람 있었어요. 정확하게 말하자면 한 남자요. 몇 년 정도 사귀었었어요. 제가 제대로 해봤던 첫 연애이기도 했고요. 하지

만 예상했던 일이 벌어졌죠." 그녀의 목소리가 점차 냉소적으로 변해
갔다.

"뭐가요?"

"눈빛이 변했어요. 어느 날, 저는 그 사람의 눈에서 경멸의 눈빛
을 봤어요. 저를 미친 사람인 양 바라보던 그 사람의 모습을 지울 수 없
어요. 저를 너무 이상하다고, 제게 무슨 문제라도 있는 것처럼 바라보
는 모습이 싫었어요." 그녀가 말했다.

"그가 그렇게 말했었나요?"

"아뇨. 하지만 저는 그렇게 느껴진다고 그에게 말했어요. 그는 아
니라고 했죠. 그냥 저를 좀 더 이해해보고 싶었을 뿐이라고 말했어요.
그는 우리 관계를 개선해보려 했지만, 저는 더는 참을 수가 없었어요.
그런 눈빛으로 저를 바라보는 걸 견딜 수가 없었죠. 그런 거울은 마주
하기 싫었어요. 그래서 제가 그를 떠난 거고요."

"그렇기에 혼자 있는 게 G 씨에게는 더 안전한 거군요." 나는 골
똘히 생각에 빠진 채 그녀에게 말했다. 혼자 있는 게 G 씨에게 안전한
이유가 이제 분명해졌다. 타인과의 상호작용은 (어떤 형태이든) 우리가
들여다보려고만 한다면 하나의 거울로서 작용할 수 있다. 우리는 특정
한 방식으로 상대에게 영향을 미치고, 상대로부터 특정한 행동방식 및
반응을 끌어낸다. 사회적 관계에서 두려움을 유난히 많이 느끼는 사람
들은 이게 무슨 소린지 분명 더 잘 이해할 것이다. 그리고 G의 관점에
서는 이 상황을 분명 더 잘 수긍할 것이다. G의 초점은 그녀 자신보다

는 외부에, 다른 사람들에 더 크게 맞춰져 있었다. 그녀는 지금 자신의 기분이 어떠한지, 다른 사람들이 그녀에게 했던 건 무엇인지는 거의 알지 못했다. 그녀의 관심사는 오로지 자신에 관한 다른 사람들의 생각, 그들의 평가, 아니면 자신에 대한 경멸 여부였다. 그녀는 지나칠 정도로 심하게 다른 사람들을 신경 쓰고 있었다. 이는 그녀에게 굉장히 버거울뿐더러 큰 상처이기도 했다. 그녀가 자기 자신에 관해 스스로 믿고 있는 바를 계속 맞닥뜨려야 하기 때문이다. 그녀는 자신이 확신하고 있던 것('나는 이상해, 나는 미친 사람이야, 나는 사랑받을 가치가 없어')을 다른 사람들의 '경멸의 눈빛'을 통해 확인하고 거듭 찾아냄으로써 그녀 자신의 가정을 스스로 검증하고 있었다.

✦ 자신에 관한 믿음이 삶에 미치는 영향 ✦

한번 180도로 완전히 확 뒤집어보자. G는 근본적으로 긍정적인 신념을 가지고 있고 자신은 사랑받을 가치가 충분한 존재라고 아주 확신하고 있다고 생각해보자. 그렇다면 G는 남자친구에게서 이 '사랑의 눈빛'을 봤을뿐더러 기뻐했을 것이다. 그가 좀 짜증이 난 상황이거나 두 사람이 말다툼을 한 바람에 그의 눈빛이 달라졌다 하더라도 '나는 사랑받을 가치가 있어'라는 그녀의 확신을 바꿔놓지는 못했을 것이다. 그와의 말다툼도 언젠가 해결됐을 것이다. 일시적인 위기였을 수는 있겠지만, 이것 때문에 '나는 사랑받을 가치가 충분해'란 그녀의 확신이 흔들리지는 않았을 것이다.

다시금 원래의 시나리오로 돌아가보자. G는 옛 연인에게서 '사랑의 눈빛'을 보았으나 그녀의 신념을 진지하게 되돌아볼 생각은 전혀 하지 못했다. 이 연애 경험은 자신이 기본적으로 사랑받을 가치가 없는 존재라고 믿는 그녀의 확신을 바꿔놓지 못했다. 그녀는 자신에 대해 다르게 생각해보며 달리 받아들일 수도 있었다. 그가 그녀를 사랑스럽게 바라봤다면, 자신이 그토록 경멸받아야 할 존재는 분명 아닐 거라고, 그 남자를 이에 대한 증거로 받아들여도 됐었다. 외부에서건 그녀 내부에서건 이를 입증할 다른 증거를 찾아낼 수도 있었다. 하지만 그녀는 자신이 믿고 있는 바를 확인해줄 수 있는, 그런 눈빛만 기다리며 계속 찾아다녔다. 바로 '경멸의 눈빛'이었다. 적어도 그녀는 그렇게 바라보려고 했다. 맞다. 그녀는 거의 그렇게 볼 수밖에 없었다. 그래야 그녀의 신념이 확증되기 때문이다. 우리는 그게 무엇인지 보려고 하지 않는다. 우리는 자신이 누구인지도 보려 하지 않는다. 우리는 스스로가 누구라고 믿고 있는, 바로 그것만 본다.

G는 자신이 경멸받을 존재라고 믿었으며, 외부 세계에서도 정확하게 이것만 봤다. 그녀가 지금부터 자기 자신을 그저 사랑스럽게 바라보며 얼마나 사랑받는 존재인지를 깨닫길 바라는 건 지나친 욕심이자 주제넘는 소리일 것이다. 30년이 넘는 시간 동안 그녀는 이 가정에 맞춰 자기 자신과 타인, 그리고 이 세상에 대한 개념을 만들어왔다.

'자기 자신을 그냥 사랑해보세요'와 같은 문구로는 어림도 없다. 자기 자신을 '역겹고', 더 나아가 '기괴한 사람'이라 여기는 사람에게 자기애란 굉장히 도달하기 힘든 목표다.

그러지 말고 우선은 현실적으로 접근해보자. 자기를 제대로 바라볼 수 있도록. 자, 한 인간으로서 G가 혐오스럽다는 가정은 얼마나 현실적인가? 기괴한 사람인 건? 사랑받을 가치가 없다는 건? 심지어 경멸받을 정도인가? 도대체 무슨 이유로, 무엇 때문에 사람들이 그녀를 경멸해야만 하는가?

G는 외부 반응에 초점을 맞췄고 이를 '경멸'로 해석했다. 그런데 그녀는 다른 사람들이 정말로 그녀를 경멸했었는지는 알지 못한다. 스스로 그렇게 믿었을 뿐이다. 게다가 다른 사람들과 조금이라도 가까워지면 그들이 자신을 경멸의 눈빛으로 바라볼까 두려워했다. 그렇기에 그녀는 다른 사람들을 피하며 거리를 뒀다. 그런데 이는 사회성 향상에 아무런 도움이 안 된다. 관계를 넓힐 기회가 주어지지 않았기에 그녀는 사회적 능력을 되레 상실했다. 타인과의 상호작용을 스스로 적극적으로 회피해오지 않았던가. 그런데 그녀가 다른 사람들과 함께하는 상황에선 어떨까? 다른 사람들은 그녀의 이런 면모를 전혀 예상하지 못했기에 깜짝 놀라거나 혼란스러워한다. G는 이런 반응을 다른 사람들이 자신을 '경멸'하고 있음을 보여주는 증거라 간주했다. 이런 식으로 그녀는 '나는 사랑받을 가치가 없어'라는 자신의 믿음을 계속 확증하게 된다. 이는 그녀를 홀로 고립된 채 다른 사람들과 거리를 두게끔

만든다. 그러면 그녀는 안전하다. 적어도 그러한 눈빛으로부터는, 그녀가 믿고 있던 바를 재차 보여주는 그 거울로부터는 안전하다. 그렇기에 G에게는 혼자 있는 게 안전한 거다. 그렇기에 진정한 애착 관계를 기반으로 한 안정된 관계는 그녀에게 그토록 위협적으로 다가오는 것이다.

자기 자신에 관한 믿음이 자신뿐만 아니라 삶에 얼마나 큰 영향을 미칠 수 있는지를 이해하는 게 중요하다. 긍정적인 의미에서건 부정적인 의미에서건 말이다. 예를 들어 우리는 '나는 그냥 혼자 있는 게 좋아'와 같은 말들로 스스로 만족해한다. 그리고 시간이 지남에 따라 이러한 말을 스스로 계속 믿어나간다. 그런데 어째서 이 생각을 되물어볼 생각은 하지 않을까? 어째서 혼자 있길 좋아하는가? 혼자 있는 것을 무엇과 연결 짓는가? 혼자이지 않다면 어떤 일이 벌어질까 싶어 두려운가? '혼자 있음'의 정반대 상황을 무엇과 연결하는가? 물론 정반대의 수식어들로 자신을 달리 표현해봐도 괜찮다.

- 혼자 있는 걸 왜 좋아하는가?
- 애착 관계와 친밀함은 당신 안에서 무엇과 연결되는가?
- 당신이 믿고 의지할, 확고한 관계의 애착 대상이 더는 존재하지 않는다면 어떤 일이 벌어질까봐 두려운가?
- 이러한 가정은 어디에서부터 비롯되었는가?

4장

왕자님의 도움은 필요 없어요

신념을 어떻게 받아들일 것인가

B가 처음으로 내 상담실에 찾아왔던 모습을 나는 평생 잊지 못할 것이다. 그날 나는 심각한 우울증 증상을 보였던 환자들을 여럿 만났다. 그들은 심히 억압된 분위기를 내풍겼으며, 행동도 느렸고 주저하거나 멈칫거리는 모습도 자주 보였다. 치료의 핵심은 그들을 다시금 움직이게 만드는 것이었다.

그러고 나서 B가 들어왔는데, 그녀는 힘이 넘쳐 흐를 지경이었다. 그녀가 상담실 안으로 들어올 때, 그녀의 넘쳐나는 에너지도 함께 들어왔다. 한마디로 주변에 '활기를 불어넣는' 여성이었다. 존재감이 너무도 확실해 그녀를 못 보고 지나치거나 못 듣고 흘려버리기 힘들

정도였다. 그녀는 개방적이고, 적극적이었으며, 공감적이었고, 상대방도 기분 좋게 만들 미소를 머금고 있었다. 그녀는 어떤 문제가 있을까?

✦ 상실에 대한 두려움 ✦

나는 참 궁금했지만, 금세 알 것 같았다. 그녀에게는 두려움이 있었다. 공황장애도 아니었고, 비행 공포도 없었으며, 거미를 무서워 하지도 않았고, 두려움에 대한 두려움을 느끼는 것도 아니었다. 이는 우리가 한동안은 전혀 인식하지 못하는 두려움으로, 진지한 관계를 만들고 나서야 비로소 알게 되는 두려움이다. 바로 상실에 대한 두려움이었고, 버려질 것에 대한 두려움이었다. 이로 인해 그녀의 연애 관계는 주야장천 매번 엉망이 됐다.

지난 34년 동안 B가 제대로 된 연애를 해본 건 대략 다섯 번 정도였다. 그녀는 확실하고 솔직하며 애정 가득한 관계를 바랐다. 자신만의 가족도 갖고 싶었다. "아이들, 반려동물, 집, 정원이 있는, 그런 제대로 된 가족요." 제대로 된 남자도 찾았다. 2년간 사귀었던 그는 '그녀가 꿈꿔왔던 전부'였다.

그렇다면 그녀의 꿈을 방해하는 요인은 뭐였을까? 그녀는 이렇게 대답했다. "저는 두려워요. 그에게 저를 정말로 다 내맡기게 되면, 그가 저를 떠나버리거나 아프게 할 수도 있는 거잖아요. 그가 저를 더는 멋지게 여기지 않을까 봐, 저를 더는 사랑하지 않을까 봐 저는 항상 두려워요. 다른 여자를 만나면서 저를 옆으로 치워버리지 않을까 싶은 두려움. 저는 지독한 통제 괴물이 돼버렸어요. 그를 끊임없이 관찰하고, 할 수만 있다면 그가 어디에 있는지 매시간 확인하고 싶어요. 그가 다른 여자들과 가까워지면 참을 수가 없어요. 이런 문제로 저희는 진짜 자주 다퉈요. 저는 그를 정말로 잃고 싶지 않아요. 하지만 이걸 그냥 내버려둘 수도 없어요. 이런 데이트 짓거리들, 이젠 정말 진절머리나요! 한 남자를 '유혹'하고 그가 저를 떠나버리지 않게 매번 저를 예쁘게 치장하고 그들이 원하는 특정 패턴 속에 끼워 맞추는 것, 더는 하고 싶지 않아요. 그 사람이랑 잘 안 되면, 이 데이트 짓거리를 또다시 처음부터 다시 다 해야 하잖아요."

"그런데 잘 되면요?" 나는 궁금했다. 나는 그녀가 이토록 빨리 '아이, 집, 정원'에서 '데이트 짓거리'를 하는 싱글의 삶으로 주제를 돌린 데 깜짝 놀랐다.

"꿈만 같겠죠." 그녀는 정말로 꿈꾸는 듯한 표정으로 먼 곳을 바라보며 대답했다. 그녀의 이러한 눈빛은 이후 상담시간마다 자주 마주칠 수 있었다. 집, 정원, 반려견이 있는 행복한 가정의 '꿈'이 그렇게 멀리 떨어져 있지 않았다는 이야기가 나올 때마다 그 눈빛이 나왔다. 꿈에 그리던 성을 건설하는 데 필요한 재료를 그녀는 이미 다 갖추고 있었다. 그냥 서로서로 짜 맞추기만 하면 됐다. 그런데 '무엇이' 문제였을까?

우리는 다섯 차례에 달한 그녀의 지난 연애사를 함께 다뤄보았고, 그녀의 연애 패턴은 비교적 빨리 파악됐다. B는 자신에게 별다른 흥미를 보이지 않는 남자들이나 여러 다양한 이유에서 그녀가 가질 수 없는 남자들(예를 들어 이미 약혼한 자)에게 사랑의 감정을 느꼈다. 그리고 그 남자들이 어떻게든 그녀에게 빠져들도록 온갖 노력을 다 기울였다. 대개는 다 잘 됐다. 분명 그녀가 지닌 매력 덕분이었을 것이다. 문제는 연애를 시작한 지 약 1년쯤 지나면서부터 나타나기 시작했다.

한번은 그녀가 이렇게 말했다. "보통 때 같았다면 일찌감치 헤어졌을 거예요. 우리는 2년이나 사귀었어요. 그렇게 오래 간 적이 없었어요. 보통 1년 정도 지나면 매번 끝이 났거든요."

지난 다섯 번의 연애를 보면, 양측 합의로 끝이 났거나 상대방이 일방적으로 이별을 통보했다. 그녀 스스로 그 관계를 적극적으로 끝낸 적은 단 한 번도 없었다.

'적극적'은 내가 의도적으로 쓴 표현이다. 그간의 치료 과정 동안 나는 지금까지의 연애 관계를 모두 끝내버린 사람이 다름 아닌 그녀 자신이라는 사실을 파악해냈기 때문이다. 지극히 수동적인 방식으로. 그녀는 무의식적으로 그녀의 연애 관계를 모두 망쳐놓았다.

B와 이야기를 나눌 때마다 우리는 늘 동화 속으로 빠져들었다. 이 사실을 인지하게 되면서 나는 그 이유를 스스로 되물어보았다. 어째서 우리는 성, 왕자, 꿈에 관해 이토록 많은 이야기를 나눌까?

무엇 때문에 꿈속에 빠져들까?

나는 이를 그냥 곧장 물어보았다. "B 씨가 바라는 것들을 듣다 보면 마치 동화 같아요."

그녀는 바로 동의했다. "네, 그렇게 느껴지기도 하죠. 사람들이 즐겨 듣지만, 이러나저러나 결코 사실이 될 수 없는 이야기."

이러나저러나 결코 사실이 될 수 없는 이야기?

흥미로웠다. 그녀의 이야기는 실상 사실이 되어 있었기 때문이다. 꿈에 그리던 남자가 그곳에 있었고 그는 그녀와 결혼할 생각이었다. 집, 아이, 그리고 반려견에 관한 꿈은 그리 멀지 않은 곳에 자리해 있었다. 그런데 어째서 그녀가 이에 관해 이야기하면 그렇게 불가능하고 그렇게 동화 같은 이야기로밖에 들리지 않는 걸까? 어째서 그녀의 이야기는 사실이 될 '수' 없을까?

"B 씨의 이야기가 사실이 되면 어떤데요?" 내가 질문해보았다.

"흠, 당연히 멋지겠죠." 그녀는 다소 무덤덤하게 대답했다.

"오케이, 멋져요. 그다음은요? 그러고 나면 어떻게 되나요?" 나는 좀 더 깊숙이 파고들어보기로 했다.

그녀는 한 방 먹은 듯한 얼굴이었다. "흠, 아, 그러고 나면… 저도 모르겠어요. 그만큼 멀리까지 가본 적은 없었거든요. 관계가 그렇게 진지해지기 전에 남자들이 죄다 떠나버렸어요. 제 꿈이 사실이 된다면 정말로 어떨지 저도 사실 모르겠어요. 제가 생각한 만큼 그렇게 멋지지 않을 수도 있겠죠."

"그렇다면 꿈이 사실이 돼도 괜찮을까요?" 나는 궁금했다.

그녀는 살짝 미소 지었다. 아주 살짝. 마치 뭔가를 도둑질하려다 들킨 듯한 표정으로 말이다. "좋은 질문이네요. 잘 모르겠어요. 흠, 지금 곰곰이 생각해보면, 그저 제 상상 속 세계만이 그렇게 아름다운 것일 수도 있겠네요. 제 꿈이 사실이 된다면, 제 상상 속에서처럼 그렇게 모든 게 완벽하지는 않겠죠. 그럴 가능성이 아주 크겠죠. 가족과 집은 아주 많은 걸 요구하니까요."

"둘 다 함께 존재할 수도 있잖아요. 그러니까 제 말은, 당신의 꿈이 실현되면 당신은 기뻐할 것이고 가정생활도 만끽할 수 있을 거예요. 하지만 이와 동시에 당신에게는 많은 게 요구될 수 있을 것이고 자주 힘들어할 수도 있겠죠. 두 측면 모두 함께 존재할 수 있잖아요." 나는 내 생각을 그녀에게 말해보았다.

"네, 맞아요. 꿈에 등장하는 궁전에도 문제는 있기 마련이니까요. 그렇죠?" 그녀는 미소 지으며 대답했다. "제가 왜 이토록 비현실적인 기대를 하고 있는지 저도 잘 모르겠어요. 남자친구가 어떤 결점을 보이거나 실수라도 하나 저지르게 되면, 그 사람은 잘못된 남자이고 제 꿈은 현실이 되지 못할 거라고 저는 곧장 확신하게 돼요. 어떤 이유로건 그가 제 마음을 아프게 할 수 있고, 또 저를 떠나버릴 수도 있는 거니까요." 그녀가 설명했다.

✦ 확인되지 않은 잘못된 가정들 ✦

종종 우리는 그릇된 생각에 잘못 빠져들어 우리가 마주하고 싶지 않았던 것들과 불현듯 맞닥뜨리게 된다. 그러한 것들이 한순간 우리 눈에 확 들어오면서 우리는 점점 더 무기력해진다. 이러한 '후진'성 소용돌이에서 벗어나려면 '전진'성 질문을 던져보는 게 좋다. B의 모든 초점은 그녀가 하고 싶어 하지 않는 것들에 맞춰져 있었다. 그녀의 목적은 회피였다. 그녀는 내면에서 올라오는 무언가를 피하고 싶었다. 예를 들자면 실망 같은 것이다.

그렇기에 나는 대화의 방향을 친근함 쪽으로 돌려보고자 다음의 질문들을 던져보았다. '그렇게 하고 싶지 않아'에서 '나는 이렇게 하고 싶어. 그러려면 이런 게 필요해' 방향으로. 실상 어떤 모습이어야 할지를 정의해보면, 정말로 내가 원하는 바는 무엇이고 이미 내게 갖춰져 있는 건 무엇인지를 어렵지 않게 깨달을 수 있다.

"당신이 정확하게 찾고 있는 게 뭘까요? 그러니까, 이 남자가 내가 찾는 남자라는 걸 확신하려면 그 남자는 어때야 하나요? 그 연애는 어떤 모습이어야 할까요?" 나는 궁금했다.

"흠, 그게 그렇게 쉽지가 않아요. 따지고 보면 지금의 제 남자친

구는 제가 바라던 바를 모두 충족시켜줘요. 그런데도 어째서인지 저한
테는 충분하지 않아요. 그가 영원히 제 곁에 머무를 거라는, 그런 보증
같은 게 있었으면 좋겠어요. 저는 상실을 견뎌낼 수 없어요." 그러는
동안 그녀의 얼굴 위로는 눈물이 흘러내렸다.

상실을 견뎌낼 수 없어.

이는 그녀가 말하는, 그녀에게 방해만 되는 다양한 가정 가운데
하나다. 이는 자신이 버림받으면 견뎌낼 수 없을 거라는 그녀의 확신
에서 비롯된 것이었다. 하지만 이 확신이 진실을 기반으로 한 게 아님
은 이미 증명됐다. 결과적으로 B는 앞선 만남에서 여러 차례 버림받았
지만 모두 다 견뎌내지 않았던가. 물론 쉬운 일은 아니었지만 참을 정
도는 됐다. 과거의 행동은 미래의 행동을 아주 잘 보여준다. 지금껏 이
별을 수차례 잘 극복해왔다면 다시금 잘 해낼 가능성도 아주 크다. 이
사실을 그녀도 이미 잘 알고 있었고, 이를 위해 꼭 필요한 심리 기술도
모두 배워두었다. 그냥, 그래야만 했기에 그녀는 그렇게 해왔다.
이때 우리는 나 자신에 관해 확인되지 않은 가정('나는 견뎌낼 수 없
어')을 그저 계속 가지고 있도록 만드는 걸림돌을 보게 된다. 우리는 내
면에서부터 들려오는 이러한 가정을 너무도 쉽게 믿는다. 그런데 이는
사실이 아니다. 우리가 이런 가정을 확신한다고 해서 이게 사실이 되
는 건 아니다. 이 두 가지를 분리해서 생각하는 일은 저만의 생각들을

분석할 때 굉장히 중요하다.

다음과 같은 태도를 갖춘다면 분명 큰 도움이 될 것이다. '이 남자가 어느 날 나를 떠나버릴지언정 나는 잘 견뎌낼 거야.' 고통스러운 경험을 미화해서 이야기하자는 게 아니다. 아프고 쓰라려도 괜찮다. '이 남자가 나를 떠난다면 정말 엿 같겠지. 나는 아파할 거고, 질질 울어대기도 하겠지. 그를 쉽게 떠나보내지 못할 수도 있어. 하지만 잘 이겨낼 거야. 지독하게 한 번 더. 이 거지 같은 이야기를 그렇게 오래 묵혀두진 않을 거야.'

그런데 '나는 상실을 견뎌낼 수 없어'란 가정 속에는 신념이 숨겨져 있다. 신념 때문에 가정이 확신으로 바뀐다. 상실을 더는 견뎌내지 못할 거라고 B가 믿고 있다면, 그녀는 이미 자기 자신을 약한 사람이라고 확신하고 있는 거다. 그 이후의 치료 과정 동안 우리는 그녀 자신에 관한 가정을 본격적으로 다루어보았고, 그녀에 관한 흥미로운 사실들을 알게 되었다.

"예전에 즐겨 들었던 이야기는 어떤 것들이었나요?" 나는 궁금했다. 우리는 그간 B의 어린 시절, 부모, 주된 생물학적 사건에 관해 수차례 이야기를 나눴다. 그런데 상실에 대한 두려움은 그 어디에서도 찾지 못했다. 하지만 꼭 그럴 필요도 없다. 심리적 문제나 질환이 유년기에서부터 무조건 시작되는 건 아니기 때문이다. 영화 같은 데선 그렇게 자주 등장할지언정….

"저는 사실 모든 동화를 다 좋아했어요! 제가 어렸을 때, 엄마는 밤마다 아주 두꺼운 빨간색 책 한 권을 들고 와서는 이야기를 들려주곤 했어요." 그녀의 얼굴엔 미소가 번졌고, 다시금 그 눈빛이 나타났다. 먼 곳을 바라보며 꿈꾸고 있는 듯한 바로 그 눈빛.

"참으로 멋진 저녁 시간이었겠어요. 그때 B 씨의 기분은 어땠나요?" 나는 그녀를 지금의 그 감정 속에서 끄집어내고 싶지는 않았다. 그렇기에 거의 속삭이는 듯한 나지막한 목소리로 물어보았다.

속삭이는 목소리 톤은 잘 맞아떨어졌다. 꿈꾸는 듯한 그녀의 눈빛은 계속됐고, 그녀는 자신의 기억을 내게 이야기해주었다. "제 이불엔 잠자는 숲속의 공주 그림이 그려져 있었어요. 엄마가 동화책을 읽어줄 때마다 저는 그 속에서 기분 좋게 뒹굴뒹굴했죠. 매일 들어도 지겹지 않았어요. 그때마다 마치 제가 공주가 된 것 같았거든요. 그러면서 제 왕자님을 기다렸죠." 이때 B는 잠시 말을 멈췄다. 그녀의 얼굴엔 미소가 사라져버렸다.

그녀의 표정이 아주 살짝 달라졌다. 일상생활에서는 분명 거의 눈치채지 못할 정도였지만, 그 순간 그러한 표정 변화는 내게 엄청난 변환점이었다. 나는 그때를 놓치지 않았다. "당신은 왕자님으로부터 정확하게 무엇을 바랐던 걸까요?"

"잘 모르겠어요." 그녀는 생각에 잠긴 채 대답했다. "저를 도와주고 구해주겠죠. 공주들은 힘든 상황에 잘 처하잖아요." 그녀는 웃었고, 나도 함께 웃었다. 이 말이 딱 들어맞았기에, 정말로 희한할 수밖에 없었다.

"왕자님이 공주님을 구하죠." 내가 콕 집어 확인해주었다.

"네, 그렇죠. 적어도 동화 속에서는요. 현실에서는 꼭 그렇지 않 겠지만요."

"왜 안 되죠?" 나는 궁금했다.

"흠, 우리는 도움이 필요 없으니까요." 그녀는 단호하게 말했다.

"우리가 누군데요?" 내가 물어보았다.

그녀는 말을 멈췄다. 깜짝 놀란 듯했다. 내가 던진 질문 때문이라 기보다는 이에 앞서 그녀가 내뱉은 말 때문인 것 같았다. 그녀는 잠시 마음을 가다듬더니 이렇게 말했다. "엄마와 저요. 우리는 도움 같은 거 필요 없어요. 흠, 적어도 엄마는 늘 그렇게 말했어요."

"B 씨의 어머니는 언제 주로 그런 말을 했었죠? 동화책을 읽고 나서?"

"아뇨, 그때는 아니었어요. 오히려 일상적인 상황에서 그랬죠. 예 를 들어, 집에 뭔가가 고장 났거나 선반 같은 걸 새로 샀을 때요. 엄마 는 혼자 수리하고, 혼자서 다 만들었어요. 제가 엄마를 도와줬고요. 그 러면 엄마는 늘 이렇게 말했어요.

우리는 남자들 도움 같은 거 필요 없어. 우리끼리도 다 해낼 수 있어!

제겐 그 말이 참 멋져 보였어요. 엄마는 그런 면에서는 아주 독립적인 여자였어요. 하지만 안 좋았던 시간도 있었죠."

"그때는 어때 보였는데요?" 내가 물었다.

"엄마도 완전히 무너져버리더군요. 아빠가 바람이 났던 때를 저는 여전히 기억하고 있어요. 제가 아마 일곱 살 때쯤이었을 거예요. 더는 그렇게 강한 모습의 엄마가 아니었죠. 여느 때와는 달랐어요. 엄마가 제대로 무너진 거죠. 당연한 거예요. 그런데 아빠가 그 불륜관계를 꽤 일찍 정리했어요. 그리고 두 분은 일종의 부부 상담 치료를 받았고요. 그 이후에는 그런 일이 더는 없었어요. 적어도 저는 그런 이야기를 들어본 적이 없어요." 그녀가 이야기했다.

"평상시와는 전혀 달랐던 엄마의 그런 약한 모습을 보았을 때 B씨는 어땠나요?" 내가 질문했다.

"정말 끔찍했죠. 이게 무슨 일인가 싶었어요. 저는 도저히 모르겠더라고요. 엄마는 소파나 침대에 자주 누워 있었어요. 꼭 해야만 할 일들만 겨우 해낼 뿐이었죠. 그땐 아빠가 저를 더 많이 돌봐줬어요. 왜 그러냐고 엄마에게 계속 물어보면, 엄마는 언제나 이렇게 대답했어요. "더는 못하겠어. 더는 못 견디겠어." 제겐 그 말이 너무도 끔찍했어요. 그 말이 저를 너무도 두렵게 만들었죠." 그녀가 이야기했다.

"뭐가 그렇게 두렵던가요?" 내가 좀 더 자세히 질문했다.

"아빠가 다른 여자를 만났었다는 건 이미 알고 있었어요. 아빠가 제게 말해줬어요. 하지만 아빠는 더는 그런 행동을 보이지 않을 거라고, 그리고 엄마 상태도 다시금 좋아질 거라고 제게 이야기해줬어요. 저는 그 낯선 여자가 두려웠어요. 저는 그 여자를 알지도 못했고 누구인지도 몰랐는데, 그런데도 그 여자에 대한 악몽을 꿨어요."

"그 여자가 어떤 일을 벌일까 두려웠나요?"

"제 모든 걸 빼앗아갈까 봐요. 그러니까 제 가족이요. 그 여자는 제 아빠를 거의 빼앗아갈 뻔했잖아요. 간접적으로는 엄마도 제게서 빼앗아갈 수 있었겠죠. 엄마가 완전히 달라져버렸잖아요. 제가 알고 있던 엄마의 모습이 아니었어요. 이 모든 일이 다 끝나버려서, 또 두 분이 다시금 함께일 수 있어서 저는 진짜 기뻤어요." B는 이렇게 말하며 그 기억들을 싹 다 털어버리고 싶은 듯 그녀의 옷매무새를 다듬었다.

"그때 B 씨 어머니는 더는 견뎌내지 못하겠다고 말했어요. 만약 B 씨가 그런 상황에 놓인다면 B 씨 역시 견뎌내지 못할 거라고 믿나요?" 내가 물어보았다.

"오, 그럼요. 저는 못 해낼 거예요." 그녀는 재빨리 대답했다.

나는 기억을 떠올렸다.

상실을 견뎌낼 수 없어.

예전 어느 상담시간 때 그녀는 이렇게 말했었다. 그때 우리가 깨닫게 된 것처럼 이 가정 이면에는 그녀를 지배하던 방해꾼 신념이 하나 자리해 있었다. '나는 약해.' 자기 자신을 강한 사람이라 확신했다면, 이 상황을 견뎌내지 못할 거라고 그렇게 두려워하지는 않았을 것이다.

그리고 이제 우리는 이 메시지가 그녀에게 간접적으로 전달됐던 상황을 하나 찾아냈다. 언제나 강한 모습을 보여왔던 엄마가 한순간 약해지며 바닥에 쓰러졌다. 늘 강했던 엄마조차 넘어뜨릴 수 있을 정도로 위협적인 일이 벌어졌다. 바로 상실이었다.

그 당시 일곱 살이었던 B에게 안전했던 건 뭘까? 여태껏 존재해 왔던 그녀의 세상, 그리고 그녀가 자기 자신과 이 세상 사람들, 그리고 이 세상에 관해 가져왔던 가정이 이 특별한 사건 하나로 완전히 뒤엎어졌다.

"어머니 상태가 그토록 안 좋았을 때 동화책을 읽으면 어땠나요?" 내가 물어보았다.

"그때는 거의 항상 아빠가 책을 읽어줬어요. 하지만 얼마 지나지 않아 엄마가 다시 책을 읽어주기 시작했죠. 그때쯤 엄마 상태도 천천히 좋아지기 시작했고, 두 분이 함께 부부 관계 치료도 받았어요. 상황은 점점 더 나아지고 있었어요. 하지만 더는 예전처럼 좋지 않았어요." 그녀가 이야기했다.

"왜 아니죠?" 나는 좀 더 자세하게 질문했다.

"엄마는 동화책에 나오는 이야기들에 짜증이 났었던 것 같아요. 그런 이야기를 더는 참아내질 못했죠. 왕자와 공주님, 영원한 사랑, 궁전, 로맨스. 뭐, 엄마 상황에서는 충분히 이해가 되죠." 그녀가 조용히 말했다.

"B 씨에게는 어땠나요?" 나는 질문을 좀 더 던져보았다.

"아, 정말 끔찍했죠. 진짜 너무 불편했어요. 저는 동화책 이야기들을 너무너무 좋아했다고요. 하지만 많은 게 엉망진창이 되어버렸죠. 그렇다고 엄마를 원망할 생각은 눈곱만큼도 없어요. 엄마가 저를 위해 그토록 많이 노력했다는 것, 저는 정말로 대단하다고 생각해요." 그녀가 말했다. "그렇지만 동화책을 읽을 때마다 엄마가 덧붙였던 말들은 매번 제게 쓰디쓴 불쾌함을 남겨줬죠. 아직도 기억해요, 그 책에 나오는 동화들은 모두 이렇게 끝났어요. '그들이 죽지 않았다면, 지금도 여전히 사랑하고 있을 것이다.' 보통 동화들이 다 그렇죠, 뭐. 그럼 엄마는 늘 이렇게만 말했어요. '그래, 믿는 자에게 구원이 있으리니.'"

원래는 이렇다. '그들이 죽지 않았다면, 지금도 여전히 '살아 있을' 것이다.' 이 구절을 B의 엄마뿐 아니라 그녀 역시 다르게 받아들였다는 사실이 내겐 참 흥미로웠다.

"《잠자는 숲속의 공주》를 읽을 때면 대략 이랬어요. '네가 탑에 머물러 있었다면 적어도 널 아프게 할 사람은 없었을 거야.' 아, 그냥 예전과는 다 달랐어요. 그러다 어느 날부터는 함께 책을 읽지 않았어요."

"하지만 왕자님과 동화 같은 사랑 이야기에 대한 B 씨의 꿈은 여전한가요?" 내가 물었다.

그녀는 잠시 시선을 아래로 떨구었다. 이를 마치 부끄러워하는 듯했다. "네. 어리석은 일일지도 모르지만요."

"정확하게 뭐가 어리석은 일일까요?" 내가 질문했다.

"흠, 제게 왕자님은 필요 없어요. 그 사람은 제게 분명 걱정거리와 아픔만 안겨줄 거예요." 그녀가 설명했다.

우리는 '필요하다'와 '바라다'에 관해 한참을 이야기했다. 어떤 사람을 필요로 하는 게 아니라 바라는 거라면, 이는 사람 관계에 있어 실상 멋진 전제조건이다. 그 사람에게 의존적이지도 않고, 그렇게 쉽게 의존적인 존재가 돼버리지도 않는다. 게다가 그 사람과 오랫동안 함께하는 관계를 즐기게 된다. 우리가 이를 '바라고' 있기 때문이다. 함께함을, 대화를, 교류를, 친밀함을, 그리고 그 사람과의 미래를 우리는 바라고 있다.

B는 남자친구를 바랐다. 필요한 건 아니었다. 그런데도 그녀는 그를 잃을까 봐 무서웠고, 이별을 견뎌내지 못할까 봐 두려웠다. 그녀는 정서적으로 의존적인 사람이 되었고, 질투와 불안이란 그녀의 감정을 점차 통제하지 못했다.

물론 이는 그녀가 여태껏 학습해왔고 넘겨받아왔던 가정 때문이었다. '왕자님들'은 걱정거리와 아픔만 남겨준다는 가정, 자신은 기본적으로 약한 존재라는 가정, 그리고 바로 이 이유로 인해 자신이 이별을 견뎌내지 못할 거란 가정. 정말로 확실했던 관계는 없었다는 가정, 로맨틱하게 오래오래 계속되는 관계는 동화 속에서나 가능하다는 가정.

믿는 자에게 복이 있나니.

    B는 이러한 가정을 당연히 인식하지 못했고 무의식적으로 넘겨받았다. 하지만 그 가정을 믿었다. 그 가정이 그 이면에 놓인 신념, '나는 약해'를 입증해줬기 때문이다. 그 가정은 그녀의 신념에 딱딱 맞아떨어졌다. 신념을 한번 저장하게 되면, 그와 연관된 것들은 우리가 이 신념을 재차 확증할 수 있게 (무의식적으로) 모든 걸 다하게끔 만든다. B의 경우, 그녀는 모든 관계를 (무의식적으로) 스스로 망쳐버림으로써 '결혼'이라는 주제와 진지하게 맞닥뜨릴 일을 아예 다 없애버렸다. 그녀의 파괴 행위는 질투, 과도한 통제, 그리고 불신이었다. 이런 걸 오래 참고 견딜 사람은 거의 없다. 그렇지 않은가? 그녀는 매번 남자들로부터 버림받았다. 이별할 때마다 엄청난 아픔과 근심으로 힘겨워했고, 도저히 못 견뎌낼 것만 같은 기분이 들었다. 한참을 힘들어했고 집 밖으론 거의 나가지도 않았다. 이땐 꼭 해야만 할 일들만 겨우 해냈다. 거의 완벽한 고립 생활이었다. 그러다 회복되면 그다음 기회를 노렸다. 또다시 실패할 수도 있다는 두려움을 간직한 채로. B는 그때 그 일이 있었던 때, 그녀의 엄마가 보였던 그 행동을 계속 반복하고 있었다.

✦ 두려움에 숨겨진 본래의 두려움 ✦

이 깨달음에 관해 우리는 그 후 계속해서 곰곰이 생각해보았다. 그녀의 현 남자친구는 (그녀도 깜짝 놀랄 만큼) 다른 남자들보다 훨씬 더 오랫동안 그녀를 참아내고 있었다. 그렇지만 그도 매번 한계에 부딪히고 있다고 B가 말했다. 그리 오래가지 않을 거라는 걸 그녀는 알고 있었다. 그도 조만간 백기를 들며 그녀를 떠나갈 것이다, 다른 남자들이 다 그랬던 것처럼. 그러면 관계에 관해 그녀가 갖고 있던 방해꾼 같은 신념은 또다시 입증될 것이다.

그런데 특히 더 흥미로웠던 건 B에겐 사실 남자친구를 잃는 것에 관한 두려움은 없었다는 점이다. 상실에 대한 두려움은 그 이면에 숨겨진 본래의 두려움을 극복하기 위한 하나의 전략일 뿐이었다.

그가 가는 건 두렵지 않았다. 그가 남는 게 두려웠다.

그렇게 되면 그녀가 지난 수년 동안 가져왔던 남자와 사랑에 관한 가정이 사실이 아닐 수 있음을 스스로 논쟁하며 설명할 수 있어야 하기 때문이었다. 치료라는 범주 속에서라야 B도 이들을 조목조목 따져보며 세세하게 분석해볼 수 있었다.

신념을 다루는 작업이 멋진 이유가 바로 이거다. 신념을 그냥 계속해서 믿는 게 아니라, 이들을 의도적으로 떠올려보고 되물어보며 이게 정말로 맞는 소리인지 확인할 수 있다. 그뿐인가. 그 신념이 우리에게 유익한 건지, 우리가 이것을 계속해서 믿고 싶은지, 이 신념을 우리 자신에게 반복해서 말해주고 싶은지도 스스로 확인해볼 수 있다. 치료 과정 동안 B는 지금껏 그녀가 갖고 있던 관계에 관한 신념을 더는 믿고 싶어 하지 않아 했다. 그녀는 이 가정을 적극적으로 분석해나가기 시작했다.

정말인가? 나는 근본적으로 약한 사람인가? 이를 뒷받침해주는 건 뭐지? 이를 부정하는 건? 나는 그걸 왜 믿고 있지? 이걸 믿는 게 내게 도움이 되나? 나는 어째서 내가 이별을 견뎌내지 못할 것이라고 생각하게 됐지? 상실을 극복해내지 못할 거라고 어떻게 확신할 수 있지?

물론 배우자나 파트너가 어느 날 문득 나를 버리고 떠날까 봐 주야장천 걱정할 수도 있다. 그들이 아무리 약속한들 완전한 확신을 안겨줄 수는 없다. 앞으로 우리에게 어떤 일이 벌어질지는 그 누구도 알 수 없기 때문이다. 그 누구도 우리의 미래를 보장할 수 없다. 어떤 관계가 오랫동안 계속될 거란 걸 평생 보장할 수 있는 사람은 이 세상에 없다.

이러한 근본적인 불안감을 다뤄내지 못하면 상실에 대한 두려움이 생긴다. 이 두려움을 잘 다뤄내고자 우리는 통제하고, 감시하고, 불안해하고, 경계태세를 취하기 시작한다. 어떤 관계에 결단코 관여되지 않으려고 한다. 적어도 우리를 온전히 내맡기지는 않는다. 믿음을 내어주지도 않는다. 물론 다른 사람들과의 관계가 아주 안전하며 서로 약속한 바도 잘 지켜질 거라고 믿어볼 수도 있다. 분명 이게 더 오랫동안 기분 좋게 다가올 것이다. 그렇지만 현실과는 확실히 안 맞다.

즉 불안이 합당하냐 아니냐를 따져볼 필요가 없다. 이 불안의 유용성 여부도 궁금해할 필요가 없다. 실상 그 사람이 어느 날 문득 우리를 떠나버리건 말건, 이도 전혀 상관없다. 중요한 건, 그런 일이 벌어졌을 때 우리가 이를 다뤄낼 수 있냐다.

내가 버려진다면 나는 이를 어떻게 감당해야 하지?

누구에게나 삶의 고난과 역경을 극복할 능력이 있다. 어떤 것들은 가끔 재가동해봐야 하고, 어떤 것들은 새롭게 배워나가며 의도적으로 단단하게 만들어줄 필요가 있다. 명백한 사실은, 떠나간 이들이 우리와 얼마나 가까운 사람들인지와는 무관하게 우리는 그 상실을 감당할 수 있다는 거다. 우리가 처한 운명을 우리는 잘 극복해나갈 수 있다. 물론 이게 쉬운 일이라거나 저절로 척척 다 이뤄진다는 말은 아니다. 하지만 되기는 된다. 가능하다. 관계의 끝도 감당할 수 있다. 아무런 도움 없이 스스로 해결하건 도움이 필요하건 우리는 약한 존재가 아니다. 그 상황을 평가하려 들지 말자. 그냥 받아들이자.

늘 그렇듯 제일 먼저 해야 할 일은 '인정하기'다. 우리가 이를 의식적으로 인정하게 되면 불안은 힘을 한 겹 잃게 된다. 이는 그 반대로 우리는 힘을 한 겹 되찾음을 뜻한다. 이 힘은 늘 우리 곁에 있었다. 그러니 삶의 고난을 극복할 우리의 힘, 우리의 능력을 다시 떠올려보자. 이 힘은 늘 우리와 함께 있었다. 그저 지금껏 우리가 학습해왔고, 확증했으며, 신념으로 단단해졌던 가정에 가려져 있었을 뿐이다.

즉 우리를 방해하는 신념을 떨쳐버리는 데에 첫 번째로 중요한 단계는 깨달음과 인정이다. **'그건 그냥 그런 거야'**. 하지만 달라질 수는 있다.

이 신념이 유발하는 것이 무엇인지, 그리고 이게 우리의 지각, 생각 및 감정에 어떤 영향을 미치는지 분명하게 알고 있자. 이 사고방식이 우리 삶에 미치는 영향뿐만 아니라, 이러한 가정을 계속해서 믿어나갈 때 우리가 경험할 긍정적 결과, 더 나아가 부정적 결과까지 모두 인지하고 있어야 한다. 신념과 같이 우리 내면에 깊이 뿌리박혀 있는 심오한 그 무언가를 변화시키려면 우선 '자기 이해self-knowledge'가 필요하다. 대부분 시간이 지난 다음에서라야 자기 자신을 이해하게 된다. 그러므로 B처럼 자신의 과거를 한번 되돌아보는 게 좋다.

신념을 파악할 땐 다음의 질문을 던져보는 게 중요하다.

- 이러한 가정을 나는 왜 믿고 있는가?
- 이러한 가정을 나는 왜 더는 믿고 싶지 않은가?

다음의 질문도 함께 던져보자.

- 내가 이 신념을 믿고 따르는 이유는 무엇인가?

B는 그녀의 신념을 통해 자신이 상처받을 상황을 오랫동안 막아낼 수는 있다. B가 애착 관계는 기본적으로 안전하지 못하다고 믿고 있는 한, 그녀는 어떠한 애착 관계도 제대로 형성하지 않을 것이고, 그러면 제대로 상처 입는 일도 일어날 수 없기 때문이다. 적어도 그녀의 논리 안에서는 맞는 말이다. 하지만 삶은 흔히 이와는 다르게 흘러간다.

다시 말해 신념에는 저마다의 역할이 있다. 앞서 접해봤듯이 신념은 아무런 이유 없이 그저 생겨나지는 않는다. 신념은 우리가 어떠한 사건을 (거듭 반복해서) 경험하게 되고 이로부터 우리 자신을 지켜내고 싶을 때 형성된다. B는 부모님의 결혼생활을 통해 애착 관계는 불확실한 것으로 경험해왔다. 또한, 자신은 근본적으로 약한 존재이기에 그런 위험 부담을 감수하지 못할 것이라 배웠다. 그렇지 않으면 상처받을 수 있을뿐더러 제 나약함 때문에 그러한 상처를 견뎌내지도 못할 것이다.

B의 논리를 파악하면, 그녀가 상처받을 수도 있고 버려질 수도 있기에 어떤('아이, 집, 반려견을 갖춘') 관계에 자신을 온전히 다 내맡기는 걸 두려워했음을 충분히 이해할 수 있다. 그녀는 (이 신념 체계 속에서는)

지극히 논리적이고 충분히 납득할 만한 선상에서 행동해왔다.

그런데 우리가 이 신념을 확인해보지 않았다면, 그녀의 이야기 속에 담긴 이러한 논리는 찾아내지 못했을 것이다. 그러면 이런 질문을 던지게 될 것이다. 그녀는 왜 그렇게 행동하지? 이런 일들을 왜 벌이는 거지? 멋진 남자친구가 있고 그를 사랑하기까지 하잖아. 그냥 그 사람이랑 결혼하면 다 좋은 거잖아, 안 그래?

바로 이러한 이유에서 우리는 피상적인 것들 너머 그 이면에 숨겨진 신념까지 파악해야 한다. 이들을 그저 빨리 수정하려고 그러는 것만은 아니다. 신념을 깨달음과 동시에 이미 액션을 취했을 때도 많다. 자신의 행동의 논리, 즉 그 이유(감춰져 있던 신념)가 파악되면, 추후의 상황에서는 그 행동이 성찰되면서 변화될 수도 있다.

B는 자신의 신념을 깨달은 이래 질투심이나 불안감이 올라오는 상황에서는 스스로 이렇게 되물어볼 수 있게 됐다.

- 나는 지금 왜 이렇게 생각하는 거지?
- 내 행동과 내 신념이 어느 정도 관련이 있는 건가?
- 이를 나는 정말로 믿고 싶은 건가?
- 그 대신 내가 믿고 싶은 건 뭐지?
- 지금 나는 어떻게 행동하고 싶지?

자신의 신념을 파악하려면 다음과 같은 질문을 던져볼 수 있다.

- 지금껏 들어왔던 말 가운데 어떤 말이 지금도 여전히 계속해서 내게 엄청난 영향을 미치는가?
- 어떤 말을 들으면 격한 감정이 올라오는가?
- 내 생활신조는 무엇인가?
- 내게 중요한 가치는 무엇인가?
- 컨디션이 좋지 않을 때 나는 어떻게 하는가?
- 나는 성공과 실패를 어떻게 다루는가?
- 유년기 시절, 어떤 욕구가 충분히 충족되지 못했던가?
- 부모님이 내 욕구를 충족시켜줬다면 무엇이 달라졌을까?
- 요즘 나는 내 욕구를 어떻게 다루는가?
- 타인보다 나 자신에게 좀 더 엄격한가?
- 지금 내게 필요한 것은 무엇인가? 지금 내가 거부하는 것은 무엇인가?

이 질문에 대한 대답은 자신의 신념이 어떤 모습이고 어떤 카테고리에 속할지를 보여주는 첫 번째 힌트가 될 수 있다.

- '나는 …해선 안 돼'와 같은 금지
- '나는 …해야만 돼'와 같은 요구
- '나는 우선 …해야만 할 수 있어'와 같은 허락 혹은 정당화

그런데 신념의 주제, 그러니까 그 내용도 참 흥미롭다. 무엇에 관한 거지? 자기 자신에게 좀 더 엄격한 편인가? 뭔가를 획득하기 위함인가? 성과 등으로 인정받고 싶은가? 금지에 관한 것인가? 성과를 통해 스스로 지각하는 나약함이나 불안감을 보상하고자 하는가?

이는 심리치료사인 내가 환자들의 이야기를 들을 때 스스로 던져보는 질문이다. 나 자신, 그리고 자신을 움직이게 만드는 동기를 좀 더 자세히 알아보고 싶다면 이러한 질문을 스스로 한번 던져보자.

어른이 되기가 두려워요

신념은 어떻게 작동하는가

K와의 첫 만남을 나는 지금도 또렷하게 기억한다. 이제 막 마흔세 살이 되었던 그녀는 남편과 함께 방 세 개짜리 집에서 살고 있었다. 그녀는 고향으로 돌아간 이후부터 자신의 상태가 점차 안 좋아졌고 급기야 심리치료까지 필요할 지경이 되었다고 말했다. 부모님에게 자신이 필요하다고 생각한 K는 2년 전 남편과 함께 고향으로 '되돌아왔다'라고 설명했다.

얼마 지나지 않아 나는 K가 자기 집에서는 거의 자본 적이 없으며, 빨래해야 하거나 옷을 갈아입을 때만 잠시 집에 들른다는 사실을 알게 됐다. 그녀는 집에서 얼마 떨어지지 않은 부모님 댁에서 대부분

의 시간을 보냈다. 예전 자기 방에서 다시 잤으며 도움이 부분적으로
만 필요한 그녀의 부모님을 줄곧 돌봐드렸다.

"흠, 두 분이 그렇게 막 도움이 필요하실 정도는 아니에요. 저 없
이 둘이서도 잘 지내세요. 하지만 저는 두 분이 걱정되기에 부모님 곁
에 있고 싶어요." 어느 날 그녀가 불현듯 고백했다.

"뭐가 그렇게 걱정되세요?" 내가 물어보았다.

"연로하시잖아요. 언제 무슨 일이 일어날지 모르죠. 그런 위험을
저는 그냥 감수하기가 싫어요. 제가 옆에 있으면 무슨 일이 일어나도
곧장 도울 수 있잖아요." 그녀가 설명했다.

그 이후의 상담을 통해 나는 K가 부모님이 돌아가실지도 모른다
는 사실에 굉장히 두려워한다는 걸 알게 됐다.

K의 부모님은 두 분 다 여든이 넘었고 만성 질환도 몇 개 가지고
계셨다. 건강 적신호로 보이는 행동도 다소 있었다. 아주 이성적으로
생각해보자면, 두 분이 10년 이내에 (예상컨대 이보다 더 일찍) 이 세상을
떠나시는 일은 전혀 불가능하지 않았다. 대부분 예상하며 조금씩 각오
해나갈 일이었다. 하지만 K에겐 백 퍼센트 악몽이었다.

✦ 영원한 아이로 남고 싶은 어른 ✦

그런데 K와 함께 그녀의 부모님이 돌아가실 수도 있다는 이야기를 나

누면 내가 마치 열 살짜리와 대화하고 있는 듯했다. 이 점이 참 특이했다. 그녀는 부모님의 죽음을 상상조차 하기 힘들어했다. 이는 너무도 두려운 일이었고 거의 트라우마 같았다. 이러한 두려움을 그녀는 통제 및 안전점검 행위로 줄여나가고자 했다. 이는 불안장애의 주요 증상 중 하나로, 불안장애를 앓는 환자들에게 흔히 보이는 모습이다.

그녀는 부모님의 일상생활을 계속해서 통제했다. 부모님의 하루 계획을 세워놨으며, 의료진과의 검진일을 예약해뒀고, 식사를 책임졌다. 그녀는 부모님 집에서 잤고, 매일 밤 두 번씩 일어나 두 분의 생사를 확인했다. 이 이야기를 들을 땐 하나부터 열까지 모두 챙겨주는 간병인이나 간호사의 모습이 떠올랐다. 무엇을 해야 할지 정확하게 알고 있고, 모든 걸 능수능란하게 다루며, '피보호자'를 애정 가득히 돌봐주는 아주 성숙한 사람 말이다.

그런데 내 앞에 앉아 있는 K는 그러한 모습과는 전혀 맞지 않는 이미지였다. 그녀는 서툴렀고, 무서움도 많으며, 되레 어린아이 같은 사람이었다. 사춘기에 접어든 십 대처럼 때론 고집을 피웠고 때론 불같이 화를 냈다. 예를 들어 K가 비디오 게임 중인데 엄마가 방해한다거나 생일날 자신이 원했던 선물을 아빠가 해주지 않으면 그녀는 화가 났다. 중년의 정신과 전문의들은 그녀의 옷차림도 '나이에 맞지 않는다'라고 기록해둘 것이다. 나는 그런 쪽으론 유연한 편이기에 그녀의 옷 스타일을 '적절하다' 혹은 '부적절하다'라고 평가하기는 싫다. 그렇지만 K의 옷차림은… 한마디로 '눈에 확 띄었다'.

그녀는 분홍색 레깅스에, 물이 살짝 빠진 헐렁헐렁한 회색 티셔츠를 입고 있었다. 그리고 그 티셔츠 위에는 미키 마우스 얼굴이 크게 그려져 있었다. 또한 알록달록한 물방울무늬의 검정 고무장화를 신었었다. 화장은 전혀 안 했고, 머리카락은 질끈 하나로 묶고 있었다. 팔에는 그녀가 직접 만든 형형색색의 진주 팔찌를 차고 있었다. 일곱 살짜리 아이가 즐겨 할 만한 스타일이었다. 그런데 아이 같은 인상을 주는 것은 의상뿐이 아니었다. 그녀의 행동 자체가 전반적으로 다 그랬다. 그녀의 표정, 몸짓, 표현 방식. 어떻게 해서건 아이로 남고자 무진장 애쓰고 있었다.

그 이후 우리는 부모님 죽음에 관한 그녀의 두려움을 다뤄보았다. K의 두려움은 그녀의 아버지에게 있던 순환기 문제에서 시작됐다. 어느 날 아침, 그녀의 아버지는 의식을 잃은 채 침대 옆에 쓰러져 계셨다. 너무 급하게 일어섰기 때문인 듯했다. 담당의는 걱정할 만한 일은 아니라고 보았다. 하지만 K에게는 불안장애의 시작이었다.

"부모님이 돌아가신다면 어떨까요?" 나는 아주 단순하게 질문했다.

"끔찍하죠! 이건 엄청난 공포에요!"

"그러면요?" 나는 무덤덤하게 질문했다.

"네? 그러면 뭐요?" 그녀는 꽤 혼란스러워했다. 이렇게 질문하면 환자들은 거의 다 이런 반응을 보인다. 이해할 수 있다. 자신에게 제일 큰 공포를 이야기할 때 상대방이 "그러면요?"라고 응대하는 건 결단코 흔하지 않다. 그런데 이 질문 기법은 사건의 핵심에 다다르는 데엔 굉장한 도움이 된다.

"K 씨 부모님이 돌아가신다면 끔찍하겠죠. K 씨는 엄청난 공포를 경험할 거고요. 그런데 엄청난 공포를 겪으면, 그러고 나면요?" 나는 질문 형태로 설명해보았다. 나는 환자가 선택한 단어를 사용한다. K에게 '엄청난 공포'라면 그런 거다. 그렇기에 나는 이 용어를 계속 사용할 것이다.

"네, 그러면 저는 혼자가 되죠. 엄마, 아빠는 영원히 떠나버렸고 아무도 저를 돌봐주지 않겠죠. 모든 게 죄다 엉망이 되겠죠." 그녀가 말했다.

아무도 그녀를 돌봐주지 않을 거라는 K의 대답이 흥미로웠다. 사실 지금 그녀가 부모님을 돌봐드리고 있었다. 그녀는 이를 전혀 힘들어하지 않았다. 부모님과 함께 살면서 그녀는 되레 자신이 두 분의 돌봄을 받고 있다고 생각하는 듯했다.

"그러면요?" 나는 계속 질문했다. "그러니까 K 씨는 엄청난 공포를 경험하게 되고, 혼자가 되며, K 씨를 돌봐줄 사람은 이제 아무도 없어요. 그러면요?"

그녀는 깜짝 놀랐지만 그리 깊게 생각하지는 않았다. 그녀의 머릿속에 대답은 이미 들어 있다는 걸 그녀의 눈만 봐도 알 수 있었다. 단지 이걸 입 밖으로 내뱉어야 하나 말아야 하나, 그걸 고민할 뿐이었다.

"그러면 저는 성숙해져야만 하겠죠." 그녀는 끝내 이렇게 말하며 숨을 깊게 내쉬었다.

"그러면요?" 나는 다시금 질문했다.

"그러면 저는 더는 아이일 수 없겠죠." 그녀의 진심이 거의 다 터져 나왔다. 나는 마음속으로 잠시 멈췄다. **그거였군. 당연하지!**

나는 아무도 눈치채지 못하게 그저 계속 질문했다. "그러면요? 더는 아이일 수 없으면요?"

"그러면 제가 책임을 져야 하겠죠." 그녀는 우물쭈물하며 말했다. 그녀의 시선은 아래로 향했다. 어깨도 아래로 살짝 처졌다. 전형적인 죄의식 행동이다.

"무엇에 대한 책임이죠?" 나는 궁금했다.

"할아버지 죽음에 대한 책임." 그녀는 한 치의 주저함도 없이 대답했다. 그녀가 말하는 식만 보면 이는 명백한 사실이었다. 하나의 사실처럼 그녀의 마음속에서 그냥 툭 튀어 나왔다.

이건 사실이고 달라질 건 아무것도 없어.

드디어 그녀의 신념에 다다랐다.

나는 기억한다. 상담 초반, 그녀는 할아버지에 관한 이야기를 했었다. 다락방에서 목을 매달고 돌아가신 할아버지. 그녀는 일곱 살 때 그 광경을 목격했다. 무슨 영문인지 그녀는 전혀 이해하지 못했고, 처음엔 그저 놀이인 줄로만 알았다. 그래서 공중에서 흔들거리는 할아버지의 발을 잡아당겼다. 그러고는 할아버지 다리에 매달려 그네를 타려고 했다. 할아버지의 다리가 딱딱하게 굳어 있다는 사실을 깨달았을 때 비로소 이상함을 감지했다. 그녀는 할아버지를 계속 불렀다. "할아버지! 할아버지! 저예요! 무슨 일이에요?" 하지만 아무런 반응이 없었다. 그녀는 아래층으로 뛰어 내려가 할머니를 불렀다. 그다음엔 모든 게 확확 순식간에 돌아갔다. 충격, 비명, 구급차, 경찰관들.

이 상황을 오인하게 됐던 건 할아버지 장례식장에서였다. 그날, 할아버지의 죽음에 관해 K와 이야기를 나눈 사람은 아무도 없었다. 죽음에 관해 그녀가 아는 건 없었다. 그녀는 이게 안 좋은 일이라는 것만, 그리고 아주 슬픈 일이라는 것만 알고 있었다. 모두가 울었다. 아무도 그녀와 이야기 나누지 않았지만, 그날 K는 할머니와 아빠가 그녀에 관해 이야기하는 소리를 들었다.

"론야Ronja 잘못이에요!" 그녀는 아빠가 말하는 걸 들었다. 원망에 가득 찬 목소리였다. 아빠가 한 말은 꼬마 론야, 그러니까 K를 경악게 했다.

"아, 그게 무슨 소리니! 론야는 그저 어린아이일 뿐이야!" 할머니가 화를 내며 말했다. "그 어떤 일에도 아이들은 책임을 지지 않아!"

그 말에 아빠가 막 반박하려는 찰나, 할머니가 말을 끊었다. "이제 그만해!" 할머니는 단호하게 경고했다. 아빠는 화가 난 채 등을 돌렸다. 할머니 말에 동의하는 것 같진 않았지만, 그는 그냥 입을 다물었다.

"아빠가 저한테 그런 말을 한 적은 단 한 번도 없었어요. 하지만 다른 사람들에게 그 일이 다 제 잘못이었다고 말하는 걸 여러 번 들었어요. 아빠는 제가 할아버지를 말릴 수 있었다고 말했어요. 제가 정원에서 놀고만 있지 않았다면 말이죠. 아빠는 저를 이기적이라 생각하는 것 같았어요. 그럴지도 몰라요." 그렇게 말하며 K는 계속해서 내 시선을 피했다. 스스로 수치스러워하고 있었다.

나는 생각에 잠시 빠졌다. 죄책감이란 주제를 다루는 데 이보다 더 좋을 수 없는 완벽한 갈고리를 그녀가 내게 던졌다. 이제 우리는 죄책감을 아주 이성적으로 분석해가며, 그 역할에 관해서 확인해볼 수 있게 됐다.

그런데 아직은 너무 이른 게 아닐까? 그녀에게 부담을 주고 싶지는 않았다. 그렇다고 다음 주제로 곧장 넘어가는, 초보들이나 하는 실수를 저지르긴 싫었다. 핵심 사안은 예나 지금이나 똑같다. 그녀의 부모님이 절대 죽어서는 안 되는 이유다.

K에게 어른이 된다는 건 책임, 죄책감, 좀 더 정확하게는 형사 책임을 질 수 있는 나이와 관련 있었다. 이후 계속된 질문을 통해 나는 K가 성인이 되는 것의 긍정적인 측면을 거의 찾지 못한다는 사실을 알게 됐다. 그녀는 어른이 되고 싶어 하지 않았다. 어른은 그녀에게 매력적이지 못했다.

나는 충분히 이해할 수 있었다. 그녀가 죄책감을 느끼는 이유도 이해가 갔다. 그녀의 아버지는 할아버지의 죽음이 그녀 탓이라고 말했다. (그의 표현에 따르면) K가 그때 할아버지의 죽음을 막아낼 수도 있었기 때문이다. 그녀는 고작 일곱 살이었는데도 말이다. 물론 K는 그가 한 말을 곧이곧대로 믿었다. 이게 그녀의 현실이었다. 그녀의 아버지는 본인이 느꼈던 죄책감을 십중팔구 딸에게 전가했고, 스스로 정신적으로 편해지기 위해 딸을 악용했다. 하지만 고작 일곱 살에 불과했던 그녀는 이를 알 도리가 없었다. 아빠의 말은 법이었다. 일곱 살이 될 동안 그녀는 아빠의 말이나 행동을 의심해본 적이 단 한 번도 없었다. 아빠가 그녀 때문이라고 말했으면 그건 그녀의 잘못인 거였다.

그런데 탈출구가 있었다. 아빠의 엄마, 그러니까 K의 할머니가 그 탈출구를 열어줬다. 그리고 할머니는 아빠보다 발언권이 더 컸다. 할머니는 아빠에게 목소리를 높일 수 있었고, 아빠는 곧잘 고개를 숙였다. 이를 일곱 살배기 꼬마 아이는 아주 빨리 깨달았다. 할머니는 아빠보다 발언권이 더 크다.

할머니는 그녀가 아이에 불과하며 **그 어떤 일에도 아이들은 책임을 지지 않는다**고 말했다. 그 당시 일곱 살이었던 론야에게는 명확한 메시지였다. '나는 아이이므로 잘못이 없어'.

하지만 이제 서른 살이 된 K에게는 이런 의미였다. **나는 아이로 계속해서 머물러야 해. 그래야 죄가 없어. 어른이 된다는 건 잘못이 있다는 걸 의미해.** 물론 그녀는 (그녀의 잘못이 당연히 아님에도 불구하고 이와는 별개로) 자신에게 그 어떤 잘못도 없었으면 한다. 그렇지만 이 책 초반부터 계속 말했듯이 우리는 우리에게 있는 정보들을 정렬해놓고자 애쓰며 저만의 내적 논리에 따라 그 정보들을 다룬다.

"사람은 일이 아닌, 그 일에 관한 생각들에 시달린다."

_칼 임머만 **Karl Immermann**

K는 할아버지 죽음에 대한 책임이 자신에게 있다는 정보를 받았다. 이는 그녀가 눈곱만큼도 의심하지 않던 권위 있는 출처에서 나왔고 수차례 반복됐다. 이와 동시에 그녀는 아이들에게는 그런 것에 관한 책임이 부여될 수 없다는 정보도 받았다. 물론 이 정보로 인해 그녀는 편해졌다. 그런데 이게 그녀 개인 체계 속으로 들어가면서 이런 의미가 됐다. '아이로 머무르는 한 너에게는 잘못이 없어.' 이게 그녀의 가정이었다. 그리고 그 이면에 놓인 채 그녀가 꼭 붙들고 있었던 신념은 바로 이거다. '모두 다 내 잘못이야.'

물론 K는 이 신념을 계속해서 굳혀주며 그녀만의 사실이 되도록 도와줄 경험을 계속해서 쌓아갔다. 유감스럽게도 그녀 주변의 어른들 가운데 이 가정을 바꿔준 사람은 없었다. 그렇기에 이를 대체할 다른 현실을 보여준 이도 없었다.

이 신념으로 인해 그녀는 부모님의 죽음을 엄청나게 두려워하게 됐다. 부모님의 죽음은 그녀가 더는 아이일 수 없음을 의미했기 때문이다.

"부모님이 없으면 저는 더는 어린아이가 아니에요." 그녀는 한 번 더 말했다.

사실 그녀는 부모님의 죽음을 두려워한 게 아니다. 더는 아이로 머무르지 못할까 봐, 그게 두려웠다. 덧붙이자면 부모님이 이 세상에 없으면 그녀가 어른이 되어야 했기 때문이었다. 그렇기에 그녀는 그토록 두려웠다. 그녀가 어떻게 할 수 없었던 비극에 대한 책임이 자신에게 있다는 이야기를 들어왔었기 때문에, 또 아이들은 전혀 책임질 필요가 없다는 이야기를 들어왔기 때문이었다. 그녀는 스스로 내내 이렇게 말해왔다.

하지만 어른은 책임져야 해. 어른이 되는 순간, 내게 책임이 있는 거야.

게다가 부모님의 죽음에 대한 책임까지 져야 할지도 모른다. 할아버지의 죽음을 막아낼 방도는 없었지만, 부모님의 죽음은 다를 수도 있다. 그렇기에 K는 본인이 할 수 있는 한 모든 걸 쏟아부으며 부모님의 죽음을 막고자 했다.

✦ 서로 입증하며 강화되는 신념 체계 ✦

말만으로도 얼마나 많은 것이 야기될 수 있는가. 나는 이에 매번 놀란다. 특히 더 놀라운 건, 정작 그러한 말들을 내뱉음으로써 다른 사람들에게 수년간, 때론 평생토록 피해를 유발했던 사람들이 대부분 이를 인지하지 못한다는 사실이다.

이때 우리가 한 번 더 확인하게 되는 사실이 있다. 우리 인간들은 근본적으로 함께하는 게 필요하고, 애착 관계에 의존하며, 소속 무리에서 내쳐지거나 거부되는 걸 두려워하는 엄청난 사회적 존재라는 것이다. 이 점이 우리를 참 아프게 만든다.

K는 아이였고 애착 대상이 처한 현실에 의존했다. 아버지의 현실은 죄책감으로 가득했고, 그는 이를 딸에게 전가했다. K에게는 선택권이 없었다. 그녀는 아버지의 관점과 판단, 그리고 그의 현실까지 넘겨받아서는 자신의 현실 속에 집어넣었다. 그녀는 수년 동안 이 가정을 믿어왔다. 하지만 이를 감당하기가 너무 힘들었기에 이에게서 벗어나고자 발버둥쳐왔다. 충분히 이해할 수 있다. 그녀는 이 가정이 사실이 될까 두려웠기 때문이다. 책임지기 싫었기에 그녀는 어른이 되고 싶지 않았다. 그녀는 누군가의 죽음에 대한 책임을 두 번 다시 지고 싶지 않았기에 부모님이 계속 살아있길 바랐다.

내 치료실을 찾아와 자신의 이야기를 들려주는 환자들을 보면, 그들 주변 환경이나 어떤 특정 상황이 그들에게 문제를 유발하는 경우는 극히 드물다. 처음엔 대개 그렇게 보이지만, 조금만 더 깊이 들어가봐도 상황에 대한 자신의 지각 및 판단 행위로 문제가 유발된다는 걸 금세 파악할 수 있다.

자, 이제 우리는 한 바퀴 돌아 2장의 주제로 다시 돌아왔다. 사람의 지각은 살면서 자신이 만나는 주변 사람들이나 환경, 혹은 어떤 특정 상황으로부터 받아들인 정보로 각인된다. 자신이 들은 다른 사람들의 생각이나 의견, 판단에도 모두 영향받는다. 이를 통해 자신의 신념이 형성되고, 삶에서 마주하는 모든 게 이 필터로 걸러진 다음 받아들여진다. 끝없는 순환. 계속해서 돌아가는 회전목마와 같다.

단 자신이 이를 완전히 의식해서 받아들이는 경우는 제외다.

스스로 "그만!"이라고 외치며, 주변 공간이나 상황, 혹은 자세를 잠시 바꾼 다음, 의식적으로 결정하는 게 좋다.

나는 지금 무슨 생각을 하고 싶은가? 나는 나 자신과 어떻게 이야기 나누고 싶은가? 나 자신과 이야기 나누는 것처럼 내가 사랑하는 사람과도 그렇게 이야기 나누고 싶은가?

우리는 자기 자신의 생각, 감정, 신념에 무방비로 노출되지 않았다. 무의식이란 것은 종종 마치 꽉 닫힌 상자 속 아주 깊고 어두컴컴한 곳에 파묻힌 불가사의한 것처럼 묘사되지만 아예 접근 불가한 게 아니다. 자기 자신의 삶, 자기 자신의 몸, 그리고 자기 자신의 영혼에 관한 전문가는 바로 자기 자신이다. 신념을 내포하고 있는 자기 자신의 무의식에 관한 것도 마찬가지다. 이 신념은 자신이 원한다면 아주 쉽게 끄집어내볼 수 있다.

물론, 아프고 불편할 수는 있다. 과거의 행동을 통해 우리가 얻어왔던 이점을 몇 개 포기해야 할지도 모른다.

여기서 우리는 사뭇 까다로운 주제와 맞닥뜨리게 된다. 문제점들의 기능. 그리고 이와 연관된 것, 바로 병의 이점morbid gain(정말 끔찍한 단어인 거, 나도 알아!)이다.

'무슨 이유에서 나는 이 문제가 필요할까?' 이 질문에 대한 답을 통해 우리는 문제점이 가졌던 기능을 잘 파악해볼 수 있다. 한편, '이 문제로 내가 갖게 되는 건 뭐지?'란 질문은 이 문제점을 계속 유지하면서 우리가 얻게 되는 병의 이점을 가르쳐줄 수 있다.

이 질문에 대해 대부분 이렇게 즉흥적으로 대답한다. '흠, 전혀 없지! 그저 두려움, 스트레스, 분노 등만 얻을 뿐이야.'

그런데 거의 안 그렇다. 자, 잘 생각해보자. 우리의 정신은 늘 논리적으로 기능한다. 정신질환이 그냥 유발되는 경우는 거의 없다. 물론 정신질환을 앓는 사람들에게 그 질환에 대한 책임이 있으며 이런저런 형태로 '죄가 있음'을 말하려는 게 아니다. 정신질환의 원인은 굉장히 다양하고 복합적이며 사람마다 다르다. 또한 개괄적인 설명이 딱딱 들어맞을 만큼 완전히 연구되지도 않았다. 정신질환 유발에 대한 책임은 환자에게 부여될 수 없다. 그런데 정신질환 지속 여부에서는 환자에게 책임이 있을 때가 많다. 다시 말해 이 문제를 다루는 데 유익한 전략을 우리가 지금껏 꾸준히 만들어왔다. 그런데 시간이 점차 지나면서 우리는 이 전략이 우리에게 되레 방해만 될 뿐이며 더 많은 문제를 초래한다는 사실을 깨닫게 된다. 살아가는 동안 우리는 이 전략과 함께 원래의 문제도 계속 지녀왔고, 지금 당장은 더 나은 해결책을 모를 수도 있다.

이때엔 외부의 도움이 필요하다. 친구들, 많은 도움이 되는 가족들, 조언가, 책과 같은 것이다. 심리치료와 같은 전문적 도움도 마찬가지다. 이러한 도움으로 우리는 대개 한 발짝 앞으로 나아가게 된다. 문제들을 해결하는 데 도움이 될 것이라고 생각했던 방해꾼 전략에서 벗어나 치유의 방향으로 전진해나가는 중요한 발걸음이다.

자신의 문제를 물이 줄줄 흘러넘치는 욕조라고 상상해보자. 극복 전략은 끊임없이 흘러나오는 물이다. 흘러넘치는 물은 양동이로 퍼내야 하고 바닥에 흘러내린 물은 수건으로 닦아내야 한다. 이 전략이 우리에게 제일 잘 맞는 방법이었던 때도 있었다. 의심할 여지도 없다. 그 당시 우리가 가진 지식으로 할 수 있던 최고의 선택이었다. 그렇지만 언젠가는 일이 잘못되고 있다는 사실을 우리도 깨닫게 된다. 물은 계속 흘러넘치고 에너지 저장고는 점차 바닥나기에, 끊임없이 물이 흘러넘치고 계속해서 이를 닦아내는 일은 서서히 버거워진다. 우리의 삶에서 점점 더 많은 시공간을 차지하고, 우리로부터 점점 더 많은 에너지를 빼앗아간다. 그러므로 그러한 극복 전략은 다 치워버리고 그 원인에 시선을 돌려야 한다. 물이 새는 수도꼭지를 고치자!

하지만 원인에 초점을 맞추는 일이 늘 쉬운 건 아니다. K의 사례처럼 힘이 아주 많이 들 때가 비일비재하다. 최소 반년 넘게 사용해왔을 극복 전략을 포기하는 것만 해도 많은 게 요구된다. 수년간 유지해왔던 행동과 사고방식, 그리고 이와 관련된 감정을 한순간 다 포기해야 한다. 그런 다음, 여태와는 다르게 생각하고 다르게 (그리고 낯설게) 느끼며, 더 나아가 완전히 다르게 행동해야 할 필요도 있다. 그런데 지금까지의 우리의 행동은 다른 사람들의 시선 속에서 우리를 결정지었던 것들이다. 이를 통해 우리는 우리 자신을 정의해왔고, 특정 행동방식에 따른 결과를 경험해왔다. 이와 마찬가지로 우리는 제 것으로 만들어왔던 극복 전략과 우리가 초래한 정신적 고통의 결과도 똑같이 경험해왔다. 부정적이지만, '긍정적'이기도 한 결과다.

정신질환의 원인을 우리가 설령 명확하게 다 알지는 못할지언정 각 질환이 거의 항상 어떤 특정 기능을 맡고 있다는 사실은 우리가 잘 알고 있다. K의 경우, 자신이 초래했을지도 모를 잘못을 직면하지 않아도 된다는 게 그녀가 앓던 불안장애(부모의 죽음에 대한 두려움)의 기능이었다. 그녀 때문이라고 생각했던 잘못에서 벗어나는 것. 그녀의 불안장애 증상은 병의 이점도 있었다. 그녀는 그 이점을 어느 정도 누려봤다.

다른 사람을 배려하는 이타주의 행동으로 그녀는 특히 부모님의 인정을 받았다. 그리고 이보다 훨씬 더 중요한 이점, 우회적으로 다시금 부모님 집으로 들어가면서 아이의 역할을 다시금 거의 완벽하게 즐길 수 있었다. 어린아이의 역할 속에서 그녀는 최고로 안전하다고 생각했다. 어른이 된다는 것, 그리고 이로 인해 그녀에게 주어질 책임소재와는 거리가 아주 멀었기 때문이다. 게다가 그녀는 부모님의 건강을 자신이 통제할 수 있는 듯했고, 두 분의 죽음에 대한 걱정도 줄어들었다.

우리의 문제가 가진 기능, 그리고 우리의 증상이나 질환으로 얻게 될 이점을 잘 파악하면 치유의 방향으로 한걸음 크게 나아갈 수 있다. 문제를 계속 꼬지 않고 잘 풀도록 도와준다.

방해꾼 신념 이면에 숨겨진 기능을 파악한다는 건 저만의 안락 지대에서 벗어나야 함을 의미한다. 이 가정을 통해 실제로 내가 얻을 수 있는 이점이 무엇인지를 생각해보는 건 자기 자신에게 던질 수 있는 최고로 불편한 질문들 가운데 하나일 것이다. 대개 우리는 거의 반사적인 방어 반응을 보이며 이 질문을 제쳐놓을 것이다.

이게 뭐지? 내게 책임이 있다고 나 스스로 믿는 이유가 뭐지? 왜 나는 스스로 충분하지 않은 존재, 사랑받을 가치가 없는 존재, 무능력한 존재라고 확신하는 거지? 내가 찾은 게 아니잖아!

그렇다. 우리가 우리의 신념을 찾아낸 게 아니다. 적어도 의도적으로는 아니다. 신념은 그 무엇보다 우리의 경험, 그리고 그 경험에 대한 해석을 기반으로 생겨난다. 그런데도 신념에는 기능이 다 있다. 각 신념이 생길 당시의 상황을 가장 잘 설명할 수 있었기에 이들은 생겨났다. 그런데 왜 아직도 있는 거지? K의 사례로 우리는 신념의 기능을 파악해볼 수 있다. 신념은 우리를 옭아매는 신념 체계를 만들어내며, 이는 서로 보강해주고 서로 확증해준다. 신념 체계에는 '너한테 책임이 있어'와 같은 신념뿐 아니라 '네가 아이인 한 너에겐 잘못이 없어'와 같은 '만약 …라면 …하다' 식의 설명도 포함된다.

　이때 두 번째 신념이 K로부터 부담을 덜어주는, 다시 말해 첫 번째 방해꾼 신념으로부터 그녀를 벗어나게 해준다. 이게 두 번째 신념의 기능이다. 처음엔 그저 좋게 들린다. 그런데 두 번째 신념은 첫 번째 신념을 입증하며 이를 강화해주는 역할도 한다. K에게 책임이 있다는 걸 스스로 확신하지 못했다면, 그 잘못으로 벗어날 전략 역시 찾아낼 필요가 없었을 것이다. 이 사례에서는 신념을 분석하고 수정하기에 앞서 그녀의 신념 체계 속에 들어있는 신념의 기능을 밝혀내는 일이 굉장히 중요하다. 두 번째 신념을 분석하고 수정하는 데 몇 시간을 소요할 수도 있고, 그렇게 함으로써 K를 아이 역할에서 끌어내 스스로 책임질 수 있도록 도와줄 수 있기 때문이다. 그런데 무엇 때문에? 그녀 스스로 자신에게 책임이 있다고 확신하며 살아갈 수 있게끔? 아무런 극복 전략 없이? 그렇게 매혹적이진 않은 듯하다.

　우리는 신념의 기능에 관해 생각해봤기에 두 번째 신념은 그저 첫 번째 신념에 대한 입증 기능을 할 뿐이란 걸 알게 됐다. 그렇기에 우리는 첫 번째 신념을 분석하고 변화시키는 데 주안점을 두게 된다. K가 할아버지의 죽음이 자신 때문이라고 더는 그렇게 굳건히 믿지 않는다면, 그 어떠한 책임도 지지 않기 위해 영원히 아이로 머물러야 한다는 두 번째 신념은 스스로 소멸하기 때문이다. 두 번째 신념은 그저 첫 번째 신념을 입증하기 위함이었으니까 말이다. K가 이를 더는 믿지 않으며 자신은 아무런 잘못이 없었음을 깨닫게 되면, 그때 비로소 한 발짝 나아가게 된다. 그러면 그녀는 아이 역할에서 벗어나 성장할 수 있게 되고, 부모님의 삶에 대한 통제권은 그들 두 사람에게 내맡기게 된다. 다른 사람들의 삶과 죽음에 대해 더는 책임지지 않는다. 오로지 자기 자신만 책임진다. 게다가 이 책임을 의식적으로 짊어질 수 있게 된다.

문제나 증상, 질환, 혹은 신념에 부여된 기능을 파악해내는 일은 분명 편한 작업은 아니다. 하지만 그럴 가치는 충분히 있다. 그저 자기 자신에 관해 더 잘 알게 되는 것만이 아니다. 스스로 몰랐던 면모도 파악하게 되고, 이들을 잘 비춰내는 방법도 깨우치게 된다. 그 안에 감춰진 것이 무엇이든 간에. 게다가 우리는 이들을 우리 스스로 다룰 수 있다는 사실을 깨닫게 된다. 이를 행동으로 옮김으로써 말이다.

6장

쓸모없는 동생 역할에서
벗어날 수 있을까요?

신념은 무엇으로 유지되는가

✦ 자신의 가치를 판단하는 기준 ✦

오십 세 변호사이자 한 가정의 아버지인 M이 치료실을 방문했을 때, 나는 그가 걸을 때 확연히 불편해한다는 걸 어렵지 않게 알 수 있었다. 그는 여섯 살 때 사고로 오른쪽 다리 일부를 잃었다. 지금은 의족을 차고 있었으며 걸을 때 매우 힘들어했다. 몇 주 전 그의 주치의는 '번아웃Burn-out' 증상을 의심했었고 나에게 그의 상담을 의뢰했다. 그는 직장에 일하러 갈 수는 있었지만 일에 아무런 흥미를 느끼지 못했다. 과민반응을 자주 보였고 자신에게 주어진 과제를 잘 처리하지 못한다고 생각했다. 그는 자신이 좋은 변호사가 아니라고 생각했다. 하지만 선임들의 생각은 다른 듯했다. 그는 다음 달에 로펌의 공동대표로 임명될 예정이었다.

나는 성과를 인정받은 것과 더불어 승진하게 된 것을 축하해주었다. 나는 그에게 스스로 칭찬해줬냐고 물어보았다.

"전혀요. 칭찬할 만한 게 전혀 없는걸요." 그의 말투는 상당히 퉁명스러웠다. "물론 기쁘죠. 하지만 제 현재 상황에서는 이러나저러나 다 똑같아요. 이미 제 한계에 다다랐는걸요."

그는 인정이란 주제에서는 되도록 빨리 벗어나 장애란 주제로 넘어가길 바랐다. 하지만 나는 계속해서 인정이란 주제를 다뤘다. "인정받는 게 M 씨에게는 어떤 의미인가요?" 내가 물어보았다.

"어렵네요."

나는 잠시 말을 멈췄다. 이제 '왜'라는 질문이 이어질 거라는 건 우리 두 사람 모두에게 분명했다. 그렇기에 나는 그저 궁금한 표정으로 그를 바라보았다.

그는 내 표정을 이해했고 계속해서 설명해나갔다. "무슨 이유로 제가 인정받아야 하죠? 저는 제게 주어진 일을 끝내고 그 대가로 돈을 받아요. 그렇기에 제 가치나 다른 사람들의 가치나 별반 다를 게 없어요."

인정에서 가치 비교로 넘어가다니, 참 흥미로웠다.

"그렇다면 당신이 다른 사람들보다 좀 더 가치 있을 때는 언제일까요?" 나는 천진난만하게 물었다.

"흠, 제가 다른 사람들보다 좀 더 가치 있었던 적은 단 한 번도 없어요." 그는 자신의 의족을 가리키며 대답했다.

그래, 당연하지. 장애인 등록증. 우리는 서로 알고 지낸 지 좀 되었는데, M은 원래 주제에서 화제를 돌리고 싶을 때마다 자신의 장애인 등록증 카드를 보여줬다.

말을 정말 잘도 돌리지. 상당히 능력 있는 변호사임이 틀림없어. 그렇게 나는 생각했다.

우리가 살아가는 다수 사회majority society에는 비장애인이 장애인을 대하는 (이들과 마주쳤는데 더는 그냥 무시할 수 없을 때) 대표적인 차별 방식이 두 가지 있다.

1. 동정과 당혹스러움: 이는 장애가 있는 신체 부위를 바라보는 슬프고 당황스러운 눈빛으로 표현되며, "정말 너무 유감이에요"나 "정말로 힘들었겠어요" 같은 말들로 증폭된다.
2. 기사 작위 수여: 이는 '강인함'과 '계속 시도해나가는 용기'를 향한 과장된 예찬으로 표현되며, "와, 장애가 있으면서도 이 모든 걸 다 해냈어! 나라면 그러지 못했을 거야!"나 "'그런데도' 네가 이토록 행복하고 강하게 지낸다니, 참 멋져!" 같은 말들로 증폭된다.

M은 두 가지 반응 가운데 하나를 예상했던 듯하다. 그 이후의 어느 상담시간 때 우리는 이 상황에 관해 자세히 이야기 나눈 적이 있다. M은 정말로 두 가지 반응 가운데 하나를 예상했다고 내게 웃으면서 말했다. 그런데 나는 두 가지 모두 어처구니없는 방식이라고 생각했다. 명백한 차별이었다. 그렇기에 다른 결정을 내렸다. 바로, 직면이었다. 나는 그가 이를 잘 받아들일 거라는 인상을 받았다. 다행히 내 짐작은 틀리지 않았다.

"이해해요. 장애가 있으시군요. 그렇기에 M 씨는 스스로 가치가 덜한 사람이라고 생각하시는군요. 장애가 달라질 건 없으니 M 씨는 영원히 '다른 사람들보다 덜 가치 있는' 사람이어야만 하는 거고요. 참으로 암울한 미래네요. M 씨라는 사람에 대한 가치와 M 씨에게 있는 장애를 잠시 분리해볼 수 있을까요? M 씨를 (장애와 무관하게) 대표하는 특징은 무엇인가요? 저는 그게 참 궁금해요."

그는 당황한 듯했지만 곧바로 미소를 지었다. 그는 이제 대화에 좀 더 집중했다. 몸을 곧추 세운 다음, 잠시 생각에 빠지더니 머뭇거리며 대답했다. "직장 동료나 지인 등 누군가가 절 칭찬하면 너무 이상해요. 그 말을 믿지 않으니 진지하게 받아들일 수가 없는 거죠."

그의 솔직한 대답에 감사하며 나는 이렇게 질문했다. "그러면 스스로에 관해 어떻게 믿고 있나요?"

"저보다는 다른 동료가 더 나은 공동대표가 될 거라고요." 그의 대답은 곧장 튀어나왔다.

"그래요, 지금 그걸 **믿고** 계시는군요. 하지만 그게 **맞는** 말이기도 한가요? 그 말을 뒷받침할 증거와 반박할 증거를 모은다면 어떤 결론에 다다르실 것 같나요?" 내가 질문했다.

그는 오래 생각할 필요도 없었다. 시선을 살짝 밑으로 떨구고는 눈알을 굴리며 이렇게 대답했다. "아뇨, 맞지 않아요."

"왜 아니죠?" 나는 좀 더 자세하게 물어보았다.

"저는 제 일을 굉장히 잘해나가고 있거든요. 제일 노련한 직원들 가운데 한 명이기도 하죠." 그는 무덤덤하게 대답했다.

"그런데도 공동대표가 되는 걸 다소 꺼리고 있고요." 이 점을 나는 확실하게 짚었다. "자, 지금 M 씨가 공동대표가 되었다고 그냥 상상해보자고요. 다음으로 해야 할 일은 뭔가요? 이제 M 씨의 삶에서 정확하게 달라지는 건 뭔가요?"

그는 생각에 빠졌다. 체감상으론 엄청나게 긴 시간이 지난 듯했다. 그를 방해하기는 싫었기에 그냥 기다렸다. M은 앞으로 일어날 일을 이야기해야 할지, 만약 한다면 어떻게 이야기해야 좋을지 확실하게 결정하지는 못한 듯했다. "부모님에게 알려야겠죠."

"그럼 무슨 일이 일어나는데요?" 나는 바로 질문했다.

"솔직히 그런 제안을 받았다고 이미 부모님께 말해뒀어요. 그렇게 특별한 반응을 보이지는 않으셨어요. 제게 너무 많은 부담이 되지는 않겠냐고만 물어보셨죠. 너무 많은 스트레스는 받지 않는 게 좋다고 충고해주셨어요." M은 무덤덤하게 대답했다. 마치 자신과는 전혀 상관없는 듯한 태도를 보였다. 하지만 이는 그 일이 그와 특히 많은 상관이 있으며(당연하지!) 부모님의 이러한 반응을 그가 이미 예상했었음을 보여주는 신호였다. 그는 실망했지만 놀라지는 않았다.

"부모님은 M 씨가 과부하 상태가 되지 않게 보호해주고 싶으셨나 봐요." 나는 도발적으로 이야기했다. 사실 나는 이게 보호와는 전혀 상관없는 일임을 분명하게 알고 있었다.

이는 효과가 있었다. 그는 자세를 고쳐 앉았다. 그의 표정은 한층 더 굳어져 있었다.

"보호?! 하! 천만의 말씀!" 그는 거의 고함을 질러대며 말했다. "부모님은 '늘 조그맣고 조용한 녀석'으로 저를 깎아내리고 싶었던 거예요! 그래야 부모님이 제일 아끼는 아들을 제가 넘어서질 못하니까요! 실상 저는 오래전부터 형을 능가해왔어요. 형은 보잘것없는 무능력자니까요! 저는 아니에요! 하지만 당연히 무시당했죠. 부모님은 제가 해낸 성공들은 죄다 모른 체했어요. 형은 별것 아닌 걸 해내도 다들 기뻐했고요. 저는 핸디캡이 있어도 허리띠 졸라매며 진짜 열심히 했어요. 제게 해가 될 건 전혀 없으니까요. 저는 모든 일에 최선을 다했어요. 이 망할 승진을 받을 자격이 있다고요! 아뇨! 부모님은 저를 보호하려는 게 아니에요. 의도적으로 저를 방해하는 거라고요! 제 다리는 전혀 상관없어요. 제 부모님이야말로 제가 가진 장애예요!" 그의 분노에서 나는 엄청난 슬픔을 느꼈다.

나는 그가 이렇게 자신의 감정을 폭발시킨 게 고마웠다(어쨌건 내가 그를 도발했으니까). 그 안에는 그에 관한 중요한 정보가 많이 들어 있었다. M이 드디어 자신의 감정에 도달했다. M은 자신의 감정을 허용했고, 이를 내보이는 게 지극히 정상적이라는 걸 경험하게 됐다.

그는 자기 부모를 **장애**라 여겼다. 참 흥미로웠다.

"핸디캡, 그러니까 신체장애는 당신의 목표 달성에 아무런 걸림돌이 되지 않는다고 말했어요. 당신의 다른 '장애', 부모님은 그럴 수 있는 듯하고요. 왜 그렇죠?"

"부모님은 제가 언제나 형보다 가치가 덜한 존재라 느끼게 했어요. 저는 제가 좀 더 많이 해내면 달라질 거라고 생각했어요. 하지만 안 그렇더군요. 더는 못하겠어요." 그는 살짝 무너졌다. 분노는 참된 슬픔으로 바뀌었다. **힘이 고갈되는 건 당연해.** 나는 M 주치의의 의뢰서를 바라보며 생각했다. 상담실 내 분위기가 한순간 확 가라앉았다. 그 분위기에 나도 거의 휩쓸릴 지경이었다. 나는 정신을 가다듬었다. 그래, **여기서 진짜 문제는 뭐지?**

✦ 위험한 가족 체계 ✦

내 머릿속에 한 가지 생각이 스쳐 지나갔다. M의 가족 체계에서는 한 사람의 가치가 다른 가족 구성원의 가치(그들의 성공 역시)와 연결되어 있었다. 즉 M의 가족 체계에서는 혼자서는 가치 있는 존재가 될 수 없다. 그의 형도 혼자서는 가치 있는 존재가 되지 못한다. 형의 가치는 M의 성공 혹은 실패 여부에 따라 달라진다. M의 성공은 그의 형에게 위협이었다. 그렇기에 M의 성공을 막거나 무시해야만 했다. 이유가 어찌 됐건 M의 부모님은 M의 형이 M보다 더 큰 성공을 거두며 좀 더 가치 있는 존재로서 받아들여지길 바랐다. 이 말인즉슨 M의 부모님에게도 M의 성공은 위협이었다.

여러 차례의 상담을 통해 우리는 그의 가족 체계를 자세하게 들여다보았다. 그런데 이 체계에서 M에게 부여된 특별한 역할은 정말로 흥미로웠다. M은 자신이 형보다 가치가 덜한 존재라는 가정을 학습해왔고, 이는 우리가 그토록 찾아 헤맨 그의 신념('나는 가치 없는 존재야')이었다. 하지만 나는 이에 만족할 수도, 만족하고 싶지도 않았다. 뭔가 다 들어맞지는 않는 듯했다. 무언가가 미묘하게 부족했다.

"저는 어찌 달리 생각할 방도가 없어요." 어느 상담시간 때 그가 이런 말을 한 적이 있다. 나는 이 말을 오랫동안 곱씹어보았다.

'내겐 어떻게 달리할 방도가 없어'라는 말은 도대체 무슨 의미일까? 그에게는 그 어떤 선택권도 없나?

그리고 핵심은 바로 이거였다.

그에게는 선택권이 없다. 그는 해야만 한다.

M을 조종하며 지독하게 방해하던 신념은 '나는 가치 없는 존재야'나 '나는 형보다 가치가 덜해'가 아니었다. 그건 '나는 가치 없는 존재여야만 해', 그리고 '나는 형보다 가치가 덜한 존재여야만 돼'였다.

M의 가족 체계에서 그에게 부여된 역할은 그의 형의 가치 유지였다. 즉 그가 할 일은 그의 형을 가치 있게 만드는 것이었다. M이 그의 형보다 더 많은 성공을 거둘 때마다 형의 가치는 자동으로 하락했다.

직업적으로 성공하고 안정적인 삶을 유지해나가는 M은 그의 부모님이 형성해오던 가족 체계엔 위협 요인이었다. 이 이야기와 더불어 그에게 부여된 역할은 '형보다 덜 가치 있게 지내면서 형을 가치 있게 만드는 존재'였다. 이 이야기는 그가 막내로 태어나면서부터 시작됐고, 여섯 살 때 사고를 당하면서 절정에 달했다. 장애를 입으면서 그는 부모님의 눈에서나 다른 사람들의 시선에서나 형보다는 명확하게 '가치가 떨어지는' 존재였다. 딱 맞아떨어졌다. 그런데 M이 이후 학교에서나 직장에서나 (그 누구도 예상하지 못했던) 눈에 띌 정도의 엄청난 성공을 거두면서 그의 가족 체계에 문제가 생기기 시작했다.

M의 성공이 점차 두드러지면서 그 역시 내적 어려움을 겪기 시작했다. 그에게 한번 부여됐던 '의무'로 그는 형에 대한 책임을 무의식적으로 느껴왔고, 이에 따라 자신이 성공할 때마다 매번 죄책감을 느꼈다. 성공을 맘껏 즐겨본 적이 없었다. 이를 심지어 스스로 (무의식적으로) 파괴해버릴 때도 있었다. 과부하, 번아웃, 그리고 승진을 '방해'하

는 노력으로 말이다.

이때 M은 자기 반영을 위한 질문을 몇 개 던져볼 수 있다.

- 다른 사람의 가치, 행복, 성공이 정말 내 책임인가?
- 내가 직접, 의도적으로, 자발해서 넘겨받은 책임인가?
- 만약 그렇다면, 그런 결정을 내릴 만큼 나는 성숙했고 충분히 나이를 먹었던가?

책임에 관한 질문은 이런 유형의 '가족 그물화family enmeshment(가족 구성원이 마치 그물코처럼 강하고 깊게 연결된 상태로, 개개인의 변화나 가족 간의 관계 변화가 곧장 가족 전체에 영향을 미치는 현상)' 문제에서 거의 항상 등장한다. 타인에 대한 책임을 넘겨받는다는 건, 보통 어떤 면에서건 내가 그 사람보다 우위에 있음을 뜻한다. 나는 그 사람을 **돕고** 그 사람은 나의 **도움을 받기** 때문이다. 그 순간, 그 사람은 돌봄이 필요한 자가 되고 더 나아가 나의 도움에 의존하는 자가 되기도 한다. 적어도 나는 이를 당연하게 받아들인다. 나는 주고 그 사람은 받고. 그러면서 나는 **커지고** 그 사람은 **줄어들고.**

돕는 것과 책임지는 것, 이 둘 사이에는 대개 아주 미세한 차이만 존재한다. 이를 우리는 종종 자신도 모르게 간과한다. 타인의 행복에 대한 책임이 나에게 있다고 믿게 되면, 우리는 그 사람이 혼자서는 자신의 행복을 돌보지 못한다고 확신해버린다. 이게 정말로 맞는 소리인지는 확인해봐야 한다. 자칭 친절함이란 행위로 그 사람을 무력화시킬 수 있기 때문이다.

- 다른 사람을 돕는 것: 네.
- 다른 사람에 대한 책임을 지며, 이를 통해 그 사람을 무력화하고 자신의 원래 모습보다 더 작게 만드는 것: 아니오.

후자가 되면 타인을 위한 도움과 지지는 그 사람에게 부담이 되고 의존성으로 이어질 수 있다.

M은 자신의 형이 스스로 제 행복을 책임질 수 있다는 사실을 빨리 파악했고, 형에 대한 책임을 내적으로 점차 지워나갈 수 있었다. M은 이게 누가 더 가치 있냐 아니냐의 문제가 아니라는 사실도 깨달았다. 시간이 지나면서 M은 타인과 자신을 비교하는 행위도 그만뒀고, 자신의 부모로부터 인정받으려는 행동도 멈출 수 있었다. 인간의 가치는 더 혹은 덜할 수 없다. 한 인간의 가치에 있어 더 높고, 더 멀고, 더 빠르고, 더 나은, 그런 개념 따위는 존재하지 않는다. 저만의 품위와 가치에 따라 행동하는 사람들은 있다. 하지만 소중하지 않은 사람은 없다. 모든 인간은 소중하다.

M의 부모님은 그들에게 익숙한 가족 체계에 계속 머물렀고 M을 그 안으로 다시 끌어들이고자 재차 노력했다. 하지만 M은 그의 가족들과 점차 거리를 뒀다. 기존의 가족 체계로는 다시 돌아갈 일이 없

었다. M은 그에게 부여됐던 그 역할을 더는 맡고 싶지 않았다. 그렇기에 그는 가족들과 거리를 뒀고 정서적 경계를 만들어냈다. 완전히 의식해서. 완전히 의도적으로. 그 어떠한 강요도 없이. 그는 더는 **해야만** 하는 일을 선택하지 않았다. 이제 그는 자신이 **원하는** 바를 선택했다.

하나 짚고 넘어가야 할 게 있다. 제대로 기능하지 못하는 가족 체계로부터 거리를 두는 건 말처럼 그리 쉬운 일이 아니다. 그 체계는 보통 제 존재를 위협하는 것들은 모두 다 막아내려고 애쓴다. M처럼 그 체계로부터 거리를 두고, 더 나아가 한 인간으로서 자신의 가치, 자신의 삶, 그리고 이와 관련된 모든 걸 그 가족 체계로부터 최대한 다 분리하기로 스스로 결심해버리면, 그는 이 체계에 더는 유익하지 않은 존재다. 그는 이 체계가 부여한 자신의 임무를 더는 행하지 않는다. 만약 이 가족 체계가 그를 대체할 그 무언가를 빨리 준비하지 못하거나 다른 방향으로 나아가게 되면, 체계 전체가 흔들린다.

가족 체계의 회복을 위해 함께 노력하는 방법도 있다. 하지만 그러기 위해서는 가족 구성원 모두가 변화를 도모하며 다 함께 준비할 수 있어야만 한다.

가족 체계 안에서 제게 부여된 역할과 이와 관련된 무언의 의무들을 파악해보는 건, 가족 그물화의 존재 여부를 밝혀내고 그러할 경우 이들로부터 자신을 분리하는 데 도움이 된다. 예를 들어 형제·자매 사이에서도 서로 각기 다른 역할이 부여될 때가 있다. 제대로 기능하지 못하는 가족 체계에서는 부모와 형제·자매 사이에 불공정한 관계가 형성된 경우도 많다. 한 아이는 폄하되거나 무시되는 한편, 다른 아이는 엄청난 관심과 인정, 사랑을 받기도 한다.

이는 그림 형제의 유명한 동화 〈홀레 아주머니Frau Holle〉에서도 잘 나타난다. 골드마리Goldmarie는 근면, 인내, 순종, 배려와 같은 '긍정적인' 특성을 드러내며 이에 걸맞게 행동한다. 반면, 여동생 페히마리Pechmarie는 게으름, 조급함, 반항, 이기주의와 같은 '부정적인' 특성을 드러내며 이에 상응하는 행동을 보인다. 이때 우리는 닭이 먼저냐, 알이 먼저냐 하는 질문을 던져볼 수 있다. 무엇이 먼저였을까? 페히마리의 반항적인 행동? 아니면 어른들의 탓? 이게 그녀의 역할이었기에 그녀는 그렇게 행동해야만 했을까?

다수가 보기엔 이 '금빛 아이'가 승자에 당첨된 것 같지만, 완전히 맞는 소리는 아니다. 이 역시 밖에서 보았을 때나 아름다운 감옥일 뿐이다. 골드마리에게도 착하고, 유순하고, 성공한 아이의 역할이 강요되었다. 골드마리도 반항, 폭발, 저항하고픈 바람을 가질 수 있었겠지만, 그녀에게 부여된 역할 때문에 그럴 수 없다.

현장에서 나는 전달자의 역할을 자주 접하게 된다. 이는 아이가 더는 아이의 역할을 즐기지 못하고 부모들 사이의 전달자나 중재자로서 기능해야 할 때 나타난다. 예를 들어 아이 앞에서 싸우며 그 싸움 속으로 아이를 끌어들이는 부모가 있다. 부부싸움 후 자신의 걱정거리를 아이에게 상세히 털어놓으면서 아이를 '친구'로 이용하는 부모도 있다.

이러한 역할을 강제로 수행하는 아이들이 배우게 되는 건 뭘까? 자기 자신, 다른 사람들, 그리고 이 세상에 관한 가정과 함께 어떤 일이 벌어질까? 이런 경험으로 형성되는 신념, 확고해지는 신념은 도대체 뭘까?

페히마리는 자기 자신을 쓸모없고, 혐오스러우며, 무능력하고, 사랑받을 자격 없는 존재로 배웠다. 자신은 다른 사람들의 기대를 절대 충족시키지 못할 것이라고, 이 세상은 자기를 원하지 않는다고, 그렇게 학습해왔다.

골드마리에게 전달된 메시지는 이랬을 것이다. '인정받고 사랑받으려면 큰 성과를 아주 많이 이루어야 한다. 또한 다른 사람들의 기대를 충족시킬 수 있냐 없냐에 따라 자신의 가치가 달라지며 권위적인 인물에 반한 행동은 절대로 해선 안 된다. 이 세상은 일로 가득하며 이는 (노력을 얼마나 많이 기울이건 간에) 절대로 끝낼 수 없다.' 이런 메시지들을 전해 듣고 학습해왔을 것이다.

전달자 역할의 아이는 자신이 가진 욕구는 중요하지 않으며 실상 자신은 눈에 보이지 않는 존재라고 배워왔을 것이다. 저만의 가치를 지니고 다른 사람들 눈에도 보이는 존재가 되려면 다른 사람들의 욕구와 행복에 맞춰 행동해야 한다고 학습해왔을 것이다. 이 아이에게는 다른 사람들이 자기보다 더 중요하다는 메시지, 그리고 이 세상은 자기가 책임져야 할 것처럼 느껴지는 문제로 가득한 불안한 장소라는 메시지가 내면화되어 있을 것이다.

이때 우리는 이 질문을 던져봐야 한다. 이러한 가정이 없다면 이 아이는 누구일까? 그런데 이제는 다들 잘 알 것이다. 비록 이러한 가정을 넘겨받긴 했어도 의식적으로 잘 인지하면 우리는 이들을 수정하여 새롭게 학습해나갈 수 있다.

'페히-Pech(독일어로 불운을 뜻함 – 옮긴이)'란 수식어를 뺀 '마리Marie'는 누구일까?

'골드-'란 수식어를 뺀 '마리'는 누구일까?

각 역할 간의 상호작용도 중요하다. 특히 형제·자매 간의 상황을 들여다볼 땐 더하다. 페히마리 없는 골드마리가 있을까? (그 반대는 어떻고?) 골드마리 없는 페히마리는 누구일까?

두 사람은 아마도 상대방의 역할을 각자 바라고 있을 것이다. 한 명은 끝내 자신도 인정받길 바라며, 또 다른 한 명은 끝끝내 벽을 뚫고 나와 한 번쯤 실수해도 괜찮길 바란다. 완벽할 필요 없이 그냥 그렇게 살아가도 괜찮길 바란다.

두 사람에게는 어떤 특정한 가정이 부여되었고, 두 사람은 이 가정에 맞춰 살아간다. 어떻게 하면 이 가정의 틀에서 벗어날 수 있을까? 그들에게 주어진 가정과는 완전히 반대로 행동하면서?

단기적으로는 편할 수 있어도 장기적으로는 별 의미가 없다. 이게 금지 목표이기 때문이다. 다시 말해 자신은 더는 그런 모습이기 싫기에 그 반대로 행동한다.

그러면 자기 자신에게 그냥 이렇게 질문한다. '나는 어떤 모습이기 싫은 거지? 더는 그런 모습이 아니려면 뭘 해야 하지?' 그리고 그 반대로 행동한다. 즉 바라지 않은 상태를 확인한 다음 이를 금지한다. 그러면 자신이 더는 바라지 않는 것은 알게 된다. 하지만 정작 자신이 원하는 바는 여전히 모른다.

- 나는 어떤 사람이길 바라는가?
- 나에 관한 어떤 걸 믿고 싶은가?
- 그 가운데 무엇으로 살아가고 싶은가?

이는 '…에 가까이 다가가는 것'이라는 접근 목표가 될 것이다.

M의 사례를 예로 들어보자. 그의 접근 목표는 자신의 가치를 다른 사람들이나 성과 여부에 맞추지 않고 자기 자신을 그저 소중한 존재로 바라보는 것일 거다. 골드마리 역할에도, 페히마리 역할에도 빠지지 않는 것. 투명인간처럼 뒤로 빠져 있지 않는 것. 아무런 조건 없이 자기 자신을 그저 소중하게 여기는 것.
'나는 소중해.' 아무런 조건 없이. '우선 …했을 때', '…와 비교하여'와 같은 조건 없이. 그냥 소중해.

나는 소중한 존재야. 지금도. 예전에도, 항상.

이 말을 스스로 확신한다는 건 엄청 좋게 들리지만, 그렇게 쉽게 되는 일이 아니다.

물론 M이 이 말을 내뱉는다고 해서 그냥 믿게 되는 것도 아니다. 그의 확고한 가정과 신념이 그렇게 내버려두지 않는다. 그의 신념에는 제 역할이 있다. 그렇기에 이들이 생겨난 것이다. 그런데 왜 계속 있는 걸까? 지금까지 계속해서 유지되는 이유가 뭘까?

이것이야말로 우리가 자기 자신의 신념과 연관하여 다음으로 던져볼 질문이다. 신념은 제 소임을 다 이행했음에도 계속 머무르는 이유가 뭘까? M은 성숙하고 지적인 어른으로, 자기 자신을 가치 있는 존재로 간주할지 말지를 이제 스스로 결정할 수 있다. 그런데 그는 왜 하지 않을까? M의 가치는 왜 아직도 그의 가족 체계가 그에게 기대하는 것들과 서로 얽혀 있는 걸까?

우리 인간이 소속감과 유대관계를 추구하는 사회적 존재이기 때문이다. 애착과 친밀함에 대한 욕구는 이 세상에 태어날 때부터 타고났다. 생존을 위해 우리는 서로가 필요하다. 출생 이후 신생아는 자신을 돌봐주는 사람에 의존하게 된다. 그러지 않으면 죽는다. 진화생물학적으로 애착 관계는 생존에 필수적이다. 시간이 흘러버렸다고 해서 그냥 없어져버리는 특성이 아니다. 주요 애착 대상(대부분 부모)을 통해 우리는 애착 관계를 처음으로 경험하며, 이는 우리에게 근본적으로 영향을 미친다. M은 그의 부모로부터 어떤 애착 경험을 했을까?

한번은 M이 자기에겐 진정한 애착 관계가 형성되어 있지 않은 듯하다고 말했다. "어차피 저는 안중에도 없는 듯했어요. 투명인간처럼 있을 수도 있었을 거예요. 제가 유일하게 할 수 있는 거라곤 형보다 더 못난 모습을 보이는 거였죠. 희생양이 되는 것, 멋진 형 옆에서 절뚝거리는 장애인의 모습으로만 비치는 것이요. 사람들은 제게는 온갖 좌절과 실망을 다 보이면서 형은 뭘 하든지 늘 축하해줬어요."

그에게 주어졌던 애착 관계는 조건적이었다.

희생양으로서 그 고통을 감내해야만 환영받는다.

형이 좀 더 강하게 보일 수 있게 그는 약하게 비쳐야 했다. 형이 좀 더 성공한 것처럼 보일 수 있게 그는 실패한 것처럼 비쳐야 했다.

그의 생애에서 처음이자 제일로 중요했던 애착 관계는 조건부였다. 그 목적을 채워줘야만 했다. 그러지 않으면 자신의 애착 관계가 위험했다. 우리 인간은 본성적으로 소속감과 애착 관계를 바라기에 어린 아이였던 M에게 선택권이란 없었다. 이 끔찍한 애착 관계를 수긍해야만 했다.

성인이 된 M은 직장에서나 사적인 개인 관계 속에서나 계속해서 성장해나갈 수 있었다. 자신이 가치 있는 존재로서 받아들여질 경험을 충분히 해나갈 수 있었다. 하지만 자신의 방해꾼 신념이 형성되어 있고, 이를 엄격하게 유지해나가고 싶어 했던 자신의 가족 체계에서 그가 처음부터 벗어날 수 있었던 건 아니었다. M은 아주 어렸을 때

넘겨받았던 신념을 없애거나 변화시켜나갈 수 있었다. 그러나 그의 가족 체계와 적극적으로 연결되어 있던 동안에는 본래의 역할을 충족시키라는 요구를 계속 받을 수밖에 없었다.

신념을 계속 유지해나가는 또 다른 이유는 깊이 내면화된 두려움과 의심일 수도 있다. 예를 들자면 거부에 대한 두려움이나 사회적 배제, 혹은 통제력 상실에 대한 두려움 같은 것들이다. 자신의 신념을 견고하게 존속시키는 요인을 파악하는 데 다음의 질문이 도움이 될 것이다.

- 이 신념은 내게 어떤 감정을 유발하는가?
- 내가 이 가정을 더는 믿지 않는다면, 이는 내게 어떤 의미일까?
- 내가 이 신념을 확 돌려버리면(그 정반대를 주장하면), 나는 어떤 기분일까? 어떤 생각을 하게 될까?
- 이 신념이 없는 삶은 어떤 모습일까? 달라지는 건 뭘까? 이러한 상상은 어떤 느낌인가?

이러한 질문을 스스로 던져보면 종종 도발적이고 반항적인 감정이 올라오기도 한다. 그런데 이게 그렇게 나쁜 게 아니다. 어떤 감정이건 저만의 권리와 역할이 있으며, 모두 용인되는 법이다. 감정은 수용된 다음, 다시금 지나가버릴 수도 있다. 이들은 중요한 메시지 전달자이다. 지금은 우리가 이성적으로 명확하게 파악하지 못하는 것에 대한 정보를 전달해준다.

분석을 위해서는 자신에게 불편한 주제도 속속들이 들여다볼 수 있어야 한다. 우선 자신이 가진 가정과 그 이면에 놓인 방해꾼 신념부터 찾아내보자. 그들의 기능을 확인해내고, 이들을 계속해서 유지해나가는 요인을 정확하게 들여다보자.

신념을 다룰 때 우리는 흔히 이 신념이 존재하는 이유와 유발된 경로에 관해서만 궁금해한다. 물론 중요한 질문이다. 그런데 우리가 너무도 드물게 던지는 질문이 하나 있다.

이 신념은 왜 계속 남아 있는 거지?

7장

아빠에게 인정받지 못한 제가 무능한 사람 같아요

신념과 자존감은 어떤 관계에 있는가

✦ '성공하면 운, 실패하면 내 탓'이라는 생각 ✦

"충분했던 적은 단 한 번도 없어요. 제가 뭘 하건, 노력을 얼마나 기울이건 다 상관없어요. 늘 부족해요." J는 시선을 떨구며 말했다.

"부족하다고 누가 말하던가요? 누가 이를 판단하나요?" 내가 물어보았다.

"저 스스로요. 하지만 제 주변 사람들도 모두 다 그래요. 제 주변의 비판적인 시선이나 좋은 의미로 건넸던 비판과 직장 내 조언, 제 외모에 대한 평가까지 모두 말이죠. 제게는 전부 다 비판일 뿐이에요. 심지어 칭찬도요. 저는 하나도 못 믿겠어요. 그냥 제게 어떤 좋은 말이라도 해주고 싶어서 그러는 것 같아요. 실상 저에 대해 해줄 수 있는 좋은 말이 없으니까요." 그녀는 한숨 쉬었다.

"그렇기에 노력을 훨씬 더 많이 해야 하는 건가요? 그렇기에 꾸준히 계속해서 많은 성과를 내야만 하는 건가요? 이게 J 씨를 움직이는 구동력인가요?" 내가 질문했다.

"네, 해야만 하죠. 그러지 않으면 저는 무너질지도 몰라요. 그러면 이 모든 비판이 정말로 사실이 되겠죠. 이게 제가 빠져나갈 구멍이에요. 저는 성공했어요, 아주 확실하죠. 대학교 졸업, 최고의 성적, 승진, 추천. 이게 제 방패막이에요. 위급할 때마다 꺼내 쓸 수 있죠. 제게서 그 누구도 빼앗아가지 못해요."

"이렇게 명확하게 다 기록되어 있는데도 믿지 못하는 건가요?"

"아뇨. 정말로 그런 건 아니에요. 흠, 저도 지금껏 제가 다 잘해냈다는 걸 알고 있어요. 더 많은 성과를 낼 거라는 것도 알아요. 하지만… 잘 모르겠어요."

"하지만?"

"하지만 제가 결정할 일이 아니에요." 그녀가 덧붙였다.

"그럼 누가 결정하나요?" 나는 궁금했다.

"주변 환경, 운명, 행운. 모르겠어요. 저는 늘 많은 행운이 필요했어요."

"J 씨가 잘 해내지 못하면요? 그러니까 실패하면요? 그러면 누구

탓일까요?"

그녀는 삐딱하게 웃으며 말했다. "제 탓이죠. 그냥 다 제 탓이에요."

"그러니까 성공은 행운, 운명, 혹은 주변 환경 덕분이지만 실패는 J 씨만의 책임이다?"

"네. 자기 자신에게 만족하는 데 전혀 좋은 조건들이 아니에요, 그렇죠?" 그녀가 다시금 살짝 미소 지으면서 말했다.

이를 심리학에서는 '귀인 양식attribution style(다양한 사건에 대해 유사한 인과적 설명을 적용하는 경향성)'이라 말한다. 성공과 실패를 다루는 방식들은 다양하다. 그리고 이는 성공과 실패를 간주하는 저만의 방식과 어느 정도 관련 있다. 즉 우리의 성공이나 실패는 누구 혹은 무엇 때문인가. 행운? 운명? 신? 아니면 그냥 재수가 없었음? 아님, 성공 혹은 실패를 초래했던 게 나인가?

30대 중반이었던 J는 나이에 비해 이미 엄청나게 성공한 여성이었다. 그녀의 직장 동료들이나 선임들은 모두 그녀를 높이 샀다. 수상 경력도 화려했던 그녀를 여러 회사가 앞다투어 데려가려 했다. 물론 이는 성과를 내려는 그녀의 강한 동기 의식 때문이기도 했다.

한번은 그녀가 이렇게 말했던 적이 있었다. "저는 그냥 점점 더 많이 해내야만 할 뿐이에요. 점점 더 멀리, 점점 더 높이, 점점 더 빠르게. 목적 달성을 즐겨보지도 못하죠. 목적을 달성하면 자신에게 곧장 물어보거든요. **다음은 뭐지?**"

J는 자신의 성공을 특히 운 좋은 주변 환경과 운명 덕분이라고 생각했다. **그래야만 하는 듯했다.** 다시 말해 그녀는 모든 걸 외부 탓으로 돌렸다. 운명, 신, 행운, 재수, 주변 환경. 이 모든 게 외부 요인이다. 사람은 외부 요인을 통제하지 못한다. 이들은 우리에게 영향을 미칠 수 있지만, 우리는 이들에게 영향을 주지 못한다. 즉 우리는 외적 요인들의 호의에 의존적인 존재다.

자신의 성공을 외적 요인 덕분으로 생각해버리면, 이는 그 성공에 자신은 아무런 영향도 미치지 않았음을 뜻하게 된다. 그냥 얻어걸린 거다. J는 그녀가 성공하는 데 자신은 아무것도 한 게 없다고 생각했다. 그렇기에 스스로 그 어떤 자부심도 느낄 수 없었다. 그녀는 자신의 성공을 인정할 수도, 기뻐할 수도 없었다. 외부 사람들은 그녀의 성공에 감탄을 표하지만, 정작 그녀 자신은 다람쥐 쳇바퀴 속에서 계속 달릴 뿐이다.

그런데 흥미로운 건, 한 번이라도 실패하면 이건 외부 탓으로 돌리지 않았다. 단순히 운이 없었다거나 운명, 혹은 그렇게 되길 바랐던 어떤 더 높은 존재 때문에 그녀가 실패했다고 생각하지 않았다. 실패의 원인은 오로지 그녀 탓이었다. 자기 자신에게 그 책임을 돌리며 죄책감을 느꼈고, 그녀의 '실수'를 만회하고자 더 많은 성과를 냈다.

외부로의 귀인, 다시 말해 외적 요인에 의해 어떤 일이 발생했다고 생각하면 도움이 될 때도 있고 부담이 줄어들 때도 있다. 가까운 가족이나 아이의 죽음처럼 특히나 견디기 힘겨운 일을 겪으면, '신이 천사를 다시 데려갔구나', '지금 그(녀)는 이곳보다 더 나은 곳에 있을 거야'와 같은 귀인이 훨씬 더 편할 수도 있다. 그렇기에 사람들을 감당하기 힘든 일이 발생하면 속어로 '운명의 장난'이라 말한다. 즉 외적 귀속 요인이라는 뜻이다. 그런 끔찍한 일은 우리 인간들이 관여할 수 있는 게 아니라고, 이에 대한 책임이 우리에게 있을 수는 없는 거라고 곧장 생각해버린다. 그냥 그럴 운명이었던 거다. 이러는 게 '나 때문에 아이가 죽은 거야', '아빠가 돌아가시는 걸 내가 막을 수 있었을 텐데…'와 같은 내적 귀속 요인보다 훨씬 더 편하다. 우리는 대개 어떤 일에 대한 책임을 자기 자신에게 돌리면서 힘들어진다.

그런데 일상생활에서는 유동적인 귀인 양식이 더 낫다. 모든 게 내 손안에서 내 책임하에 이뤄질 수는 없다. 그렇지만 다른 외적 요인에 그저 무방비 상태로 내놓아지지도 않는다. 그래야 흑백논리에서 벗어날 수 있고, 모든 걸 다양한 관점으로 바라볼 수 있다.

그런데 J는 특히나 더 힘겨운 귀인 양식을 갖추고 있었다. 일이 잘 돌아가기만 하면 그저 운이 좋았을 뿐이라는 거다. 결단코 그녀로 인한 게 아니었다. 그리고 일이 잘못 돌아가기라도 하면 모두 그녀 탓이었다. 그녀의 책임이었고 그녀의 잘못이었다.

"그렇게 따지면 실상 마지막엔 실패밖에 없어요. 그렇지 않나요?" 나는 도발적으로 질문했다.

"네, 맞아요. 저는 절대로 성공할 수 없어요. 결단코 저로 인한 게 아니니까요. 하지만 계속해서 실패는 할 수 있죠. 언제나 제 탓이니까요." 그녀는 알고 있었다.

"이러한 가정은 어디에서 나온 걸까요?" 내가 계속 질문했다.

J는 굉장히 깊게 생각하는 사람인지라 나는 그녀가 이에 대한 대답을 이미 알고 있을 거라 거의 확신했다.

"어디에서 비롯된 건지 저는 정확하게 알고 있어요. 아빠." 이때 그녀의 어깨가 살짝 처졌다.

✦ 내 자존감을 결정하는 사람 ✦

"J 씨의 아버지가 전달해준 메시지는 뭐였죠? 어떻게 전달해줬나요?" 나는 궁금했다.

"제가 하는 건 죄다 충분치 않다고요. 제가 내는 성과는 늘 부족하다고요. 그것보다 훨씬 더 많이 해낼 수 있다고요. 저는 충분치 않다고요." 그녀는 소파에 몸을 한층 더 깊이 파묻었다. J는 아빠에 관해 이야기하는 동안 점점 작아져갔다.

"아빠가 나쁜 의도로 그런 건 아니었어요. 제가 알아요. 아빠는 저를 북돋워주고 싶었을 뿐이에요. 아빠는 제 안의 잠재력을 봤고, 제가 이보다 더 많이 해낼 수 있다는 걸 알고 있었어요. 제 최대치를 끌어내주고 싶었을 뿐이에요."

"하지만 단 한 번도 충분한 적이 없었나요?" 내가 물어보았다.

"절대. 끝이란 건 없었죠. 그 최대치가 뭔지도, 이에 다다르려면 얼마나 더 해내야만 하는지도 저는 몰라요. 지금도 몰라요. 단 한 번도 아빠는 제가 자랑스럽다고 말하지 않았어요."

"J 씨와 아버지 간의 대화를 제가 그저 상상해보고 싶어서 그런 데, J씨가 승진했을 때 아버지의 반응은 어땠나요?"

"아빠는 '멋지네. 하지만 이보다 더 해낼 수 있잖아' 그냥 그렇게 말했어요. 그럴 때마다 화가 나요. 당연히 더 해낼 수 있죠! 그런데 얼마나 더요? 충분한 건 언제쯤일까요? 언제쯤이면 저는 충분해질까요?" 이제 그녀는 엄청나게 작아졌다.

이는 '나는 충분하지 않아'란 신념을 가진 사람들이 흔히 던지는 질문이다. 타당한 질문이기도 하다. 이에 대한 대답은 주어져야 할뿐더러 목표 역시 명확하게 정의될 필요가 있다. 그래야 달성할 수도 있고 측정도 가능한 목표가 생기게 된다. 또한 목표를 달성할 때마다 더 높아지는 혼란스러운 잣대는 사라지게 된다. J는 자신을 위한 목표를 설정해볼 수도 있다. 예를 들어 그녀가 엄청나게 노력했던 두 번째 승진 이후 자기 자신을 충분한 존재라고 여길 수도 있다. 그런데 어떤 성과와도 연관 짓지 않은 채 자기 자신의 가치를 정의해볼 수도 있다. 내가 꼭 조언해주고 싶은 바도 이거다.

우리의 자존감을 다양한 지주가 받치고 있는 집이라고 한번 상상해보자. J의 자존감 하우스에는 두 개의 지주가 있다. '실적이나 성공'과 '아버지의 인정'이란 지주. 이 둘은 서로서로 영향을 미친다.

이 지주들의 문제점은 외적 요인, 그러니까 J의 직장 생활과 아버지의 호의에 영향을 받는다는 것이었다. J는 그저 조건부로 자신의 성공을 자신의 가치로 받아들였다. 아버지의 인정 여부에 따라 달라졌기 때문이다. 이 말인즉슨 그녀의 자존감은 기본적으로 그녀 아버지의 인정 여부에 달려 있었다. J처럼 성과 달성에 대한 동기가 강한 이들에겐 자주 있는 일이다. 이러한 성과 달성에 대한 동기는 처음엔 부모님과 같은 주요 애착 대상의 성과 촉구 행위를 통해 초래될 때가 많다. 이후 사회적으로 점차 강화되는데, 성과에는 흔히 보상이 따르고 근면성이나 효율성 같은 '기질'은 사회적으로 갈망되기 때문이다. 성실한 사람들은 존경받으며 인기도 많다.

그런데 아버지의 인정을 단 한 번도 받지 못한다면 J는 어떻게 될까? 그녀의 자존감은?

"아빠가 어느 날 돌아가신다면 제가 뭘 할 수 있을지 저도 모르겠어요. 정말 솔직히 말하자면 감당하지 못할 것 같아요. 아빠가 그리워서가 아니라, 저에 대한 희망이 더는 없어서요. 제가 충분해지는 때는 절대 오지 않을 거예요. 그 반대를 제게 증명해줄 사람도 없을 거고요. 그럴 수 있는 유일한 사람이 죽었을 테니까요." 그녀는 훌쩍거리며 말했다.

J의 신념과 자존감에 대한 책임이 더는 자신의 아버지 손에 달려 있지 않음을 그녀는 여전히 생각하지 못하고 있었다. 그녀가 충분히 잘하고 있음을 스스로 믿는 데엔 아버지의 확인 따위는 필요 없다. 이

를 유일하게 해낼 수 있는 사람은 그녀 자신이다. 그녀 자존감에 대한 책임은 그녀 자신에게 있다. 그녀의 신념 체계, 그리고 자기 자신에 관한 그녀의 생각에 대한 책임은 그녀 자신에게 있다.

그렇다고 J가 하룻밤 사이에 확 다 믿어버릴 수 있겠는가, 근본적으로 자신은 충분한 존재이며 지금껏 잘해왔었음을? 이 사실은 그녀의 성공이나 실패로 달라지는 게 아니라는 것을? 자신의 가치는 어떤 성과나 외부 요인에 의해 달라지는 게 아님을? 하룻밤 사이에 혹 일어날 수도 없고, 이에 관한 주술 같은 것도 없다.

30년이 넘는 시간 동안 J는 자신은 충분한 존재가 아니며 그녀의 '결점'을 다시금 좋게 만들려면 특히나 많은 성과를 내야만 한다는 가정을 안고 살아왔다. 그렇다고 그녀가 이 신념에 평생토록 무방비 상태로 내어져 있다는 뜻은 아니다. 이 신념을 성찰해보고, 분석해보며 그 대안을 마련해볼 수도 있다. 그렇지만 이 또한 꾸준히 계속해나가야 하는 훈련이다. 자기 자신에 관한 오래된 가정은 무의식적으로, 비의도적으로, 그리고 흔히 외부 환경 및 어린 시절의 경험을 통해 만들어져왔다.

자기 자신에 관한 새로운 가정은 의식적으로, 의도적으로, 그리고 오늘날의 경험에 관한 성찰을 통해 만들어져간다.

J의 사례에서 가장 중요했던 건 성과와 아버지의 인정이란 지주 이외의 더 많은 지주로 그녀의 자존감 하우스를 떠받치는 일이었다. 그녀의 자존감을 지지하고 안정시킬 수 있는 새로운 지주들을 만들어

내는 게 중요했다. 이때 이 지주들이 외적 영향을 받지 않으며, 한시적이기에 쉽게 부서져버리는 요인에 좌지우지되지 않는 게 중요하다. 그렇게 되면 이 집과 더불어 그녀의 자존감도 순식간에 무너져버리기 때문이다. 안정적이고 오랫동안 계속 유지되는 자존감을 형성하려면 본인 스스로 영향을 미칠 수 있고 장기적으로 안정적인 요인을 기반으로 삼는 게 중요하다.

예를 들어 자신의 자존감을 연인 관계나 배우자 관계를 통해 안정화하면, 이는 금세 불안정한 요인으로 탈바꿈할 수 있다. 사람 관계는 끝이 날 수도 있다. 부부 관계가 위기에 놓일 수도 있고, 배우자가 무례하게 행동하거나 나에게 상처를 남길 수도 있다. 배우자와의 관계 속 아주 조그마한 불확실함도 자존감과 직결될 수 있고 자존감 하우스를 붕괴해버릴 수도 있다. 그러면서 정서적 의존 상태가 된다. 자존감 안정화에 관한 결정권이 배우자에게 있으면, 내 정서 상태에 관한 통제권도 배우자가 자동으로 갖게 된다.

J는 배우자가 아닌 아빠에게 자신의 자존감을 내맡겼다. 그러면서 그녀의 정서 상태에 관한 통제권도 그녀의 아버지에게 넘겨줬다. J는 아버지의 칭찬과 인정에 의존하는 상태였다. 자신이 충분한 존재라고 느끼는 데 아버지의 확인이 필요했다. 이러한 의존성에서 벗어날 유일한 출구는 '독립된 존재'가 되는 거다. 이는 자기 책임의 길로 이끌어주고, 본인의 자존감이 타인 및 외부 요인들에 좌지우지되지 않게 도와준다.

예를 들어 자존감은 자기 자신에 관한 신뢰, 즉 **자신감**을 통해 강화될 수 있다. 이 말인즉슨 자신의 성과를 긍정적으로 평가하며 제 내적 능력으로서 간주하게 된다. 그토록 많은 걸 해내는 건 당연하지 않다. 이는 그 사람이 배울 마음이 다분하며, 그러할 능력도 갖추고 있고, 끈기까지 있음을 보여준다. 이는 우리의 내적 능력이다. 이를 인정하고 자신의 자존감 속에 긍정적으로 받아들여도 괜찮다. 이는 다시금 자기 효능감, 그러니까 내가 무언가를 달성하고 해낼 수 있다는 확신을 더욱 키워준다. 살면서 힘든 일을 겪을 수도 있지만, 이들을 감당해내는 데 꼭 필요한 능력이 내게 이미 있거나 앞으로 배워나갈 수 있음을 알려준다. 자기 자신을 제 삶과 이 세상 속 효율적인 존재로 바라보게 도와준다.

더욱이 **자기 인정**은 자존감 안정화를 위해 중요한 지주다. 지금 있는 그대로의 자기 모습을 인정하는 것. 그렇다고 더는 달라져선 안 된다거나 변화에 대한 바람을 더는 가지지 말아야 함을 뜻하는 건 아니다. 현 상태를 인정하고, 원한다면 여기서부터 작업해나가야 함을 의미한다.

자기 인정은 자기 자신을 소중하게 생각하고, 자기 자신을 행복하게 바라보며, 자기 자신에게 만족하는 것이다. 또한 자신의 약점을 알아차리고 인정하는 것이다. 가치 저하나 자기 과시 같은 것 하나 없이 자기 자신에 관한 현실적인 이미지를 갖추는 것이다.

- 나는 누구인가?

- 나를 만들어내는 건 무엇인가?

- 스스로 마음에 들어 하는 점은 무엇인가?

- 내 약점은 무엇인가?

자기 인정을 위해서는 우선 자기 자신을 파악하고, 자기 자신에 관한 현실적인 이미지들을 그려낸 다음, 이를 인정할 줄도 알아야 한다.

자기 인정과 자기 신뢰는 내적intrapersonal 차원이다. 다시 말해 자기 자신과 관련된다.

자존감을 안정적으로 유지하는 또 다른 요인들은 대인관계inter-personal(다른 사람과 연관된) 차원으로, 사회적 능력과 사회적 네트워크다.

사회적 능력은 다른 사람들과 교류하는 능력을 말한다.

- 나는 다른 사람들을 어떻게 대하는가?

- 나는 어려운 상황을 견뎌낼 수 있다고 생각하는가?

- 다른 사람들과의 교류를 대체로 긍정적으로 받아들이는가? 삶의 질을 높여준다고 여기는가?

- 다른 사람들에게 유연하게 반응할 수 있는가?

자기 자신을 사회적으로 유능한 사람이라고 생각하면, 자존감 안정화에 굉장한 도움이 될 수 있다. 그런데 그 반대 경우도 마찬가지다. 많은 이가 사회적 상황 속에서 굉장히 불안해하고, 그렇기에 본인 스스로 자신감이 부족하다고 생각한다. 그러면 더 불안해질 뿐이다. 그런데 이러한 자존감 지주의 장점은 여전히 우리 통제하에 있다는 거다. 사회적 능력은 적극적으로 훈련해나갈 수 있다. 이를 통해 사회적 능력을 향상하고 여러 사회적 상황에서 느끼는 불안을 감소해나갈 수 있다. 그렇기에 자존감 하우스를 떠받치고 있는 이 지주는 군데군데 수정이 필요할지언정 장기적으로는 안정적인 버팀목인 것이다.

마지막에 언급했던 지주 역시 이와 비슷하다. 자존감 하우스를 안정적으로 유지해줄 수 있는 지주, 바로 **사회적 네트워크다.** 긍정적인 사회적 관계에서 나는 다른 사람들과 얼마나 연결되어 있다고 생각하는가?

- 다른 사람에게 나는 중요한 존재라고 생각하는가?
- 다른 사람들은 내게 중요한가?
- 만족스러운 인간관계를 형성하고 있는가?
- 안정적인 가족 관계를 유지하고 있는가?
- 다른 사람들에게 나를 내맡길 수 있는가? 그 사람들도 나에게 그럴 수 있는가?
- 확실치 않은 상황에서 나를 붙잡아주고 지지해줄 사회적 네트워크에 연결되어 있는가?

이 지주 역시 정적이지 않다. 오히려 역동적이다. 사회적 관계는 살면서 계속 달라지기 때문이다. 예전 관계들은 없어지고 새로운 관계들이 새롭게 형성된다. 어떤 관계는 스트레스이지만, 어떤 관계는 굉장한 자원이 된다. 이는 전혀 문제 될 것 없이 완전히 괜찮다. 그럼으로써 우리는 다양한 사람들을 유동적으로 대하는 법을 배우며 사회적 능력을 재차 증진해나간다. 스트레스를 극도로 주는 관계들이나 내게 별로 도움이 되지 않은 사회적 관계를 갖추고 있더라도 다르게 바꿔나갈 수 있다. 새로운 사회적 관계를 만들고, 새로운 사람들을 만나며, 열린 마음으로 새로운 관계를 경험해나가면 된다.

자존감 향상은 언제나 자기 책임을 의미한다. 처음엔 노력을 엄청나게 많이 하며 제 안락지대를 벗어나야 한다는 소리로만 들린다. 그런데 이는 자유와 독립을 뜻하기도 한다. 자기 가치는 제 능력을 바탕으로 형성되며, 이 능력은 본인 스스로 잘 알뿐더러 계속해서 확장해나갈 수도 있다. 이 능력은 다른 사람들과는 아무런 관련이 없다.

이 능력들은 우리 스스로 투자할 준비가 된 에너지에 따라 달라진다.

자기 책임은 언제나 자유로운 선택을 의미하는 것이기도 하다. 누구나 다 자기 가치를 '작업'해야만 하는 건 아니다. 그 누구도 끊임없이 자기 자신을 되돌아보며 제 신념을 분석하라고 강요받지 않는다. 또한 누구나 다 제 지난날을 파고들며 힘겨웠던 기억과 고군분투해야 하는 것도 아니다. 누구나 다 자신이 원하는 걸 믿고, 생각하며, 그렇게 살아갈 수 있다. 그저 모두가 자신이 믿고, 정진하며, 생각하는 것들을 스스로 의식적으로 결정해나갈 수 있길 바랄 뿐이다. 그게 바로 자유이기 때문이다.

J의 경우, 그녀가 자기 자신을 충분하지 않은 존재로 간주할 때 이로써 이득을 보는 자는 누구일지를 적극적으로 분석해보는 것도 포함됐다. 그녀의 경우, 이는 그녀의 아버지였다. 이 신념과 함께 그녀를 조종해왔던 사람이 그녀의 아버지였기 때문이다. 물론 무의식적으로 말이다. 그녀의 아버지도 자신이 그동안 딸에게 어떤 영향을 미쳐왔는지 전혀 알지 못했다. 그는 J가 굉장히 유능하며 엄청난 성공을 거두었다고 생각했지만, 이를 표현한 적은 단 한 번도 없었다. J를 인정해준 적도 없었다. 그가 인지했던 건 매주 몇 번씩이나 전화해서는 자기 직장 생활에 관해 수다를 떨던, 다 자란 딸이었다. 이는 그녀의 아버지가 즐겼던 안정된 애착 관계였다. 하지만 J에게는 구원을 향한 끝없는 바람이었다.

그녀의 자존감이 오랫동안 안정적으로 유지되게 보장해줄 지주들을 세우는 작업은 반드시 꼭 필요했다. J가 '아버지의 인정'이란 지주를 절대 포기 못 할지언정 그녀의 자존감 전부가 단 하나의 지주 때문에 무너지지는 않기 때문이다. 다소 덜컹거릴 수는 있겠지만, 다른 지주들이 그녀의 자존감 하우스를 안정적으로 단단하게 지탱한다. 이러한 확고한 기반을 바탕으로 J는 본인이 직접 선택할 신념을 찾아 나설 수 있다.

8장

저는 남편 없이는
아무것도 아니에요

신념에 관해 왜 되물어야 하는가

✦ **자신의 삶 속 조연이 된 사람** ✦

"낯선 것에 관한 탐구보다 더 무모한 짓은 익숙한 것에 대한 의심일
수 있다."

_알렉산더 폰 훔볼트Alexander von Humboldt

H는 서른일곱 살 때 치료실을 찾았다. 기혼이었고, 두 명의 아이를 둔
엄마였다. 그녀는 불안하고 예민하며 초조해 보였다. 얼마 지나지 않
아 나는 이렇기도 하고 저렇기도 한, 일종의 양가성ambivalence을 느꼈

다. 모호하고 혼란스러웠다. 그녀는 자기가 정말로 여기, 이 치료실, 이 소파, 내 반대편에 앉아 있는 게 맞는지 스스로 확신하지 못하는 것처럼 보였다. 정신과 병동에서의 경험을 돌이켜보면 이는 정신질환을 앓는 환자들에게서나 보이던 행동이었다. 그런데 H는 망상이나 정신병 같은 걸 앓고 있진 않았다. 이건 금세 분명해졌다. 하지만 그녀는 분명 자기 자신이 누구인지 확실하게는 알고 있지 않았다.

H는 그녀의 결혼생활과 더불어 매일같이 노출됐던 정서적 학대에 관해 이야기해주었다. 그때 그녀는 자신이 겪은 일들이 학대이며 폭력이란 사실을 완전하게 인지하지는 못하고 있었다. 이건 그냥 그녀의 평범한 일상이었다.

그녀는 남편의 행동에 대한 책임을 자기에게로 돌렸고, 지금 이 자리에 있어야 하는 이유를 거듭 요란스럽게 물었다. "사실 아무런 문제도 없어요. 제가 가끔 너무 과장되게 행동하나 봐요. 선생님의 시간을 허비하게 만들고 싶지는 않아요." 그녀는 이런 말을 자주 했었다.

"H 씨 때문에 제가 시간을 낭비하고 있다고 생각하시나요? 왜요?" 처음엔 깜짝 놀라서 이렇게 질문했었다.

"아, 분명 선생님께는 이런 쓸데없는 소리를 듣는 것보다 더 중요한 일들이 있으실 테니까요." H가 위축된 목소리로 대답했다.

세 번째 상담시간이었다. 상담이 시작된 지 15분도 채 지나지 않아 H는 나에 대한 책임을 넘겨받으려고 했다. 내 욕구를 자신의 욕구보다 우선시했고, 나에게 시간 낭비일 일들과 그렇지 않을 것들을 결정했다. 이 행동은 그 이후의 상담시간에도 재차 확인할 수 있었다. 이는 그녀의 패턴이었다. 그녀는 체감상 모든 사람, 모든 것에 관해 책임을 넘겨받고 있었다.

그런데 이는 권력 욕구에서 비롯된 행동이 아니었다. 그녀는 그 누구에 관해서도 정의 내리고 싶어 하지 않았고 그 누구도 악의적으로 통제하고 싶어 하지 않았다. 단지 그녀는 다른 사람들의 욕구를 자신의 것보다 우선시해야 한다고 믿고 있었을 뿐이다. 자신의 욕구는 무시했고, 전혀 중요하지 않은 하찮은 것으로 여겼다. 그렇다, 그녀에게는 그녀 자신도 (적어도 그녀가 인지하기로는) 중요하지 않았다. 그녀가 이야기하는 동안 '중요하다'와 '중요하지 않다'라는 단어가 얼마나 자주 등장했는지 표시해둘 걸 그랬다.

"저는 그렇게 중요하지 않잖아요." 휴가를 가지 않은 이유를 묻자 그녀는 이렇게 대답했다. 그녀의 남편은 혼자 휴가를 떠났다. 그의 말에 따르면, 가족들 가운데 힘겹게 일했던 사람은 자신밖에 없어서란다. 그녀는 이해했다. 남편이 무엇을 하건 그녀는 다 이해했다. H는 이해심으로 거의 똘똘 뭉쳐 있었다.

머지않아 H가 이 엄청난 이해심을 깨부수고 나와 끝내 이로부터 자유로워지는 모습이 내 마음속에 그려졌다.

"H 씨의 일상생활은 어떤가요?" 나는 궁금했다. 나는 뭔가를 찾고 있긴 했지만, 그게 정확하게 뭔지는 아직 몰랐다.

"흠, 사실 지극히 평범해요." 그녀는 곰곰이 생각했다. "아침에 일어나 가장 먼저 저를 단장해요. 제가 부스스한 몰골로 있으면 남편이 싫어하거든요. 그런 다음, 남편의 아침 식사를 준비해요. 그러는 동안 남편도 일어나서는 신문을 봐요. 그런 다음, 남편은 아침 식사를 마친 뒤 출근을 하죠. 그사이 저는 집안일을 해요. 그러니까 해놔야 할 것들요. 빨래, 저녁 식사 준비, 그리고 남편 퇴근 전까지 모든 것을 정리해두어야 하죠."

흥미롭게도 H는 그를 위해 그녀가 하는 일들만 이야기했다. 집안일과 식사 준비도 중립적이지 않았다. 그의 빨래였고 그의 저녁 식사였다. 그녀의 이야기 속에 아이들은 등장하지 않았고, 그 이유는 대화를 나누면서 분명해졌다. '아빠는 휴식이 필요하기에' 아이들은 '아빠가 방해받지 않도록' 최대한 조용히, 눈에 띄지 않게 행동해야 했다. H가 내게 이야기하는 동안에도 아이들은 비가시적이고 무음인 상태였다. 그가 '방해받으면' 정확하게 어떤 일이 일어날지 H에게 물어보았다. 그녀는 어깨를 들썩했다. 그 불안함이 다시 나왔다. 그녀는 자기 자신과 싸우고 있었다.

모든 걸 이야기할까, 일어나 도망갈까, 그 사이의 싸움.

그녀는 계속 자리에 머무르며 이야기를 이어나갔다. "남편이 저희를 때리거나 그런 건 아니에요. 그런 짓은 절대 안 할 사람이에요. 근본적으로 그는 좋은 남자예요. 돈을 벌어 집에다 가져다주고 우리를 잘 돌봐주죠. 부족한 건 없어요." 남편이 실상 왜 좋은 남자인지를 구구절절 변명하더니 결국엔 그녀가 이곳을 찾은 이유를 말해줬다. 그는 그녀에게 시도 때도 없이 소리 질렀고, 위협했으며, 달달 볶았고, 속상하게 만들었고, 다른 사람들 앞에서 그녀를 비하하며 우습게 만들었다. 그녀가 그를 만족시킨 적은 단 한 번도 없었다. '옳은' 행동이란 없었다. 최대한 아주 완벽하게 준비함으로써 공격받을 이유를 최대한 줄여나가는 것밖에는 방법이 없었다. 그렇게 그녀는 모든 걸 통제하고자 억지로 엄청나게 애쓰고 있었다. 그가 끝끝내 만족할 수 있도록 말이다. 그렇지만 그는 단 한 번도 만족하지 않았다. H는 직장 생활을 해본 적도, 바깥에서 일해본 적도 없었다. 남편을 위해 언제나 그 자리에 있어야 한다고 생각했기 때문이다. 또한 자기 혼자서는 살아남을 능력이 없다고 생각했다. 그녀는 감옥에 갇힌 듯 답답해했고, 자기 자신을 작고 말도 못 하는 별거 아닌 존재처럼 느꼈다.

H는 친한 친구 두 명과 비밀리에 연락하고 있었다. 부모님과 오빠와도 친밀하게 연락하며 지냈다. 그들은 그녀의 사정을 잘 알고 있었고 이 거지 같은 결혼생활에서 그녀를 자유롭게 해주고자 몇 번이고 노력했다. 이 가혹한 결혼생활에서 벗어나는 데 필요한 지원책은 모두 다 준비되어 있었다. 그렇지만 그녀는 떠나지 않았다.

왜 그러지 않았을까?

H는 자신이 콕 숨어 지내는 이 상황이 **필요했다.**

그녀는 남편이 만들어낸 이야기 속에 얽혀 있었다. 남편의 고통과 행복에 대한 책임이 자신에게 있다는 이야기였다. 그의 욕구가 자신의 것보다 더 우선시되는 이야기, 자신은 등장하지 않는 거나 마찬가지인 이야기. 그녀는 자신의 이야기 속 조연이었다.

H의 남편은 이러한 이야기를 그녀에게 반복해서 들려줬다. H가 '나는 중요하지 않아'란 가정을 만들어낼 때까지.

"내가 좀 더 조심했어야 하는데!", "내가 너무 덤벙댔어." 그녀가 남편의 행동을 용서하면서 그에 관한 책임을 자기에게로 돌릴 때마다 내뱉었던 말들이다.

"남편 없는 H 씨는 도대체 누구죠?" 여러 상담시간 중 한번은 이렇게 물어본 적이 있었다. 그녀는 침묵했고, 오랫동안 고심하더니 끝내 눈물을 흘렸다. "저도 모르겠어요. 어쩌면 아무도 아닐지도 모르죠." 그렇게 말하며 그녀는 뺨에 흘러내린 눈물을 닦아냈다.

"어느 누군가가 되기 위해 남편이 필요한가요?" 나는 그녀에게 물어보았다.

이 질문에 그녀는 한참 동안 생각에 잠겼다. "저는 내일모레면 마흔 살이에요. 지금껏 저는 남편과 아이들을 돌보는 것 외엔 해본 게 없어요. 아내와 엄마, 그게 제 정체성인 거죠."

"하지만 남편을 만나기 전에도 H 씨에게는 삶이 있었어요. 그때는 어땠나요? 그때의 H 씨는 누구였나요? 그때는 무엇을 즐겨 했나요?” 나는 조심스럽게 물어보았다.

그녀는 기억을 더듬으며 예전에 여행을 떠났던 일과 유년 시절 이야기를 들려주었다. 그뿐만 아니라 모험담과 그녀가 즐겨 풀었던 수수께끼에 관해서도 말해주었다. 그 이야기를 듣는 동안 내 눈앞에는 왈가닥이면서도 강단 있는 한 소녀의 모습이 그려졌다. 지금 내 앞에 앉아 있는 이 여성과는 완전히 다른 모습이었다.

“이 강인하고 거침없는 소녀가 H 씨에게 지금 제일로 들려주고 싶은 말은 뭘까요? 그 목소리를 들을 수 있나요?” 나는 궁금했다.

그녀는 다시 울기 시작했다. 그 어느 때보다도 세게, 크게, 그리고 심하게. 그녀가 그렇게 우는 모습은 처음 봤었다. 거리낌 없이 울어 댔고, 평소와는 다르게 얼굴 위로 흐르는 눈물도 닦아내지 않았다. 나는 금세 알아차렸다. 이는 그녀의 내면 아이inner child였다. 활달했던 그 소녀. 그 아이가 고함을 질러대고 있었다.

“남편에게서 벗어나라고 말하겠죠. 이 모든 것에서 벗어나라고. 그냥 나오라고!” 그녀는 여느 때보다 훨씬 더 큰 목소리로 말했다. “하지만 안 돼요. 저는 할 수 없어요.”

“해내지 못할 거라고 스스로 그렇게 믿고 계시네요. 그런데 H 씨가 해낼 수 있다는 사실은 이미 파악됐어요. H 씨도 그렇게 하길 **바라시나요?**” 나는 다소 도발적으로 질문했다.

“네. 흠, 저도 모르겠어요. 무서워요.”

“정확하게 뭐가 무섭죠?” 내가 물어보았다.

"아, 어이없는 소리 같을 거예요." 그녀는 불안해하며 대답했다.

"어처구니없는 말이면 어때요, 괜찮아요." 내 생각은 그랬다.

"누군가가 된다는 게 무서워요." 그녀가 말했다.

"**다시금** 누군가가 된다는 것." 나는 그녀의 말을 수정했다.

"네." H는 생각에 잠긴 채 내 말에 수긍했다. "맞아요. 저도 한때는 그 누군가였죠."

"지금도 마찬가지예요. 단지 H 씨 자신의 이야기에 적은 자리를 차지하고 있을 뿐이죠. 자리를 얼마나 갖고 싶으신가요?"

"더 많이."

"남편의 자리는 어느 정도여야 할까요?" 나는 계속 질문했다.

H는 이 질문을 머릿속에 담아둔 채 상담을 마쳤다. 이는 그녀 머릿속을 계속 맴돌았다.

중요하지 않은 존재란 신념은 H 스스로 자신은 **아무것도 아닌 존재**라 인지해왔을 만큼 아주 확고하게, 독립적으로 자리매김해 있었다. 남편의 존재에만 초점을 맞추면서 그녀는 점차 자기 자신을 잃어갔다. H가 중요하지 않은 존재란 메시지는 그녀의 남편을 통해 아주 오랫동안, 아주 집중적으로 전달되었기에 이는 그녀만의 개인적인 진실이 되었다. 그는 의도적으로 그녀의 지각을 조작했다.

그녀의 내면에서는 두 가지 측면이 서로 싸우고 있었다. 자기 목소리에 귀 기울여주길 바랐던, 예전의 그 강하고 활달한 측면, 그리고 그녀는 중요하지 않은 존재라고 말하며 자기 자신을 부정하던 측면이다. 그런데 그녀의 내면에는 또 하나의 목소리가 존재했다. 그녀를 내 치료실로 안내해줬던 목소리. 거의 안 들릴 정도로 속삭이던 목소리였다.

이 말이 틀렸다면 어쩔 건데?

바로 이곳에 희망, 힘, 그리고 치료 과정에 필요한 모든 지원책이 들어있었다. 우리는 이 목소리를 의도적으로 더 강화했고, 더 많은 힘을 실어줬으며, 내면의 진실이 어떤 필터링도 거치지 않은 채 큰 소리로 표현될 수 있게 안전한 장소도 마련해줬다. H는 이 목소리에 아주 의식적으로 귀 기울이는 방법을 점차 배워나갔다. 남편이 그녀를 통제하거나 상처 되는 말들을 내뱉을 때마다 자기 내면의 목소리에 더 많이 귀 기울일 수 있게 됐다.

"네가 할 줄 아는 건 아무것도 없어!"

이 말이 틀렸다면 어쩔 건데?

"어디로 가고 싶은데? 네겐 아무도 없어! 그 누구도 너를 원하지 않아!"

이 말이 틀렸다면 어쩔 건데?

"넌 나 없으면 아무것도 아니야! 지금의 너를 만든 건 바로 나야!"

이 말이 틀렸다면 어쩔 건데?

"젠장, 도대체 누구 때문에 이렇게 행동하는 거야? 네 치료사가 네 오물을 죄다 치워줄 것 같아? 정말 그렇게 생각해? 네가 실상 얼마나 쓸모없는 인간인지 그 사람은 이미 다 알고 있을 거야!"

이 말이 틀렸다면 어쩔 건데?
그래, 아냐.
이 말은 틀렸어.
도망가.

그녀는 정말 그렇게 했다.

H의 사례는 나 자신이 어떤 사람이라고 믿는, 그 자아상이 얼마나 쉽게 부서져버릴 수 있는지를 잘 보여준다. 어렸을 때 H는 자신이 이런 대우를 받으며 아이들에게 이런 모습을 보일 거라고는 상상조차 해보지 못했었다. 자기 자신의 욕구는 중요하지 않다는 말을 단 한 번도 믿어본 적이 없었다. 적어도 결혼 전까지는 말이다. 하지만 남편의 의도적인 조종 행위로 그녀는 남편의 말에 아주 성공적으로 설득됐다. 그러면서 여태껏 그녀가 가져왔던 신념이 한순간 죄다 흔들려버렸다. 얼핏 보기엔 그녀에게 통제권을 조금 남겨줬던 남편의 신념을 넘겨받으면서 그녀는 자기 자신을 잃어갔다. '그가 원하는 대로 행동하면 모든 게 다 좋아. 내가 통제할 수 있어. 내 손에 달린 거야.' 그렇게 그녀는

모든 걸 쏟아부었고, 모든 힘을 다 써버렸다.

✦ 정신적 학대로 왜곡되는 자아상 ✦

H가 자기 자신에게로 돌아갈 수 있었던 건 치료를 받아서가 아니었다. 그녀 내면에 존재했지만, 처음엔 거의 들리지 않을 정도로 작게 속삭였던 목소리 때문이었다. 바로 그녀 자신의 진실이었다. 치료 과정 내내 우리는 이 진실에 귀를 기울이며 전적으로 힘을 실어주었다.

바로 여기서 우리가 지닌 가정과 우리의 진정한 내적 진실의 허위성 간 차이가 명확해진다. 우리의 내적 진실을 추구하며 살아가면, 이는 늘 응집력을 만들어낸다. 다시 말해 일치감을 제공해준다. 그러면 우리는 이 세상, 주변 사람들, 그리고 우리 자신에 관한 모든 정보가 서로서로 딱딱 맞아떨어지고 연결된다는 걸 느낄 수 있다. 확실함을 갖게 된다. 모든 게 논리적이고 합리적이다. 이러한 확실함은 평온함과 내적 만족감을 안겨준다. 이에 반해 불안감, 불확실함, 의구심, 무력함 등은 우리가 거짓에 이끌려 가고 있다는 신호가 될 수 있다. 우리의 이야기 속에서 부정적인 생각과 논증을 파악해냈다면, 이들을 좀 더 자세히 들여다볼 수 있고 아주 의식적으로 성찰해볼 수 있으며, 정말로 우리의 내적 진실인지를 되물어볼 수 있게 된다.

- 이게 내 진실인가?
- 이 신념을 다른 사람으로부터 넘겨받았는가?
- 계속해서 이 믿음을 추구하며 살아가고 싶은가?

H의 사례에서 봤듯이 자기 자신에 관한 방해꾼 가정은 반드시 유년 시절에서 비롯되는 건 아니다. 그녀의 경우는 오히려 그 반대였다. 유년기의 긍정적인 경험 덕분에 그녀는 힘을 얻었고 이 불합리한 결혼생활에 종지부를 찍을 수 있었다.

자기 자신을 억압하는 신념이라고 해서 무조건 유년 시절에 만들어지는 건 아니다. 성인기 때 처음으로 맞닥뜨린 강력한 경험에도 우리의 자아상을 변화시킬 힘이 있다. H의 경우, 부당한 결혼생활 내 남편의 의도적인 조종 행위로 그녀의 자아상이 달라졌다.

그렇다면 연인이나 부부와 같은 특정 관계가 불합리한 관계가 되는 건 어느 시점부터일까? 이 순간, 이런 의문을 가질 사람이 많을지도 모르겠다.

나도 그런가? H의 이야기를 보면 여러 부분이 나랑 맞아떨어지는데, 그렇다면 나도 정신적인 학대를 당하고 있는 건가?

폭력은 다양한 형태로 생각될 수 있다. 신체 폭력만 폭력인 게 아니다. 신체 폭력만 피해를 주는 게 아니다. 정신적인 폭력도 마찬가지

다. 그런데 정신적 폭력의 피해는 대개 비가시적이다. 더욱이 신체 폭력보다 훨씬 더 교묘하게 이뤄진다. 그렇기에 알아차리기도, 잡아내기도 쉽지 않다. 이 두 가지 형태의 폭력은 주로 함께 발생하며, 한 형태에서 다른 형태로 자연스레 넘어간다.

정상적인 관계와 정신적으로 부당한 관계 사이에는 주된 차이점들이 몇 개 존재한다. 이는 기본적으로 두 사람 간의 관계 속에서 나타나는 행동과 관련된다. 두 가지의 학대 형태에서 가해자의 주요 모티브는 모두 '힘의 과시'다. 그리고 이러한 행동에는 우월 및 정복 원칙이 뒤따른다. 즉 누가 힘이 더 센지를 빠르고 명확하게 보여주는 힘겨루기가 이뤄진다. 그 힘이 분명하게 드러나면서 피해자는 의도적으로 굴욕당하고, 억압받으며, 의존관계를 강요받는다.

정신적 학대는 다양한 형태로 이뤄지는데, 대표적인 유형은 다음과 같다.

- 가치 폄하
- 모욕
- 양심의 가책이나 죄의식 유발
- 의도적으로 고립시키기
- 말 섞지 않기
- 사랑 및 관심 배제
- 위협

- 피해자 놀리기, 조롱 섞인 말이나 상처가 되는 말

이러한 유형을 H는 체계적으로 거의 다 경험해봤다. 이 또한 중요한 사항이다. 학대는 체계적으로 발생하며 '좋은 단계'와 반복적으로 섞여 나타난다. 좋은 단계는 관계에 대한 희망을 심어주고 피해자에게 책임을 전가하면서("이것 봐, 나는 너에게 잘해주잖아, 너는 감사할 줄을 몰라! 네가 고마워하지 않으면 싸울 수밖에!") 학대를 정당화한다.

정신적 학대는 재앙과도 같은 결과를 초래한다. H에게는 멍이나 출혈 같은 신체적 상처는 없었지만, 그녀의 영혼이 상처 입었고 그녀의 삶에 부정적인 영향을 미쳤다. 그녀의 자존감은 점차 하락했고, 자기 의심과 불안함은 더해갔다. 말할 용기도 없었고, 자신의 목소리를 높이며 저항할 수도 없었다. H는 그녀의 사회적 환경에서 고립된 상태였고, 기본적으로 외로움과 무력함을 느끼고 있었다. 남편에게 경제적으로 의존하고 있었으며, 자신을 바깥에서 일하기엔 불안정하고 무능력한 사람이라고 여겼다. 그 누구도 자신을 고용하지 않을 거로 생각했다. 그녀는 절망적이었고 두려웠다.

정신적 학대 피해자들은 가해자들의 조종 행위 속에 깊이 얽혀 있다. 이에서 벗어나려면 자신이 학대당하고 있다는 사실과 더불어 이 학대 행위가 정확히 어떻게 이루어지고 있는지를 깨닫는 게 가장 중요하다. 이를 깨닫고 그 관계에서 벗어나 분리되기까지 수년이 걸릴 수도 있다. 이때 외부의 도움이 아주 중요하다. 친구, 가족, 지인과 같은 사회적 관계나 주치의, 심리치료사 등 전문가의 도움이 꼭 필요하다.

정신적 학대로 피해자의 인지 상태가 변화될 수도 있기에 현실을 재차 알아차리도록 도와주는 전문가의 도움이 아주 유용해진다. H가 했던 것과도 비슷한데, 이때 중요한 건 자기 생각, 특히 상대방이 내뱉은 아픈 말들을 비판적으로 분석해보는 것이다. 예를 들어 H는 이렇게 했다.

전남편: "당신은 쓸모없어!"

H: 정말로 그래? 이를 뒷받침할 근거는 뭐지? 반박할 근거는? 그가 이걸 판단할 수 있어? 그가 내 가치를 결정해도 돼? 내 가치를 누가 정의하는데? 왜?

전남편: "나 없이는 당신은 아무것도 아니야!"

H: 정말로 그래? 당신 없는 나는 누구였는데? 당신 없는 나는 누구일 수 있는데? 서로 떨어져버리면 **아무것도 아닌 존재**가 될 만큼 사람들은 그렇게 서로서로 엄청 의존적이야? **나** 없는 당신은 누군데? 내가 누구라고, 어떤 존재라고 정의할 수 있는 사람이 누군데?

이게 **내** 진실이야? 이게 **내**가 믿고 싶은 거야?

신념에 관한 분석에서 중요한 건 자신만의 생각과 내면화된 가정을 비판적으로 점검해보는 일이다. 이때 자기 스스로 중재자의 역할이 되어 각각의 주장을 정확하게 따져볼 수 있다.

- 이 생각이 진실임을 뒷받침해주는 것과 반박하는 것은 각각 무엇인가?
- 누구에게나 항상 그런가?
- 이 생각은 어느 상황에서건 누구에게건 일반적으로 다 적용되는 것인가?
- 이 생각은 내게 도움이 되는가?
- 이 생각은 중요한가?
- 이 생각은 보통 내게 어떤 감정을 유발하는가?
- 예전에 이 생각은 나를 위해 어떤 목표를 달성해주었는가?
- 지금도 여전히 그 목표를 달성해주는가?
- 이 생각은 내게 유용한가?
- 이 생각, 이 가정, 이 신념이 없다면 나는 누구인가?
- 나는 어떻게 할 것인가?
- 나는 어떤 기분이 들까?
- 무엇이 달라질까?
- 그땐 또 어떤 기분일까?

자기 생각에 관한 분석은 아주 힘겨울 수도, 스트레스로 다가올 수도 있다. 자기 자신과 매일매일 대화를 나눠야 한다. 자신의 삶에서 어떤 특정 상황을 끄집어내어 매일 혹은 매주 수차례씩 분석해보는 게 중요하다. 이때 행동 치료에서는 앨버트 엘리스Albert Ellis의 'ABC 모델(1962)'을 활용한다.

분석의 첫 번째 단계는 유발 상황, 즉 트리거Trigger로 시작된다.

A = 시나리오처럼 그 상황을 묘사해보자. 무슨 일이 일어났는가? 영화의 한 장면이라면, 관객들은 지금 무엇을 보게 되는가?

예시: 영화관 앞에서 친구를 기다리고 있다. 영화가 곧 시작되는데 친구는 나타나지 않고 있다. 나는 계속해서 시계를 들여다보며 친구에게 전화를 걸어본다.

B = 두 번째 단계는 자기 생각(신념, 평가) 다루기이다. 그 상황에서 당신은 어떤 생각을 했는가?

예시: "나는 매번 애를 기다려야 해! 애는 나나 내 시간 따위는 안중에도 없어!"

이 생각들에 잠시 멈춰본 다음, 이들을 메타 수준meta-level에서 바라보자. 즉 우리가 실상 생각하고 있는 것들에 관해 곰곰이 생각해보자. B 단계에 작성했던 나의 생각은 나에게 어떤 의미인가?

예시: '나는 늘 다른 사람들보다 더 많이 양보해야 하고 희생해야만 돼. 내 욕구는 존중받지 못하고 있어.'

우리는 이로부터 어떤 결론을 도출하게 될까? 이 생각 이면에는 어떤 가정이 숨겨져 있을까?

　예시: '나는 다른 사람들만큼 중요하지 않아.'

　이제는 결론을 다루는 C 단계다(결론).

　C = 그 상황에서 나의 기분은 어땠는가? 나는 어떤 행동을 보였는가?

　예시: 나는 화가 났고 실망했어. 나는 굉장히 예민해졌고 이리저리 계속 뛰어다녔어.

　C2 = 다음에도 이런 상황이 재차 벌어진다면, 그때 나의 목표는 무엇일지 한번 생각해보자. 그 상황을 다시 떠올려본다면, 나는 어떤 기분을 느끼고 싶었는가? 실상 어떻게 행동해보길 바랐는가?

　예시: 좀 더 편하게, 좀 더 태연하게 행동했을 것이다. 영화의 시작 부분을 놓치지 않고 편안하게 볼 수 있게 극장 안으로 들어갔을 것이다. 친구가 오든 말든 상관하지 않고 행동했을 것이다.

　그런데 왜 그러질 못했을까? 이 사례 속 주인공은 '나는 다른 사람들만큼 중요하지 않아'란 방해꾼 신념을 믿고 있었기 때문이다. 이 가정을 확신하게 되면, 이와 유사하거나 똑같은 상황에서 자기 욕구는 뒷전으로 물리고 다른 사람들의 욕구를 더 중요하게 생각할 수밖에 없다. 그게 논리적이다. 그 상황이 시시하고 별스럽지 않게 보일지언정 아무런 상관이 없다. 이 가정을 믿고 있기에 그렇게 행동하는 것이다.

그런데 우리는 우리의 평가를 달리할 수 있다. B = '맨날 기다려야 해. 나를 무시하는 거야, 내 시간을 존중하지도 않는 거고.' 그 대신, 이 상황을 다음처럼 평가해볼 수 있겠다.

B2 = '이번에도 시간이 좀 더 필요한가 봐. 그런데 나는 영화를 처음부터 제대로 보고 싶어. 그러니까 나는 영화관에 먼저 들어가 있을 거야.'

이러한 평가 행위는 그 상황에서 자신이 하길 바랐던 행동과 더불어 느끼길 바랐던 감정, 즉 편안함과 기대감을 훨씬 더 많이 유발한다.

그렇기에 ABC 모델을 활용하여 일상적인 상황을 정확하게 분석하는 일은 자신의 방해꾼 가정을 파악하고 적극적으로 분석하는 데 굉장히 유익하고 중요하다. 게다가 자신의 행동을 단계별로 분석해보면 그 상황에서 우리의 행동이 충족시키던 역할을 제대로 확인해볼 수 있다.

예시 속 주인공은 극장 안에 들어가 영화를 볼 수 있었음에도 친구를 초조하게 기다렸다. 선택권은 그녀에게 있었다. 그 누구도 그녀보고 기다리라고 강요하지 않았다. 하지만 그녀는 기다리겠다고 스스로 결심했고, 그렇게 기다리는 행위로 인해 화가 났다.

그녀의 신념이 그렇게 하라고 간접적으로 강요했기 때문이다.

자기 자신보다 다른 사람들이 훨씬 더 소중하다고 믿게 되면 기다릴 수밖에 없다. 게다가 자기 욕구(영화 보기)는 고려하지 못한다.

자신의 행동을 분석해보면 그렇게 행동하는 이유를 파악할 수 있다. 또한 다른 사람들이 그렇게 행동하는 이유도 이해할 수 있게 된다. 예시 속 친구 상황에 맞춰, 친구가 약속 시각에 자주 늦으며 다른 사람들을 기다리게 만드는 이유를 ABC 모델을 활용하여 파악해볼 수도 있다. 자기 생각과 신념을 자세하게 다뤄보면 그렇게 행동하는 이유와 더불어 지금의 모습을 갖추게 된 이유까지 이해할 수 있다. 이와 동시에 주변 사람들까지도 더 잘 이해하게 된다.

지금껏 나는 다양한 사람을 만나보며 그들의 신념을 다뤄봤는데, 그들의 행동이 지극히 비논리적이었던 경우는 없었다. 다시 말해 그들의 행동은 그 이면에 숨겨진 채 이들에 영향을 미쳤던 확신과 가정만 찾으면 설명이 다 됐었다.

H도 마찬가지였다. 결혼생활 동안 형성해왔던 그녀의 신념 때문에 그렇게 행동해왔던 것이었다. 충분히 이해될뿐더러 논리적이다. 그녀는 자신의 욕구는 중요하지 않다고, 그녀는 쓸모없는 무가치한 인간이라고, 남편 없이는 살아남지 못한다고, 그녀는 혼자이며 무력한 존재일 뿐이라고 이야기 들어왔다. 이 같은 말을 믿는 한, 그녀가 한 걸음도 앞으로 나아가지 못하는 건 당연지사다. 그 자리에 머무르며 자기 자신이나 제 욕구를 전혀 개의치 않아 하는 건 아주 논리적이다. 진실이라고 믿어왔던 것을 분석해봄으로써 우리는 비로소 이를 변화시

킬 수 있고 한 발짝 전진해나갈 수 있다.

걸을 수 없다고 믿는데 어떻게 걸을 수 있겠는가?

남편 없이는 살아남을 수 없다고 믿는데 그를 어떻게 떠날 수 있겠는가?

나와 내 삶은 이러나저러나 중요하지 않다고 믿는데, 앞으로 나아갈 필요가 있겠는가?

'하지만 너도 중요해!'와 같은 반박으로 진퇴양난에 빠질 때도 많다. 이들은 우리 내면에 깊게 박혀있는 신념, '나는 중요하지 않아'와 안 맞아떨어지기에 금세 내적 저항이 일어난다. 모순된 감정이 올라온다. 뭔가 서로서로 안 맞다. 뭔가 서로서로 들어맞질 않는다. 반대 의견이 올라오지 못하게 방어하면서 이 문제를 빨리 해결해야 한다.

신념 분석만으로는 불충분하기 때문이다. 그 신념을 우리에게 유용한 새로운 신념과 가정으로 대체해야만 한다. 그래야 우리를 긍정적으로 지지해주는 신념 체계가 될 수 있다.

이를 가능케 하는 방법은 다음 장에서 좀 더 자세히 살펴보자.

2부

새롭게 생각하기

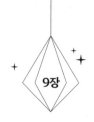

9장

남편이 아닌 다른 남자를
사랑한 죄를 지었어요

새로운 신념은 어떻게 형성되는가

D와의 첫 만남은 대면이 아니었다. 처음으로 만나기로 했던 상담일 일주일 전, 그녀는 내게 손으로 직접 쓴 장문의 편지를 보냈다. 그녀의 삶에서 아주 중요했던 사건들을 아주 상세하게 적어 보냄으로써 그 일들을 내가 미리 알게끔 했다. 그 이유를 나는 알지 못했었다. 적어도 이 편지를 읽기 전까지는….

"친애하는 카흐라만 선생님,
다음 주에 첫 번째 상담이 예약되어 있어요. 그런데 저는 선생님
이 제게 어떤 질문들을 던질지 이미 다 알고 있어요. 지금껏 여러

심리치료 선생님을 만나봤었거든요. 그렇기에 앞으로 어떤 일이 벌어질지 저는 잘 알아요. 지금껏 그 어느 치료사 선생님에게도 솔직해져본 적이 없어요. 인정해야겠네요. 실상 제 마음에 꾹 담아뒀던 이야기를 꺼내본 적이 단 한 번도 없었어요. 너무너무 부끄러웠으니까요. 두렵기도 하고요.

하지만 이번만큼은 제 두려움과 마주해보고 싶어요. 그래서 첫 상담을 하기에 앞서 우선은 편지로 모든 걸 다 풀어써야겠다고, 그렇게 해서 선생님께서 다 아시도록 해야겠다고 생각했어요. 흔히 있는 일이 아니란 것, 저도 알아요. 선생님께서 이 편지를 읽으실지도 저는 확신할 수 없어요. 그렇지만 이보다 더 좋은 방법은 생각나질 않네요. 다음 주에 선생님과 마주 앉으면 실상 제가 이야기하고 싶었던 것에 관해선 입도 뻥끗 못 할 거니까요. 그러니 이 기나긴 편지를 이해해주세요. 편지를 읽으시는 게 너무 번거롭고 선생님의 시간을 너무 많이 소비하게 만든다면 안 하셔도 돼요. 저는 정말로 선생님을 불편하게 해드리고 싶지는 않아요.

이제 본론을 이야기할게요. 저는 예순일곱이에요. 아주 오랫동안 가정주부이자 엄마로 살아왔었기에 그 전에 제가 뭘 했었는지는 잘 기억나지도 않네요. 제가 그저 억눌러버렸던 것도 있고요. 제게는 아주 멋진 아이가 셋이 있어요. 지금은 모두 성인이 되었고 독립도 했고요. 저보다 더 자립적일 거예요. 문제는 저예요. 저는

(심리치료사이신 선생님도 그렇게 말씀하시겠지만) 제 남편에게 의존적인 사람이에요. 남편은 제게 그렇게 친절하게 대해주지 않았어요. 그래서 아이들은 저를 아주 많이 걱정했죠. 하지만 저는 그 사람을 이해할 수 있어요. 저도 늘 좋은 아내는 아니었으니까요. 옳지 않은 짓도 했고 그를 기만하기까지 했어요.

젊었을 때 너무너무 멋진 남자를 한 명 만났어요. 저는 이미 결혼도 했었는데 말이죠. 그는 여행 중이었어요. 하지만 저는 그가 제 운명적인 사랑이라는 걸 직감했어요. 제가 꿈꿔왔던 남자, 그 자체였어요. 심지어 그 이상이었죠. 그런 남자가 실제로 존재할 거라고는 전혀 생각지도 못했어요. 저희는 잠깐 만났어요. 그런 다음, 그는 다시금 제 삶에서 사라졌죠. 하지만 제게 작별 선물을 하나 남기고 갔어요. 저는 그렇게 부르고 싶어요. 제가 임신을 했거든요. 그렇게 제 첫 아이가 태어났어요, 그 사람 없이요. 그는 제가 임신한 걸 몰랐어요. 그 이후에 그를 다시 만난 적도 없었고 연락도 하지 않았어요. 연락할 방법도 몰랐었고요. 그땐 지금처럼 핸드폰이나 인터넷이 일반화되어 있지 않았었거든요. 만나기로 약속한 적이 한 번 있었지만, 저는 나가질 못했어요. 제 남편이 알아버렸거든요. 그는 저를 가둬버렸어요. 그 이후부터는 그를 찾아낼 어떤 기회도 얻지 못했어요. 그렇다 한들 어디서부터 어떻게 찾아야 할지도 몰랐을 거고요. 지금은 그가 어디에서 무엇을 하는지 저도 몰라요.

그래도 제게는 그의 아들이 있잖아요. 그가 제게 줄 수 있었던 가장 아름다운 선물이에요. 아들은 저를 참 많이 닮았는데도 모든 면에서 그 위대한 사랑을 떠올리게 만들어요. 그리고 이는 제가 그 아이를 아주 사랑하는 이유 중 하나죠. 이 아이가 그 기억을 계속 지켜주니까요. 그렇기에 남편에게는 이 아이가 마치 투우사가 든 빨간 천과도 같은 거예요. 제게는 그 남자에 관한 가장 생생한 기억이고요. 물론 그저 조용히, 비밀스럽게요. 그러면 안 되는 거니까요. 저는 기혼자니까요.

불륜이었죠. 기만행위였고요. 저는 바람을 피웠고, 이 일로 남편에게 엄청난 상처를 줬어요. 그의 믿음을 악용한 거잖아요. 그런데도 남편은 제가 계속 곁에 남을 수 있게 아량을 베풀어줬어요. 그때는 지금과는 완전히 다른 시대였어요. 간통을 저질러서 임신한 여자가 좋아 보일 게 하나도 없었죠. 그래도 남편은 제 곁에 머물러줬어요. 제 아이도 함께 키워줬고요. 그 사이 다른 아이들이 생기게 됐는데, 남편은 친자식들과 이 아이를 다르게 대했어요. 이 아이는 늘 네 자식이라 불렀어요. 그렇게 이 아이와 제 배신행위를 매일같이 연결해댔죠. 지금까지도요. 사실 남편이 이 아이를 가족으로 받아들인 적은 단 한 번도 없었어요. 이 아이만 굉장히 엄격하게 대하기도 했고요. 이는 요즘에도 제 마음을 아프게 해요.

지금도 우리는 여전히 함께 살아요. 이 상황이 달라지겠냐 싶어요. 그는 매일매일 제 영혼 곳곳에 깊은 상처를 남겨요. 정확하게 어디가 아픈 건지도 모르겠어요. 온몸이 다 아파요. 저는 대개 심리적인 이유에서 유발되는 만성질환을 앓고 있어요. 그간 깨닫게 된 사실이죠. 아이들은 제게 매일같이 말해요, 남편이랑 거리를 두라고요. 혼자만의 시간을 좀 가져보라고요. 남편이 며칠 여행을 떠나거나 휴가라도 가면, 제 상태가 확연히 좋아지거든요. 늘 그래요. 기분은 좋아지고 고통은 줄어들죠. 저 자신을 좀 더 잘 돌보게 되고, 심지어 먹어야 할 약도 줄어들어요.

제 결혼생활에서 풀어야 할 문제가 많다는 거, 저도 잘 알아요. 하지만 이에 관해 이야기하는 것, 그 자체가 제게는 말로 표현하기도 힘들 만큼 아주 곤란한 일이에요. 이 이야기를 듣는 사람들이 저를 어떻게 생각할지 불 보듯 뻔하기 때문이죠. 저에 관해 이러쿵저러쿵 이야기하며 그런 남자 곁에 계속 남아있는 제가 미친 여자라고 하겠죠. 언제든 떠날 수 있는데 이러고 있는 이유가 뭘까 궁금하실 거예요. 언제든 떠날 수 있다는 것, 저도 잘 알아요. 더는 예전 같지 않죠. 아이들은 다 컸고 저를 당장이라도 도와줄 거예요. 그런데 저는 아이들에게 그러기 싫어요. 아이들에게 부담 주고 싶지 않아요. 더는 다른 사람들에게 짐이 되기는 싫어요. 저는 평생토록 다른 사람들의 짐짝이었어요. 그걸 선생님도 아실 필요가 있어요. 제가 그를 속였는데도 그는 예전이나 지금이나 저, 이 짐 덩어리를 짊어지고 있어요. 저는 그를 이해할 수 있어요. 그리고 이 짐 덩어리를 아이들에게만큼은 짊어지게 하고 싶지 않아요.

제게 도움이 필요하다는 것 역시 잘 알고 있어요. 이 고통을 참아 내는 게 점점 더 힘들어지더라고요. 제 일상은 점점 더 엉망이 되어 가고 있고요. 모든 게 너무너무 고통스러워요. 모든 게 너무 힘겨워요.

제가 이 고통과 이 감정을 잘 다뤄내도록 도와줄 사람이 필요해요. 아주 솔직히 말하자면, 저는 해결책이 뭔지도 이미 다 알고 있어요. 제 남편을 떠나는 거겠죠. 그리고 제 두 발로 스스로 일어설 수 있게 저 자신을 다시금 정비해 나가야겠죠. 하지만 그럴 힘이 없어요. 제가 그럴 수 있을 거라고도 생각지 않고요. 이게 선생님께서 제게 주실 해결책이라면, 미리 말씀드릴게요. 그 방법은 제가 못 받아들일 거예요. 하지만 선생님께서 제가 이 상황을 좀 더 잘 극복해낼 수 있게, 이 고통을 조금이라도 덜 수 있게 도와주신다면 정말로 감사하겠습니다.

이렇게 긴 편지를 써서 다시 한번 죄송합니다. 제 남편이 저를 어떻게 대하는지, 이걸 여태껏 제가 어떻게 참아왔는지를 선생님께 이야기해드리는 게 그냥 부끄러워요. 선생님께서는 저를 완전히 미친 여자로 보지 않으셨으면 좋겠어요. 그렇게 여기시더라도 이해할 수 있어요. 다음 주에 뵐게요."

나는 그 편지를 바라봤다. 한참을 그냥 그렇게 앉아 그녀가 했던 말들을 곱씹어보았다.

옛날 편지지. 손으로 직접 쓴 편지. 기술과는 거리가 먼 인물이야. 컴퓨터를 못 쓰나? 추적당할까 싶은 두려움? 꽤 오랫동안 쥐고 있었던 봉투야. 한동안 가방에 계속 넣어둔 듯하군. 편지를 보내려고 우체통으로 바로 달려간 건 아니었어. 정말로 이래도 되나 한참을 고민했던 것 같아. 아주 미숙한 글씨체. 글을 자주 안 써본 듯해. 꾹 꾹 눌러쓰지도 않고, 아주 소심하게 작성했어. 어떤 단어건 매 순간 다시금 지워버리고 싶었다는 듯이. 불안함. 두려움. 하지만 그 무엇보다, 수치심.

며칠이 지난 뒤, D가 정말로 내 눈앞에 나타났다. D는 그녀의 글씨체와 똑 닮았었다. 불안하고, 다소 미숙하고, 아이 같고, 소심하고. 최대한 적게 자리를 차지하며 소파에 앉았다. 매우 왜소했는데도, 제 모습보다 더 작게 보이려고 애썼다. 투명인간이라도 되고 싶은 듯했다. 치료실 바닥에 구멍이 뻥 뚫리면서 그곳으로 곧장 사라지려 하는 그녀의 모습이 그려졌다.

✛ 스스로를 감옥에 가둔 사람 ✛

"이 엄청난 수치심을 유발하는 게 정확하게 뭘까요? 정확하게 뭣 때문에 그렇게 부끄러워하시나요?" 나는 궁금했다.

"제가 하는 짓이 너무 멍청하잖아요. 그럴 필요가 없는데도 남편 곁에 계속 남아 있고, 그럴 필요가 없는데도 매일매일 그토록 많은 경멸과 무시를 겪고 있죠. 저를 분명 미쳤다고 생각하실 거예요." 그러는 동안 그녀는 단 한 번도 내 눈을 쳐다보지 않았다.

"저는 D 씨를 미쳤다고 생각하지 않아요. 그저 이해하고 싶을 뿐이에요." 내가 대답했다.

"제가 남편 곁에 계속 머무르는 이유가요?" 그녀가 조용히 질문했다.

"아니요. 남편 곁에 계속 머무르는 게 그토록 부끄러운 이유요."

그녀는 이마를 찌푸렸다. "그런 결혼생활을 유지한다는 것 자체가 멍청한 짓이잖아요." 그녀는 거의 질문하다시피 대답했다.

흠, 적어도 지금은 그렇게 믿고 있다.

"그렇게 말한 사람이 있었나요?" 내가 물어보았다.

"모르겠어요. 흠, 저 스스로요." 그녀는 멈칫멈칫 대답했다.

"그런 결혼생활이 왜 멍청하다고 생각하시나요?" 나는 궁금했다.

"사실 저는 남편을 떠나버릴 수도 있고, 그런 짓들을 꼭 겪어내야 할 필요도 없으니까요. 자발적으로 감옥에 들어간 거나 마찬가지죠."

이제 그녀는 꽤 확신에 찬 듯했다.

감옥이라고? 나는 생각했다.

"D 씨가 스스로 감옥에 가야 할 이유는 뭔데요?" 나는 천진난만하게 질문했다.

"흠, 자백할 수 있는 거잖아요, 아닌가요?" 그녀는 다시금 불안해했다.

"자백? 그런 걸 왜 해야 하죠?" 나는 순진한 말투로 계속 질문했다.

"흠, 죄가 있다면요. 그렇다면 그에 합당한 벌을 받아야죠. 그렇게 생각하지 않으세요?"

D는 거의 모든 대답 뒤에 질문을 덧붙임으로써 그녀가 나와 대립하지 않는다는 사실을 확실히 해뒀다. 그녀는 나에게 저항하지 않으려 했다. 나와 같은 견해를 유지하면서 조화로움을 지켜나가길 바랐다. D와 그녀 남편이 서로 어떻게 의사소통하고 있을지 심히 짐작됐다. 조심스럽게, 소심하게, 재차 확인하면서. 선을 너무 넘지도 않고. 차라리 입을 다물어버리고. 모든 걸 질문 형태로 말하고. 빠져나갈 구멍도 만들어놓고. 그러면 언제든 원할 때 방향을 다시금 틀어버릴 수 있으니까. 그리고 복종하며 말이다.

"죄를 지었으면 벌을 받는다." 나는 그녀의 말을 반복했다. "죄를 지은 사람은 벌을 받아야 한다는 거죠?"

"네, 그렇죠. 저는 그렇게 생각해요."

"D 씨는 죄를 지었나요?" 이번엔 좀 더 도발적으로 질문했다. 더는 천진난만하지 않게.

그녀는 머뭇거렸다. 바닥을 바라봤다. 혹 사라져버릴 수 있을 구멍이 바닥에 나 있지는 않나 찾아보는 듯했다. 하지만 구멍은 생기지 않았다.

"네, 아시잖아요. 제가 편지에 썼었잖아요."

"정확하게 뭘 말씀하시는 걸까요?" 내가 물어보았다. 그녀가 무슨 말을 하는지 알고는 있었지만, 이를 직접 어떻게 표현하는지를 나는 알고 싶었던 거다. 그래야 이 역시 괜찮다는 걸 그녀가 경험해볼 수 있다.

"불륜." 그러면서 그녀는 몸을 움츠렸다. 그녀의 표정이 살짝 일그러졌다. 지금 막 고통이 올라온다는 듯이….

이 말을 내뱉는 게 고통스러운 이유는 뭘까? 이를 그녀 스스로 너무 수치스러워하기 때문일까, 아니면 그곳에 더는 없는 그 남자에 관한 기억이 너무 고통스러워서일까. 나는 궁금했다.

"네, 저도 기억해요. D 씨가 만났던, 그 환상적인 남자. D 씨 인생에서의 사랑. 그에 관해 이야기해주실래요?" 나는 궁금한 표정으로 친절하게 질문했다.

그녀는 놀란 듯했다. 체벌이나 경멸 같은 걸 기대했는데 관심을 받았으니까. 그런 건 기대하지 못한 듯했다.

당연히 모르지. 어디서 접해봤겠어?

"전 잘 모르겠어요. 선생님이 그 이야길 듣고 싶으시다면… 그에
관해 무엇이 궁금하신 거죠? 그일 이후론 그와 만난 적이 단 한 번도
없었어요. 그 사람과의 만남은 진짜, 아주 잠깐이었다고요." 그녀는 다
시금 불안해했다. "사실 이야기할 게 별로 없어요. 일이 그렇게 된 거
고, 실수였어요. 하지만 후회는 안 해요. 멋진 아들이 생겼으니까요. 그
리고 흠, 저도 모르겠어요. 그 실수는 후회해도 아들은 후회하지 않아
요." 그녀는 혼란스러운 듯했다.

"그 남자는 어땠나요? 어떤 면에 D 씨가 그토록 끌렸던 걸까요?"
나는 질문을 던졌다. 후회에 관한 그녀의 변론들은 의도적으로 무시해
버렸다.

한때 그녀는 정말로 아름다운 여성이었을 것이다. 지금의 얼굴
만 봐도 알 듯했다. 그녀는 여전히 아름다웠다. 하지만 그녀는 자신의
아름다움을 더는 드러내지 않았다. 그녀의 고통, 그녀의 부끄러움, 그
녀의 잘못만 드러냈다.

"그 사람은 정말 멋졌어요." 그녀는 제게 있는 용기를 모두 다 끌
어 모으기라도 하는 듯 숨을 깊게 들이마셨다. 그녀는 '첫눈에 자신의
마음을 홀라당 빼앗아간' 그 남자에 관해 이야기했다. 그녀는 계속해

서 그 남자를, 그와 함께 보낸 시간을 떠올린다고 고백했다. 그녀는 그 남자를 몰래 생각했고, 어느 날 그가 불쑥 나타나 자신을 이 결혼생활에서 꺼내주길 바랐다.

"아직도 그 사람을 기다리나요?" 내가 물어보았다.

"네, 가끔은요. 말도 안 되는 소리라는 거 알아요. 하지만 그가 불쑥 제 앞에 나타나 저를 데려가는 모습을 가끔 상상해봐요." 그녀는 아주 살짝 미소 지었다. 하지만 금세 고통스러운 듯이 얼굴을 찌푸렸다.

"뭐가 그렇게 고통스러운가요?" 내가 물어보았다.

"참 잘못된 거잖아요. 사실 저는 이 모든 걸 후회하고 있어야만 해요. 그런데 솔직히 저는 후회하지 않아요. 정말로 후회하지 않아요. 제 남편이 저를 이렇게 대하는 이유를 저는 이해할 수 있어요. 제가 그 일을 단 한 번도 진심으로 후회한 적이 없다는 걸 남편이 알았다면… 세상에나. 저는 정말 나쁜 사람이네요." 그녀는 울기 시작했다. 그냥 울기만 한 게 아니었다. 완전히 무너져버렸다. 이 모든 고통이 마구 흘러내리는 눈물의 형태로 다 드러났다.

"정말로 그렇게 생각하세요? 자신이 매우 나쁜 사람이라고?" 내가 물어보았다.

"네, 아주 확실해요. 그런 짓을 누가 또 하겠어요."

"'나쁜 사람'은 어떤 짓을 해야 하는데요?" 내가 물어보았다.

"벌 받을 짓." 이번에는 그녀의 목소리가 아주 단호했다.

"D 씨는 벌을 받고 있나요?"

"네, 매일매일 조금씩요. 남편을 통해서, 제 통증 장애를 통해서. 제 삶을 통해서."

"스스로 들어간 감옥처럼 말이죠." 나는 앞서 그녀가 말했던 걸 반복했다.

"네…." 그녀는 다시금 바닥을 내려다봤다.

"자수를 하신 거군요. 그리고 이제 그 벌을 받는 중이고요. 얼마나 계속될까요?"

"저도 몰라요. 영원히 그럴 지도요. 사실 저는 그 일을 그렇게 후회하고 있지 않으니까요. 저는 알아요, 시간을 되돌린다 해도 그렇게 똑같이 행동할 거라는 걸요." 그녀는 수치스러워하며 말했다.

"그런데 그 가운데 다르게 해보고 싶으신 건 뭔가요?"

"무슨 뜻이죠?" 그녀는 내 말을 이해하지 못하겠다는 듯이 질문했다.

"만약 가능하다면, 자신의 이야기 중에서 무엇을 바꾸고 싶으신가요?" 나는 덧붙여 설명했다.

그녀는 긴장했고 불안해했다. 그녀는 머뭇거렸지만, 대답은 이미 알고 있었다. 그녀는 내가 확인하고 싶은 게 무엇인지 알고 있었다. 이를 입 밖으로 내뱉는 게 두려웠을 뿐이다.

말해도 괜찮다는 걸 알려주고자 나는 고개를 아주 살짝 끄덕였다.

"남편에게 되돌아가지는 않을 거예요. 배 속의 아이와 다른 곳에서 새로운 삶을 시작했을 거예요. 그 남자를 찾아서는 아이의 존재에 관해 이야기할 거예요. 방방곡곡으로 그를 찾아다닐 거예요."

그녀는 여전히 경직되어 있었다. 안 울려고 안간힘을 썼지만, 눈물은 계속 흘렀다.

"감옥은 우리가 우리 자신을 대하는 것만큼 그렇게 엄격하지 않아요. D 씨가 저만의 감옥 속에서 평생 생활하는 것보다 실제 감옥에서 한동안 머무르며 D 씨의 '잘못'을 씻어 없앨 수 있다면, 저는 그게 더 좋을 것 같아요. 자기 자신에게 왜 그토록 엄격하신 거죠?"

"저는 나쁜 사람이니까요. 그런 짓을 벌였으니까요."

"D 씨는 어째서 나쁜 사람인 거죠?" 내가 물어보았다.

"제가 후회하지 않는 불륜 행위."

"지금 본인 자신에게 가하는 행위가 그 '범행'에 대한 정당한 체벌일까요?"

"잘 모르겠어요. 그런 것 같아요."

"D 씨의 따님이 엄청나게 멋진 남자를 알게 됐고, 그 남자와 불륜을 저질렀으며, 그 남자의 아기까지 가졌어요. 그런데 남편과의 결혼생활도 계속해서 유지해요. 따님은 학대받는 결혼생활을 끝까지 지키며 고통받아야 할까요? 따님이 매일같이 경멸과 멸시를 받는 건 당연한 걸까요? 따님의 삶을 송두리째 뺏어갈 감옥생활도 당연한 걸까요? 적절하지 못한 관계로 생긴 아이는 양아버지의 끔찍한 행동들을 모두 참아내야만 하는 건가요?"

"아뇨, 당연히 아니죠." 그녀는 심히 당황해했다.

너무 직면시켰나? 자기 자신의 책임과 너무 많이 직면시킨 걸까? 잘못했나? 내가 너무 빨랐나?

결정을 내리기 전 잠시 생각할 필요는 있었지만, 나는 계속해나가기로 했다.

그녀는 매일매일 학대받았다. 그녀는 우리 대부분이 평생에 걸쳐 참아냈던 것보다 훨씬 더 많은 걸 단 하루에 걸쳐 겪어냈고 견뎠다. 그녀는 이 직면을 감당할 수 있다.

"왜 두 가지 척도로 달리 판단하시나요? D 씨는 왜 그런 벌을 받아야 하는데요?" 내가 질문해보았다.

"모르겠어요. 미친 소리라는 거 저도 알아요." 그녀는 재차 몸을 움츠렸다.

"그때 그 남자. 그 사람은 D 씨를 사랑했나요?" 내가 물어보았다.

그녀가 다시 고개를 들고 대답했다. "네. 아주 확실해요." 그렇게 단호한 모습은 거의 보지 못했었다.

"그는 D 씨에게 어떤 조언을 했을까요?"

이 질문을 던졌던 이유는, D가 자기 자신을 애정 어린 눈빛으로 바라보지 못하기 때문이었다. 그녀는 자신의 행동을 경멸했다. 단 한 번도 후회해본 적 없었던 그 행동을 그녀는 엄청나게 경멸하고 있었다. 자기 멸시가 엄청났기에 자기 자신을 아주 소중하게 다뤄줄 수가 없었다. 나는 그녀가 그녀를 사랑했던 게 분명하다고 확신할 수 있는, 그런 사람의 관점으로 자기 자신을 바라볼 수 있길 바랐다. 그리고 그런 사람은 바로 그 남자였다. 그녀의 남편은 그녀를 경멸했고, 그녀는 그의 관점을 감사하게 받아들였다. 그녀는 남편의 관점에 자기 자신을 맞췄다. 남편이 내뱉었던 모든 말을 그녀는 자신이 당연하게 받아들여야 할 벌로 생각했다. 그녀에겐 이 체벌이 필요했기에, 이 체벌의 끝은 생각지도 않았었다.

나는 나쁜 사람이고 벌을 받아야만 한다.
나는 좋은 대우를 받을 자격이 없다.
이 결혼생활로 그녀는 자기 자신에게 벌을 주었다.
그녀의 삶으로 그녀는 자기 자신을 아프게 했다.
고통.

사람들은 자기 자신을 굉장히 비판적으로 바라보며, 이에 따라 자기 자신에게 엄격하게 벌을 내리는 경향이 많다. 사람들은 자신만의 비평가, 판사, 그리고 학대 가해자가 된다. D는 자기 자신에게 엄격했지만, 아주 공정한 판사는 아니었다. 그녀는 자기 자신에게 믿을 수 없으리만큼 엄격했고, 다른 그 누구보다 혹독하게 자기 자신을 법정 앞에 불러세웠다. 그녀는 이런 처벌은 그 누구에게도 내리지 않았을 것이고 바라지도 않았을 것이다. 하지만 자기 자신에게는 한순간 정당방위가 됐다. 도대체 왜 그런 걸까?

이 엄격함과 혹독함은 실상 어디에서부터 비롯된 것일까? 하루아침에 자기 자신을 그토록 경멸하면서 자기 자신에게 벌을 주지는 않는다. 이건 하나의 과정이었고, 서서히 진행되었다.

✦ 잘못 태어난 쓸모없는 아이 ✦

D는 어렸을 때부터 자신의 감정을 억누르는 법을 배워왔었다. 감정은 (특히 그녀의 아빠가) 바라왔던 게 아니었기 때문이었다. D가 태어나기도 전에 그녀의 오빠는 어린 나이로 갑작스레 세상을 떠났다. 오빠를 땅에 묻은 지 얼마 지나지 않아 D가 태어났고, 그녀는 너무도 크고 너무도 칠흑같이 어두웠던 구멍을 메꿔내야 했다.

"아버지는 저를 결단코 용서하지 않았어요." 오빠의 죽음을 가리키며 그녀가 말했다.

"무슨 뜻이죠?" 내가 물어보았다.

"아버지의 첫 번째이자 유일했던 아들이 죽었어요. 그리고 얼마 후 제가 이 세상에 태어났고요. 저는 오빠를 대신해야만 했어요. 남자

아이여야 했던 거죠. 부모님에게 아들의 모습이어야 했던 거죠. 하지만 저는 하나부터 열까지 다 달랐어요. 작았고, 말랐고, 약했고, 무력했죠. 잘못된 시기에 잘못된 성별로 이 세상에 태어난 쓸모없는 아이." 그녀는 조용한 목소리로 설명했다.

내 속 어딘가가 아파져왔다. 내 숨을 턱 막히게 만드는 한 방처럼 고통이 깊게 파고들었다.

사람들은 환자들의 이야기를 들으면 내 안에서도 뭔가 올라올 때가 있냐고 내게 물어본다. 그럴 때마다 나는 지금의 이런 순간들을 머릿속에 떠올려본다. 자기 자신과 제 삶에 관한 이토록 많은 암울한 가정을 내포하고 있는 한 문장을 말이다.

잘못된 시기에 잘못된 성별로 이 세상에 태어난 쓸모없는 아이.

그 이면에는 고통스러운 것들이 아주 많이 숨겨져 있다.

나는 무력해. 나는 잘못됐어. 나는 사랑받을 가치가 없어. 나는 충분치 않아. 지금의 내 모습으로는 이 세상에 존재하면 안 되는 거야. 존재할 이유raison d'être가 없어. 나는 혼자야. 여자애들은 약해. 여자애들은 틀렸어. 잘못된 성별이야.

자기 자신과 제 삶에 관해 이렇게 생각하고 있다면, 하루라도 마음 편하게 살아갈 수 있겠는가? 그렇기에 아주 어린 나이의 D가 자기 자신에 관해 이토록 파괴적인 가정들을 만들어냈던 건 그리 놀라운 일이 아니다.

"그냥 사라져버렸으면 좋겠다고 자주 바랐어요. 다른 사람들 눈에 절대로 띄고 싶지 않았어요. 늘 조용했고 순종적이었죠. 부모님께 반항해본 적도 없어요. 그냥 최대한 눈에 안 띄고 싶었어요. 어떤 문젯거리도 되고 싶지 않았어요. 그래야만 부모님이 제게 더는 실망하지 않으니까요." 그녀가 설명했다.

내 존재 자체가 실망이야.

아들의 죽음에 대한 책임과 딸의 출생에 관한 실망은 D가 태어나던 날, 그녀에게 고스란히 안겨졌다. D의 아버지는 아들의 죽음에 관해 본인이 느끼던 죄책감을 이제 막 세상에 태어난 딸에게 투영해버렸다. 분명 악의적인 건 아니었으며, 자기 자신도 의식하지 못했을 것이다. 아마도 너무 고통스러워 그랬을 것이다.

아들이 죽었어. 이런 일이 내게 왜 일어난 거지? 내가 어떻게 계속 살아갈 수 있지? 아들을 대신할 게 뭐가 있겠어? 내가 뭘 했었어야만 했던 걸까? 아이의 죽음을 막을 수는 없었을까? 이 공허함을 채워줄, 이 고통을 덜어줄 그 무언가가 내게 필요해.

그리고 이때 한 아이가 태어났다.

통제 소재locus of control(행동 및 감정의 책임 요인에 관한 개개인의 믿음, 본인에게 주어진 환경을 스스로 얼마나 통제할 수 있느냐에 관한 믿음 − 옮긴이)에 관해 한번 생각해보자. 내 삶의 사건을 통제하는 건 누구라고, 어디라고 믿고 있는가? D의 아버지는 그 통제권이 외부에 있다고 믿었고, 그렇기에 그 책임도 외부로 돌렸다. 아들의 죽음을 대신할 그 무언가를 보내줬던 신에게 책임을 돌렸고, 그 신이 그에게 딸을 보내준 것이었다. D의 아버지는 자신이 느꼈던 이 고통에 대한 책임을 딸에게 무의식적으로 전가했다. D가 아들의 죽음이나 자신의 고통을 대신하여 뭔가를 할 수 있었기 때문이 아니었다. 아들이 죽었을 때 그녀는 이 세상에 있지도 않았다. 오히려 D가 자신에게서 그 어떤 고통도 덜어줄 수 없었기 때문이었다. D의 아버지는 아들의 죽음과 제 고통을 덜어줄 대안이 필요했다. 그리고 실망했다.

D에게 중요한 건 딱 하나, 그때 그녀가 문제였던 게 아니었음을 이해하는 것이었다. 그녀가 잘못한 적은 단 한 번도 없었으며, 그녀가 잘못된 시기에 잘못 태어난 것도 아니라는 걸 이해해야 했다. 그녀는 자신이 태어나기도 전에 일어났던 일에 관해 엄청나게 힘겨운 부담과 책임을 떠안고 있었다. 그녀의 것도 아닐뿐더러 실상 그녀가 받지 않아도 됐을 죄책감과 고통을 떠넘겨 받아야만 했다. 그녀에겐 그럴 권리가 있었다. 여느 아이건 보호받을 권리가 있다. 하지만 그녀의 아버지는 아들의 죽음에 대한 책임을 딸에게 전가함으로써 그 권리마저 빼

앗아버렸다.

　나는 자기 책임에 관해서는 기꺼이 내 목소리를 높이고 싶다. 자기 책임을 통해 이런 유형의 건강하지 못한 역동이 끊어질 수 있기 때문이다. D의 아버지가 자신의 고통을 스스로 책임졌다면, 게다가 그 고통을 줄이고자 자기 책임을 다했다면, 이로 인해 자신의 딸을 함부로 대할 일은 없었을 것이다. 이에 대한 도움도 당연히 청해볼 수 있었다. 그 누구도 고통을 홀로 감당해야만 할 필요는 없다. 하지만 그 누구보다 아이들을 돌봐야 할 책임이 있는 부모가 아이에게 제 고통을 전가해서는 안 된다. 학대의 순환고리는 바로 이때 시작된다. 아이들이나 손주들이 이러한 역학 관계를 깨닫고 이 순환고리를 끊어버리지 않는 한, 이 악순환은 그렇게 빨리 끝나버리지 않는다. 이를 D가 마침내 해냈다.

　자기 자신에 관한 파괴적인 가정 때문에 D는 학대받는 결혼생활을 계속 이어갔었다. 결혼 전에도 그녀는 안정적인 애착 관계는 제게 허용되지 않을 거라고, 자신은 사랑받을 가치가 없는 존재라고, 기본적으로 실망 그 자체인 존재라고 믿어왔었다. 그녀의 남편은 정서적 학대를 통해 이러한 가정을 확증해줬다. 딱 **맞아떨어진다.**

　그런데 이때 다른 남자, 그 여행객이자 D 인생에서의 사랑이 등장한 것이다. D의 유년기 시절 이야기를 듣고 난 다음, 나는 그녀가 이 남자를 통해 적어도 한 번은 그녀의 삶에서 긍정적인 애착 관계를 경험해봤다는 사실에 굉장히 기뻤다. 물론 그녀는 자신이 이 일로 남편을 기만했고, 사람들로부터 비난받아 마땅하다고 생각할 것이다. 그런데 나는 도덕군자가 아니다. 그녀가 한 행동이나 결정에 관해서는 그 어떠한 판단도 내리지 않는다. 치료적 관점에서는 이 남자와의 경험이 엄청나게 중요하다. 그녀는 남자와의 첫 번째 애착 관계를 아버지를 통해 경험했다. 이 관계는 불안정했고 정서적인 학대가 만무했다. 그 이후, 그녀는 결혼할 때까지 다른 남자들과 긍정적인 애착 관계를 형성해본 적이 없었다. 남편과의 결혼생활 역시 그녀의 불안정한 애착 관계 경험들을 수정해주지 못했다. 오히려 그 반대였다. 이러한 불안정한 애착 관계 경험들은 그녀의 남편을 통해 계속해서 확증될 뿐이었다. 그녀에게 긍정적인 애착 관계 및 인간관계를 경험케 해주면서 이를 수정해줬던 첫 번째 남자가 바로 이 여행객이었다. 그녀 인생에서의 사랑. 하지만 정작 그녀 자신은 그런 사랑을 얻을 자격이 근본적으로 없다고 확신했었다. 그녀는 사랑받을 가치가 없는 존재니까. 그녀가 실망 그 자체였으니까. 짐짝. 유죄. 나쁜 사람. 그렇게 그녀는 믿고 있었다.

이 점이 정말 흥미로운 거다. 이처럼 아름다운 경험을 할 수 있음에도 우리가 이를 어떻게 평가하는가에 따라 어떤 신념이 장기간에 걸쳐 형성되고 확증될지가 결정된다. D는 그녀의 가정을 수정하는 데에 그녀의 긍정적인 사랑 경험을 활용하지 않았다. 이 경험으로 '나는 사랑받을 가치가 있어!', '나는 사랑받을 만해!'와 같은 신념을 만들어내지 않았다. 오히려 그녀의 방해꾼 신념을 확신하는 데 그 아름다웠던 경험을 사용해버렸다. 내가 불륜을 저질렀기에 **나는 나쁜** 사람이다. 이 남자가 다시금 사라졌기에 **나는 사랑받을 가치가 없었다.** 나는 실**망 그 자체이기에** 내 남편은 나를 함부로 대했다.

이 말인즉슨, 살면서 긍정적인 경험을 해나가는 것만으로는 충분하지 않다. 그 경험을 적절하게 판단할 수도 있어야 한다. 단 하루 동안에도 우리는 긍정적인 생각과 가정을 만들어내고 서로서로 축적되면서 긍정적인 신념을 형성케 하는 긍정적인 경험을 수백 가지 해볼수 있다. 그렇지만 우리는 기본적으로 그렇게 안 한다. 이런 경험에 주의를 기울이지 않을뿐더러 당연시한다. 그러다 한 번이라도 잘못되면, 그 상황을 예의주시하면서 실제보다 더 부정적으로 평가해버린다.

- 긍정적인 새로운 신념을 형성해내고 싶을 때, 아마도 이 질문이 첫 번째로 중요할 듯싶다. 나는 무엇에 초점을 맞추는가?
- 나는 무엇에 주의를 기울이는가?
- 일상생활 속 상황을 나는 어떻게 평가해왔는가?
- 오늘 나는 무엇에 감사하는가?
- 오늘 나를 특히 기쁘게 했던 것은 무엇인가?
- 실상 내가 매일매일 기뻐할 수 있었던 것들 가운데 당연하게 받아들인 것은 무엇인가?

새로운 신념을 형성하는 데 또 다른 중요한 질문은 자기 자신에게 얼마나 부드러운가, 혹은 얼마나 엄격한가이다. 실제로 나는 심리치료를 하는 동안 자기 자신을 아주 공감적으로 대하는 사람들을 거의 만나보질 못했었다. 현장에서 만난 환자 대부분이 기본적으로 자기 자신에게 엄격했고 비판적이었다. 보통 그렇게 배워왔고 지금도 그렇게 믿고 있기 때문이다. 그렇기에 이러한 사람들을 그저 정반대 방향으로 이끌고자 애쓰는 건 별로 도움이 되질 않는다. "당신은 사랑받을 가치가 있어! 이 말을 스스로 해봐, 그럼 될 거야!" 같은 말은 효과가 없다. 나는 사랑받을 가치가 없다는 확신을 아주 강하게 내면화한 사람이 거울 앞에서 '나는 사랑받을 가치가 충분해'란 말을 아무리 읊어댄들 뭐가 달라지겠는가. 이 말을 어떻게 믿을 수 있겠는가.

장기적으로 봤을 때 우리는 메타 수준의 이성적인 관점에서 우리 목표에 더 잘 도달할 수 있다. 앞 장에서처럼 우리 자신을 관찰하고, 우리의 생각을 들여다보며, 우리의 생각과 그 이면에 깔린 가정을 분석하고 성찰하며, 이들의 사실 여부를 점검해보자. 그렇게 하면 우리의 오래된 방해꾼 신념을 깨뜨릴 수 있을뿐더러 장기적으로는 변화시켜나갈 수도 있다. 그것도 최대한 많이, 최대한 좋게 말이다.

그런데 우리에게 유익한 신념을 새롭게 만들어내려면 또 다른 전략이 필요하다. 일상생활 속에서 자기 자신을 계속 관찰하며 자신의 생각을 분석해나가보자.

- 나는 왜 그렇게 생각하는가?

- 나는 나 자신에 관해 왜 그렇게 생각하는가?

더불어 '자기 공감'이란 목적을 갖고 해보자.

- 이 생각은 지금 얼마나 공감적인가?
- 나는 나 자신에게 얼마나 공감하는가?
- 나는 나 자신을 어떻게 대하는가?
- 나는 나 자신을 얼마나 잘 돌보는가?
- 나는 내 욕구들을 어떻게 다루는가?
- 나는 지금 왜 이토록 나 자신에게 엄격한가?

관점을 바꿔보는 게 도움이 될 것이다. 당신의 친한 친구가 비슷한 상황에 놓였다면 어떤 조언을 해주고 싶은가?

- 나의 딸 혹은 아들이 자신은 중요하지 않은 존재라고 믿으며 자신의 욕구는 계속 뒷전에 둔다면, 나는 어떤 조언을 해주고 싶은가?
- 이러한 (내 삶의) 행동을 다룬 영화를 본다면, 나는 그 주인공을 위해 무엇을 바라겠는가?
- 나 자신을 다른 사람들과는 다르게 대하는 이유가 무엇인가? 나 자신보다 다른 사람들과 더 잘 지내는 이유는 무엇인가?

우리의 관점을 의도적으로 바꾸면, 자기 자신뿐만 아니라 자기 '문제'와도 정서적 거리를 둘 수 있다.

거리를 두면 문제에 대한 해결책을 좀 더 명확하게 바라볼 수 있다. 우리는 보통 자기 자신보다 (특히 사랑했었던) 다른 사람을 더 공감적으로, 더 부드럽게 대하기 때문이다. 한 예로, D는 사랑을 경험했었던 그 남자의 관점으로 그녀 자신을 바라보고, 그럼으로써 그녀 자신을 좀 더 공감적으로 대하는 게 아주 큰 도움이 됐다. 사랑하는 눈빛으로 자신의 상황을 바라볼 수 있었기 때문이다. D는 자신의 지각 필터를 바꾸었다. 원래의 필터로 바라보았다면 '너는 나쁜 사람이야'라는 신념이었을 것이다. 신념은 우리의 지각을 걸러내는 필터처럼 기능한다. 자기는 좋지 않은 사람이라고, 그렇기에 벌까지 받아야 한다고 스스로 생각하고 있으면 자기 자신에게 공감할 수 없다. 그러면 모순인 거다. 서로 부합하지 않는다.

그런데 자신을 특히나 공감적인 태도로 대하는 어떤 다른 사람의 안경을 통해 자기 자신을 바라보는 전략을 활용하면, 자기 자신을 (아마도 생애 처음으로) 사랑스럽게 바라볼 수 있다.

자기 자신을 사랑스럽게 바라보는 것, 이는 연습 문제다. 부모님 등 가장 처음으로 마주했던 주요 애착 인물이 자신을 애정 어린 눈빛으로 바라봐주는 행운이 없었다면 직접 학습해나가야 한다. 사랑받을 가치가 있음을 그들이 우리에게 가르쳐주지 않았는데, 이를 우리가 어떻게 알 수 있겠는가? 그리고 그들이 우리가 실망스럽거나 무가치한 존재라고 가르쳐줬다면, 우리는 우선은 이 말을 믿는다. **우선은.** 이때부터 자기 책임이 다시금 중요해지기 때문이다. 바로 이때부터 우리는 자신에 관해 무엇을 어떻게 믿고 싶은지를 스스로 책임지게 된다. 다른 사람들이 우리가 자신을 어떤 사람이라고 믿길 바라든, 그중 무엇을 받아들이고 우리 자신에 관해 어떤 새로운 가정을 만들어나가느냐는 우리가 결정한다.

그런데 이는 우리에게 맞지 않는 역할에 대해서는 책임지지 않겠다는 의미도 된다. 우리는 자기 자신을 평가하는 판사가 되어서도 안 되고, 자기 자신을 처벌해서도 안 된다. 우리는 우리가 굉장히 공정하다고 믿고 있지만, 그저 굉장히 엄격할 뿐이다. 자기 자신을 심판하고 처벌하는 논리, 그 자체가 잘못됐다. 우리는 사람이다. 우리는 좋은, 혹은 조금 덜 좋은 결정을 내릴 뿐이다. 어떤 결정이 좋고 옳았었는지는 어느 정도 시간이 지나서야 알 수 있다. 대체로 그렇지만, 아예 안 밝혀질 수도 있다. 결과가 나쁘기에 그 결정이 좋지 않았던 것처럼 여겨질 때도 있다. 그런데 장기적으로 보자면 이게 정말로 큰 도움이 될 수 있다. 발생하는 일들 이면에 숨겨진 더 큰 의미를 예측하거나 파악하고 싶은, 그런 사안이 아니다.

삶의 의미에 관한 해답은 이미 그 질문 속에 들어있다. 바로 사는 것이다. 삶의 의미는 사는 것이고, 죽음의 의미는 죽는 것이다. 이론적으로 따지자면 그 둘 사이에 존재하는 모든 것에 의미를 부여할 수 있겠지만, 반드시 그래야만 하는 건 아니다. 그냥 그 자체로, 삶, 그렇게 평가할 수도 있는 거다. 그렇게 일이 일어났고, 그렇게 일어나도록 그냥 놔두는 거다. 어느 정도는 우리 통제권 안이지만, 어느 정도는 우리 손아귀 밖이다. 나는 이게 참 멋진 것 같다. 우리 인간이 온갖 노력을 다 기울이며 삶 전체를 통제한다고 생각해보자. 계획하거나 준비한 적도 없었는데 (어쩌면 생각조차 안 해봤었는데) 그냥 그렇게 일어나버리는 아주 멋진 경험을 우리 스스로 매일같이 막을 수도 있다. 이 즉흥적인 경험 기회를 우리 스스로 빼앗는 꼴이 된다.

그런데 우리 통제권 안에 있는 것들은 적극적으로 활용해볼 수 있다. 우리의 지각 필터에 스스로 영향을 미치면 된다. 즉 우리의 신념을 바꿔주면 된다.

- 나는 나 자신에 관해 무엇을 생각하고 싶은가?
- 나는 자 자신에 관해 무엇을 믿고 싶은가?
- 이때 나는 어떤 기분을 느끼고 싶은가?

이때 중요한 건, 새로운 현실을 눈앞에 그려보는 거다. 그러면서 힘겨웠던 상황으로 되돌아가볼 수도 있고, 'ABC 모델'을 기반으로 분석해볼 수도 있으며, 상황별로 각기 다른 결론을 도출해볼 수도 있다. 그 상황에서 '나는 사랑받을 가치가 있어!'라는 가정을 확신했다면, 나는 어떻게 행동했을까?

- 그 대신 어떤 생각을 했었을까?
- 어떤 기분을 느꼈을까?
- 이 가정은 내 삶에서 무엇을 바꿔놨는가?
- 상상 속의 새로운 현실은 어떤 느낌인가?

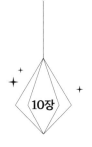

10장

제 아이를 가지고 싶어요

집합적 신념은 개인에게 어떤 영향을 주는가

✦ 부모가 되는 방법 ✦

"이곳에 왜 계신 거죠?" K가 내 맞은편 소파에 앉자, 나는 그녀에게 이렇게 질문했었다. 그녀는 무슨 말을 꺼내기도 전부터 울기 시작했다. 훌쩍임과 흐느낌을 반복하면서 그녀는 연신 미안해했지만, 진정될 때까지는 어느 정도 시간이 필요했다. 이 치료 보호 공간에서는 자신의 감정 때문에 미안해할 필요가 전혀 없다. 이는 환자들이 대부분 굉장히 빨리 알아차리는 사실이다. 이곳에는 대가를 치러야 할 그 어떤 잘못도 존재하지 않는다. 감정에는 어떠한 평가도, 어떠한 판단도 내리지 않는다. 어떤 감정이건 언제나 대환영이다. 또한 모든 감정은 저만의 중요한 메시지를 전달한다.

대략 삼십 대 중반이었던 K는 판매원으로 일하고 있었다. 확실한 관계의 배우자가 있으며 아이는 없었다. 그녀는 그간 너무도 힘들었던 듯했다. 자신의 이야기를 누군가가 아무런 조건 없이 경청해준다는 사실에 그저 고마워했다. 그녀는 바로 이걸 필요로 했었다. 내 대답을 듣고는 싶어 하는 걸까 확신이 안 들 정도였다. 적어도 처음에는 그저 그녀의 이야기를 들어주며 자신만 봐주기를 바랐다.

K는 자기가 누구이고, 어떤 사람이며, 어떻게 살고 있으며, 누구를 사랑하고 있는지 등을 이야기해주었다. 안정적인 사회적 환경, 확실한 직장, 견고하면서도 지지적인 관계의 파트너, 평범한 유소년기. 겉으로 봤을 땐 유복한 가정의 지극히 평범한 삶이었다. 어쩌면 다소 지루할 수는 있겠지만 확실한 기반을 갖춘 가정이었다.

뭐가 문제였던 거지?

"하나 빠진 게 있어요." 그녀가 말했다.

그때 나는 이미 알아챘다. **당연히 아이였다.**

"저는 아이를 가질 수 없어요. 노력이란 노력은 다 해봤어요. 산부인과, 난임 클리닉, 여러 명의 전문가, 시험관 수정, 이것저것 다. 그래도 아무 소용 없었죠. 두 번 임신하긴 했었지만, 둘 다 유산했어요. 지난 6년간 저는 엄청나게 많은 의료진을 찾아갔어요. 모두 똑같은 말만 해줄 뿐이었죠. 할 수 있는 건 다 해봤다고요. 그들도 이젠 어찌할 방도가 없다는 거죠. 마법을 부릴 수는 없는 거니까요. 인공수정을 또 한 번 시도해보는 건 극구 말리더라고요. 다른 나라에서 시도해볼 수도 있었겠지만 그건 힘들더라고요. 비싸도 너무 비싸니까요. 이 때문에 대출도 받았어요. 이 모든 게 저를 정신적으로 너무 지치게 만들어요. 저는 완전히 지쳐버렸어요. 그저 아이 한 명만 바랄 뿐이에요, 그런데 그게 안 돼요. 제 몸이 그냥 도와주질 않는 거죠. 이젠 이렇게 생각한 지경까지 이르렀어요. 그래, 그냥 안 되는 건가 봐. 너는 엄마가 돼선 안 되는 건가 봐." 그녀는 엄청나게 울었다.

난임과 불임은 제삼자가 대개 쉽게 간과해버리는, 주된 만성 스트레스 유발 요인 중 하나이다. 특히 인공수정 시도는 희망, 기대감, 두려움, 실망감, 분노 등의 감정이 마구 뒤섞여 올라오기에 심리적으로 굉장한 부담이다. 호르몬 치료도 심리 상태에 아주 큰 영향을 미친다. 이러한 시도는 신체에도 부담이 될뿐더러, 오래 지속되다 보면 만성적 스트레스를 유발할 수도 있다. 이 모든 과정을 더더욱 힘겹게 만드는 우울 증상도 빈번하게 발현한다.

이런 문제를 겪어보지 않은 제삼자들은 전혀 이해하지 못할 때가 많다. 그들은 동정("아, 아이를 가질 수 없다니 정말 안 됐어.")에서부터 무미건조한 해결책 제시("이 세상에 고아들이 얼마나 많은데 그래, 한 명 입양해!)까지 다양한 반응을 보인다. 아기를 못 가진 사람들은 이런 말을 전혀 듣고 싶지 않다. 아무런 도움이 안 된다. 실제로 이 문제는 일단 해결 불가다. 자기 아이를 갖고 싶지만, 가질 수 없다. 물론 타협책들(입양, 양 엄마, 대리모, 새엄마 등)도 있기는 있다. 그렇지만 '그저' 타협책일 뿐, 근본적인 문제에 대한 명쾌한 해결책은 아니다. 이 사실이 정확하게 인지되는 것, 그리고 이처럼 해결되지 못하는 문제로 인해 제 안에서 올라오는 감정을 인정받는 것, 당사자들에게 중요한 건 바로 이거다.

물론 K는 이 문제로 인해 화를 내도, 슬퍼해도, 혹은 실망해도 괜찮다. 이는 기본적으로 아주 가까운 사람의 죽음, 상실과 별반 다르지 않다. 단지 이 아이는 이 세상에 아직 존재하지 않으며 앞으로도 계속 존재하지 않을 뿐이다. 이를 애통해해도 괜찮다! 비이성적인 것도, '미친 것'도 아니다.

"이 문제에 관해 함께 이야기 나눌 사람이 더는 없어요. 제 친구들은 죄다 지쳐버렸거든요. 친구들은 저를 이해하지 못해요. 제게 해외 입양 관련 사이트만 보내줄 뿐이죠. 빌어먹을, 그런 방법들은 저도 너무나 잘 알고 있어요! 저는 미치지 않았어요! 천만번도 넘게 생각해봤다고요. 끝내 그렇게 할지도 모르죠. 하지만 지금은 그럴 힘조차 없어요. 이 모든 게 얼마나 힘든 일인지 그들은 몰라요. 게다가 입양도 그렇게 쉬운 일이 아니에요. 이 역시 엄청나게 신경 쓰이는 일이라고요. 실망할 때도 많고요." 그녀가 이야기하는 동안 분노, 실망, 깊은 슬픔 등이 뒤죽박죽 뒤섞인 감정이 치료실 안을 가득 메웠다.

나는 고개를 끄덕였다. "지금 K 씨에게 힘이 있다면 무엇을 하고 싶으세요?"

그녀는 아주아주 크게 한숨 쉬며 마음을 진정시켰다. "제게 힘이 있다면, 우선은 쉬고 싶어요. 역설적으로 들릴 거예요, 그렇죠?" 그녀는 살짝 미소 지었다.

아니, 전혀. 오히려 굉장히 논리적인 판단이다. K는 머릿속에 넘쳐나는 온갖 생각과 걱정으로 너무도 불안한 상태였기에 굉장히 지쳐 있었다. 그렇지만 그녀의 걱정거리와 생각들은 멈추지 않는다. 이들을 멈출 힘, 이 해결되지 않는 상황을 인정할 힘, 진심으로 바랐던 마음과 작별할 힘. 이런 힘이 그녀에게 있다면 그녀는 쉬고 싶을 것이다. 이는 쉬운 과정이 아닐뿐더러 힘도 굉장히 많이 든다. 그리고 매우 역설적으로 들릴 수도 있겠지만 휴식을 취하는 데에는 종종 엄청나게 많은 힘이 든다.

특별한 해결책이 없는 문제나 어려움을 우리는 심리치료 과정 중에 자주 맞닥뜨린다. 쉽게 해결될 일이었다면 사람들이 자기 자신에게 의구심을 품으며 우리를 찾아올 일은 없었을 것이다. 겉으로 봤을 땐 하나의 제안인 듯한 '아이 입양'은 당사자들도 혼자서 한 번쯤은 그냥 떠올려보는 것이다. 그런데 심리치료의 목적은 그게 아니다. 심리치료는 문제의 해결책이나 절충점을 찾아내려는 게 아니다. 좋은 의미의 조언을 몇 개 던져보고자 함도 아니다. 아직 발견되지 않은 새로운 방법을 찾아내려는 의도가 훨씬 더 크다. 내가 직접 배 아파 낳아볼 수 있는, 그런 아이의 엄마는 절대 될 수 없다는 문제. 이를 어떻게 다뤄내야 할까? 이러한 바람을 어떻게 하면 끝내버릴 수 있을까? 이러한 바람이 충족되지 않은 삶을 어떻게 견뎌낼 수 있을까? 이런 불가피한 일들을 어떻게 받아들여야 할까?

어느 날 K가 이렇게 말한 적이 있었다. "저는 그냥 엄마가 되고 싶을 뿐이에요!"

이 말은 나를 깊은 생각 속으로 빠뜨렸다. 우리는 언제부터 엄마(아빠)인가? 한 인간을 부모로 만드는 것은 무엇인가?

여자를 엄마로 만드는 것은 무엇인가?

남자를 아빠로 만드는 것은 무엇인가?

한 사람을 엄마, 아빠가 되도록 해주는 건 정자와 난자와의 수정, 자궁 내 태아의 성장, 그리고 신생아 출산만이라고 거의 자연스레, 무의식적으로 생각해버리는 경우가 많다. 그렇다면 대안 가정들은 어떻게 되는가? 동성애 부부는? 논바이너리nonbinary 부부는? 무자궁 여성들이나 생식능력이 없는 남성들은? 이런 사람들이 대안적인 해결책을 통해 아이들을 가지게 된다면, 그들은 불완전한 부모인가? 부모 없는 아이들을 입양해서 가정을 이룬 사람들은 불완전한 엄마이고 불완전한 아빠인가? 그러면 이 아이들은 그들의 불완전한 자식인가?

모성이나 부성을 형성하는 데는 사회적 요인들이 훨씬 더 뚜렷한데도 우리는 이들을 굉장히 생물학적으로 정의해버린다. 모성이나 부성의 감정은 친자식이 없는 사람들도 가질 수 있다. 생물학적인 수정 경험이 없는 사람들도, 직접 아이를 품어본 적이 없는 사람들도, 친자식이 없는 사람들도 여타 다른 사람들과 마찬가지로 사회적인 엄마, 아빠 역할을 해나갈 수 있다.

아이를 갖는 생물학적 능력은 사람들을 생물학적인 부모로 만들어줄 뿐이다. 이들도 엄마, 아빠로서 가지는 사회적 역할은 배워나가야만 한다. 유감스럽게도 생물학적인 부모들 가운데 이러한 사회적 역할을 제대로 해내지 못하는 사람들도 있다. 자식들에게 신체적 그리고 (혹은) 정서적 상처를 주며, 이들을 학대하고, 심지어 죽이기까지 하는 부모들이 실제로 존재하기 때문이다.

'부모 되기parenthood'의 생물학적 측면과 사회적 측면을 구분한 다음에서야 우리는 이에 관한 좀 더 현실적인 이미지를 그릴 수 있게 된다. 그럼으로써 아빠나 엄마에 관한 이상적인 생각에서 벗어나게 되고, 이러한 역할이 일단은 그 누구에게나 부여될 수 있다는 사실을 깨닫게 된다. 이 역할은 학습 가능하며, 아기를 만들고 출산하는 생물학적 능력을 갖춘 사람들만 할 수 있는 게 아니다.

이 역시 자신의 신념을 다루는 일과 관련 있다. 예전의 구닥다리 같은 생각들이 우리의 무의식 속을 헤집고 다닐 때가 많다. '임신 가능한 여자만 진정한 여자야', '엄마만이 …을 알(느낄) 수 있는 거야', '생식능력이 없는 남자는 남자답지 못해', '남자와 여자만 부모가 될 수 있는 거야' 등….

이러한 가정을 확고하게 믿는 사람들이 21세기를 살아가는 우리 가운데에는 그렇게 많지 않을 수도 있다. 그렇지만 이러한 가정은 우리의 신념 속에 드물지 않게 존재한다. 이들이 문제를 유발해내기 시작할 때에서야 비로소 눈에 띄는 경우가 많다.

생물학적인 엄마만 '진정한 엄마'가 될 수 있다고 내가 무의식적으로 확신하고 있고, 이와 동시에 나는 임신할 수 없다는 사실이 분명해지면, 내가 이 상황을 견뎌내기 힘든 건 아주 당연하다.

그런데 이 때문에 나는 정말로 엄마가 될 수 없는가?

아이를 만들거나 임신할 신체적 능력이 없으면, 엄마, 아빠가 될 수 있다는 생각을 그냥 자동으로 접어버려야 하는가?

나는 그렇게 생각하지 않는다. 하지만 K가 믿고 싶었던 건 뭘까?

우리는 K의 신념, 그리고 엄마 되기와 관련하여 스스로 해왔었던 이야기를 분석해보았다. 그녀가 그간 들어왔던 이야기도 곰곰이 되짚어봤다. 늘 그냥 그렇게 전해져왔었지만, 지금껏 그 누구도 되물어보거나 다시 언급해본 적 없었던 이야기도 자세히 따져봤다. 그냥 그렇게 받아들여졌던 가정을 말이다.

예를 들면 '아이를 낳아본 사람만이 엄마가 된다는 게 어떤 건지 안다'와 같은 가정이다.

K가 자신이 낳은 아이를 갖는 바람으로부터 완전히 자유로워질 준비가 되고 이로부터 슬퍼할 시간을 충분히 가진 다음에서야 우리는 대안적인 가족 유형에 관해서도 이야기 나누었다.

그녀는 임신 못지않게 힘겨운 길인 입양을 선택했다. 정식 절차 및 여러 어려움을 1년 정도 겪은 후, 그녀는 드디어 해냈다. 정말로 엄마가 되었다.

그녀의 육아휴직 기간 때 우리는 다시 만났었고, 그녀는 이렇게 말했다. "그거 아세요? 이 녀석이 커가는 모습을 지켜보는 건 정말 너무도 멋진 일이에요. 저는 정말 넋이 나갈 정도예요. 이보다 더 행복할 순 없을 거예요!"

"한번은 이렇게 말씀하셨잖아요. '나는 그저 엄마가 되고 싶었을 뿐이에요!'라고요. 목표를 달성하셨나요?" 내가 그녀에게 물어보았다.

"오, 그럼요! 임신 못지않게 이렇게 행복할 수 있을 거라고는 정말 생각지도 못했었어요. 맞아요, 비교할 만한 친자식은 없죠. 그런데 이 친자식이란 말을 내뱉으면, 마음이 너무너무 아파요. 제 가슴을 찢어놓죠."

"정확하게 뭐가요?"

"이렇게 멋진 아이를 직접 배 아파 낳은 친자식만큼 사랑하지 못할 거라고 제가 생각했었다는 것, 그 자체가요. 친자식은 아니죠. 생물학적으로는 아니죠. 하지만 제가 느끼기로는 친자식이에요. 제 모든 것이죠. 지금 제가 임신이 되어 아이를 낳는다고 해도, 저는 두 아이 사이에 그 어떤 차이도 느끼지 못할 거예요. 저는 이 아이의 엄마예요. 저는 이 아이를 선택했고, 엄마가 되겠다고 결심했어요."

"그게 가능하다고 생각하시나요? 그렇게 스스로 선택하면서 **엄마**가 되는 게?" 내가 그녀에게 물어보았다.

"예전에는 그렇게 생각해본 적이 단 한 번도 없었어요. 하지만 이제는 알아요. 자궁이 아닌 마음의 문제라는 걸요."

"정말 멋진 표현이네요." 나는 그녀의 말을 인정했다.

이 말보다 더 멋진 건, 이게 정말 그녀의 진심이라는 거다. 그녀는 자기가 느끼는 그대로 정확하게 표현했다.

나는 그녀가 한 말들을 오랫동안 곰곰이 생각해보았다.

나는 이제 이것이 그녀의 이야기이자 진실이라는 걸 알고 있다. 이 진실이 일반적으로 적용 가능한지는 잘 모르겠다. 이를 내게 적용할 수 있을지도 잘 모르겠다. 나에게는 내가 직접 배 아파 낳은 자식이 있으며, 이 아이가 없는 삶은 더는 생각할 수도 없다. 아이를 바랐지만 가지지 못했다면, 내가 어떤 행동을 했을지 나도 모르겠다.

이 세상에는 부모 없는 아이들이 참 많다. 이 아이들의 엄마 혹은 아빠 되기를 희망하며 이를 의식적으로 결정하는 사람들이 있다면 이 아이들은 분명 굉장히 행복해할 것이다.

한편 이 세상에는 이 아이들의 엄마 혹은 아빠 되기를 단 한 번도 의식적으로 결정해보지 않았던 부모를 둔 아이들도 유감스럽지만 참 많다. 그런 아이들도 고통스럽다. 이들은 고아가 아니다. 친부모도 있다. 그런데도 이들은 부모의 사랑과 보살핌 없이 그렇게 자란다. 단순히 생물학적 요건만 갖췄다고 자동으로 **부모**가 되는 건 아니다.

이는 엄마 혹은 아빠 되기가 의식적인 결정이라는 논리를 뒷받침해준다. 부모 되기는 자궁의 결정도, 난세포의 결정도, 정자의 결정도 아니다. 마음에서 우러나오는 의식적인 결정이다.

이 지점에서는 대부분의 사람이 귀를 기울이며 기꺼이 동의해줄 수 있다. 하지만 꽤 전형적인 역할 이미지가 개입되기 시작하면 문제가 된다. 토착적인 것, 이 사회의 집합적 신념과 맞닥뜨리기 때문이다.

남자 한 명, 여자 한 명으로 구성된 커플이 자연적으로 아이가 생기지 않아 입양을 결정하면, 우리 사회는 동정과 놀라움이 뒤섞인 묘한 반응을 보인다.

남성으로 여겨지는 두 사람, 혹은 여성으로 여겨지는 두 사람으로 구성된 커플, 아니면 다수 사회의 전형적인 가족 이미지에 맞지 않는 다양한 유형의 커플이 아이를 입양하면 그 사회에는 엄청난 비명이 난무한다.

"예전이었다면 안 그랬을 거예요!", "그건 정상이 아니잖아요!" 이런 말들은 그래도 비교적 괜찮은 편이다. 그런데 실상 왜 그런 것일까? 실상 무엇이 **정상**인가? 누가 이를 정의하는가?

규준은 역동적인 사고 구조로, 언제나 대다수를 대표한다. 대다수가 추구하는 전형적인 가족 구성 형태가 그 규준이 된다. 그런데 이게 우리 전 인류가 규준 내에서만 움직여야 한다는 뜻일까? 규준 밖의 삶은 결단코 불가능하다거나 반드시 막아내야만 한다는 뜻일까?

✦ 사회의 신념과 다양한 삶의 방식 ✦

이때 우리는 집합적 신념과 맞닥뜨린다. 그러나 우리랑 직접적인 관련이 있지 않은 한, 우리는 이 집합적 신념에 관해 깊게 생각해볼 필요가 없다. 그렇기에 이에 관해 적극적으로 되물어본 적도 없다.

우리가 (늘 그렇듯) 이 규준 안에서 움직이는 한, 문제 될 건 없다. 우리의 신념은 이 규준에 잘 맞아떨어지고, 우리가 집합적 신념들을 건드리거나 새롭게 만들 이유도 없다.

그런데 어떤 영역에서 우리가 가족 구성, 성별, 성적 정체성, 피부색, 인종 등의 이유로 그곳 규준에 더는 부합하지 않으면, 그 순간 우리의 신념과 집합적 신념이 서로 충돌하게 된다. 당혹스러운 상황에 한순간 직면하게 된다. 우리가 그곳 규준에 더는 안 어울리기 때문이다.

우리는 집합적 신념과 맞아떨어지지 않는, 자신만의 신념을 형성해나가기 시작했다. 경계심이나 이질감은 참고 견뎌내야만 한다. 평행사회가 만들어질 수도 있고, 그곳에서는 소속감과 더불어 우리가 인정받았다고 느낄 수 있다. 그러나 다수 사회에서는 한순간 우리가 더는 정상이 아니게 된다. 그런데 이건 정상이 아니잖아!

늘 그랬었기 때문이다. 예전에는 그런 게 없었을 것이다.

진짜 그런가? 정말로 늘 그러했었는가?

그러했었다면, 그렇기에 참된 것인가? 늘 그래왔었기 때문에?

집합적 규준이란 무엇인가?

집합적 규준은 어떻게 달라지는가?

늘 다수를 통해서다. 여러 다양한 의견이 허락되면, 집합적 규준은 이리저리 자리를 이동하며 이 사람 저 사람에게로 퍼져 나간다. 규준 안에서 여러 다양한 대안적 삶의 방식이 추구될 때, 이들은 그 규준의 일부로서 오랫동안 자리매김할 수 있다. 하지만 그렇게 되려면 몇몇 특정 조건이 그 사회 내에 마련되어야 한다. 대안적인 삶의 방식 추구에 대한 안전성이 보장되어야 한다. 하지만 성별 논란을 통해 보아 왔듯이 대안적 가치와 규준들이 다수 사회에 통합될 수 있으려면 그것의 안전성 역시 더 확보되어야 한다.

자기 신념에 대한 분석이 중요하고 해서, 또 우리가 바란다고 해서 저절로 이루어지는 건 아니다. 우리가 속해 있는 규준의 집합적 신념을 되물어보는 일도 마찬가지다. 대안적이거나 새로운 삶의 개념을 맞닥뜨리면서 우리가 처음으로 '이건 정상이 아니야!' 혹은 '이건 나랑 맞지 않아!'라고 생각할 때, 비로소 이를 깨닫게 되는 경우가 많다. 흥미롭게도 우리는 이때 우리가 처음 마주하거나 경험한 것들이 정상이 아니거나 나랑 아무런 상관이 없다고 곧장 생각해버린다. 그런 순간마다, 우리는 다른 사람들을 얼마나 자주 혼란스럽게 만들었을까.

- 내가 이를 정상이 아니라고 생각하는 이유는 무엇인가?
- 이게 나와는 절대 맞지 않는다고 생각하는 이유는 무엇인가?
- 이 가정을 어떻게 점검해볼 수 있는가?

- 이를 한 번이라도 시도해봤는가?
- 이 가정은 어디에서 비롯된 것인가? 이를 내게 앞서 선보였던 자는 누구인가?
- 무엇보다도, 이에 관해 정작 내가 알고 있는 건 무엇인가? 그리고 나는 무엇을 **믿고** 싶은가?

"지금과는 다르게 해석할 때가 올 것이며, 말과 말은 서로 연관성을 잃어갈 것이다."

_라이너 마리아 릴케Rainer Maria Rilke

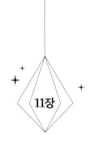

11장

독재자의 이야기를 이어가기 싫어요

가족 체계 안에서 신념은 어떤 의미인가

F를 처음 봤을 때, 나는 약간 위축됐었다. 정말 그랬다. 그는 내 위로 머리가 대여섯 개나 더 있을 만큼 키가 컸고 몸집은 최소 나의 네 배 이상이었다. 그는 수상한 폭주족 같은 첫인상을 풍겼다. 그 후에 알게 된 사실이지만, 한때 그는 정말로 오토바이 패거리 일원이었다. 첫 만남 때 그는 (내가 보기엔 엄청나게 거대한) 검은색 가죽 재킷과 청바지를 입고 있었다.

나중에서야 눈치챘지만, 그는 상담 때마다 매번 똑같은 옷을 입고 나타났다. 자기 치수에 맞으면서 그가 직접 살 수 있었던 유일한 옷이었던 듯했다. 그는 기초생활 보장 수급자였고 굉장히 가난했다.

F는 일주일 전에 정신과 병동에서 퇴원했다. 어느 저녁때 그는 옥상에서 뛰어내려 목숨을 끊으려 했었고, 그 때문에 이곳을 권유받았다고 했다.

✦ '애정 어림'의 기준 ✦

"그때 그냥 막 뛰어내리고 싶었어요. 하지만 마음을 바꿔먹고 다시금 기어들어 왔어요. 저 자신이 무서워졌어요. 그래서 112로 전화했어요. 그분들이 저를 병원으로 데려다주셨죠. 8주 동안 병원에 있었고, 지금은 항우울제를 먹고 있어요. 예전보다 훨씬 더 좋아졌어요. 그런데도 외래 치료를 받는 게 좋다고 권유해서 이곳을 찾은 거예요." 그가 설명해주었다.

"물론 외래 치료는 중요해요. 하지만 F 씨도 이 심리치료를 **원하시나요?**" 치료에 대한 동기 여부를 명확히 파악하고자 그에게 질문해보았다.

"네, 무조건요. 전 언제나 혼자예요. 대화하는 게 저한테는 좋아요. 게다가 제가 그런 바보 같은 짓을 또 저지를까 봐 두려워요. 그때 저는 저 자신이 정말로 무서웠어요."

"예전에도 자기 자신이 두려웠던 적이 있었나요?" 나는 궁금했다.

그는 잠시 생각하더니 대답했다. "네, 술을 끊을 때요."

F는 열네 살 때부터 알코올 중독 문제를 일으켰다. 처음 술을 마셨던 건 아홉 살 때였다. 물론 자발적인 건 아니었다. 그는 지난 3년간 금주를 했다. 알코올 중독 문제를 일으킨 이래 처음으로. 참으로 인상적이었다. "열네 살 때 어떻게 알코올 중독자가 될 수 있었죠?"

"정신 나간 아버지 때문에요." 그는 망설임 없이 바로 대답했다. "제가 아홉 살 때 그 미친 인간이 제게 술을 먹였어요. 맥주를 안 마시면 진정한 남자가 아니라고 했어요. 아버지는 비열한 놈에다 심각한 알코올 중독자였어요. 술을 안 마신 날이 없었죠. 너무 많이 퍼마셨거나 도박에서 돈을 잃은 날엔 한밤중에 집에 돌아와서는 저희를 마구 깨웠어요. 자고 있던 저희를 침대에서 끌어내서는 저와 남동생을 마구잡이로 패댔어요. 그러더니 여동생 한 명을 창고로 데려가 성폭행했어요. 그날 일을 여동생들과 이야기 나눠본 적은 없어요. 하지만 그날 무슨 일이 있었는지 우리는 모두 다 알고 있었죠.

엄마는 일하러 다니셨어요. 그래야 저희가 먹고 살 수 있었고 아버지는 술을 마실 수 있었으니까요. 마실 술이 없으면 아버지는 엄마를 시퍼렇게 멍들도록 패댔어요."

"그들은 어떻게 됐나요? F 씨의 동생들과 부모님? 아직도 연락하시나요?" 내가 물었다.

"그 빌어먹을 놈은 제가 열여섯 살 때 간경화로 죽었어요. 여동생들과는 연락하고 지내요. 저희는 첫째 여동생 집에서 격주로 만나

커피 한 잔씩 해요. 둘 다 결혼했고 아이들도 있죠. 하지만 남편들은 둘 다 미친놈이에요. 저는 여동생들에게 인제 그만 이혼하라고 말하지만 둘 다 그렇게는 안 하더라고요. 흠, 그리고 제 남동생, 걔랑은 연락하지 않아요. 저희를 보고 싶어 하지 않아요. 걔는 이곳에서 벗어났어요. 직업 전문 과정을 잘 끝마쳤고 지금은 일하고 있어요. 결혼해서 자기 가정도 꾸렸고, 집도 있고, 걔는 잘 지내요. 하지만 저와 여동생들이 낄 자리는 더는 없는 거죠." 그는 퉁명스럽게 말했다.

"어머님은요?" 나는 궁금했다.

그는 말을 멈췄다. 엄마에 관해서는 말하지 않으려고 했다. 그에게 고통이 퍼져갔다. 눈에 다 보이는 고통이었다. 그가 끝내 설명을 시작했을 때, 얼굴이 살짝 찌푸려졌다. "돌아가셨어요. 3년 전에."

잠깐. 정지. 3년 전? 그가 술을 끊기 시작했던 그때?

"F 씨가 금주했을 때 어머님이 돌아가신 건가요?" 내가 물어보았다.

"흠, 완전히 그렇지는 않고요. 엄마가 죽은 뒤에 바로 술을 끊었어요." 그가 대답했다.

"정확하게 왜요? 그전에도 금주를 시도해본 적이 있었나요?" 내가 물어보았다.

"아뇨, 단 한 번도 없었어요. 저는 이른바 노숙자 생활을 했어요.

어울리는 녀석들이 있었는데, 개들이랑 못된 짓을 진짜 많이 하고 다녔어요. 하지만 저희는 대가족 같았어요. 그때 제가 술을 안 마셨다면 이 녀석들을 잃었을 거예요. 제 가족이었죠. 아뇨, 금주는 전혀 생각도 안 했어요. 제가 그때 뭘 또 할 수 있었겠어요? 직업 교육? 일? 이 늙은 술주정뱅이를 누가 받아주고 싶었겠어요?" 그는 웃어댔다. "열네 살 이후부터 저는 학교에도 잘 안 나갔었어요. 제대로 읽고 쓸 줄도 몰라요. 특출나게 잘하는 것도 없고요."

"그런데 지금은 그들과도 연락을 끊었나요?" 나는 궁금했다. 그들은 그에게 '선택적 가족chosen family'처럼 보였고, 그렇기에 그의 삶에서 아주 중요한 일부를 차지했던 듯했다. 그는 술과 함께 자신의 '가족'도 포기해버린 건가?

"유감스럽게도 네, 연락하지 않아요. 지금도 종종 우리가 머물렀던 그 벤치로 다시 가볼까 하며 생각하곤 해요. 어디로 가면 그 친구들을 만날 수 있는지 저는 잘 알고 있으니까요. 하지만 그럴 자신이 없어요. 그곳에 간다면 저는 십중팔구 다시 술을 마실 테니까요." 그가 말했다.

"그러면요? 그러니까, F 씨가 다시금 술을 마셔야 한다면요?" 나는 좀 더 자세히 물어보았다. 그가 술에 더는 손을 대지 않는 이유가 나는 궁금했다.

금주로 인해 그가 얻는 이점은 확실히 별로 없어. 왜 참는 거지?

"그러면 엄마가 실망하겠죠." 그가 나지막이 말했다.

"F 씨가 술 마시는 걸 어머니가 원하지 않으셨군요." 나는 확실하게 한 번 더 짚었다.

"맞아요. 엄마는 언제나 제가 술을 끊길 바라셨어요. 하지만 저는 단 한 번도 그러질 않았죠. 엄마가 죽고 난 다음, 딱 이틀 뒤에 저는 금주 클리닉에 자발적으로 입원했어요."

"왜 어머니가 돌아가신 다음에서였죠?" 내가 물어보았다. 그러면 **전혀 상관없지 않나?**

"지금 엄마가 저를 보고 있을 수도 있잖아요. 그러니까, 저 하늘 위에서요. 제가 한창 술 마시고 돌아다닐 때 엄마가 저를 본 적은 없어요. 저는 그 친구들과 있었으니까요. 제가 엄마를 보러 갔던, 딱 그 두 시간 동안은 술을 안 마셨어요."

"어머니 앞에서는 술을 전혀 안 마셨었군요. 그리고 지금은 어머니가 무엇을 보고 안 보고를 F 씨가 결정할 수 없으니 더는 술을 마시지 않고요?" 나는 그를 이해해보고자 노력했다.

"네. 바로 그거예요. 미친 소리 같이 들리는 거, 저도 알아요. 하지만 저는 엄마 앞에서는 술을 마실 수가 없어요."

엄청나게 당황스러웠다. 전혀 예상치도 못한 일이었다. 술을 끊어야 할 이유가 F에게는 한평생 없었다. 술 마시는 데 문제 될 것도 없었다. 오히려 그 반대였다. 음주는 그의 삶의 핵심이었고, 이는 어린 시절부터 계속 그래왔었다. 알코올이 그의 삶에 들어온 게 아니었다. 그의 삶이 알코올 주변으로 형성되어왔었다. 모든 게 음주에 맞춰져 있었고, 문제의식도 전혀 느끼지 못했으며, 그렇기에 뭔가를 바꿔야 할 이유도 없었다.

적어도 그의 어머니가 돌아가실 때까지는 그랬다.

어머니의 죽음으로 F가 되레 술을 더 많이 마실 거라고, 슬픈 감정과 고통스러움을 억누를 극복 전략으로서 술을 더 자주 활용할 것이라고, 대부분 그렇게 예상했을 것이다. 그가 대개 그래왔던 것처럼 말이다. 그런데 그는 제 친구들(청소년기 이래 그에게 가장 중요했던 사회적 관계망)을 포기했고, 방 한 칸짜리 집 안에 처박혀 있었으며, 매일 2.5리터 콜라를 마셨다. '수치심, 그러니까 술을 마셔야 한다는 부담에서 벗어나고자'….

한 마디로 아무런 의미가 없었다. 뭔가 찝찝했다.

한날 우리는 그가 자살 시도를 했었던 그날에 관해 아주 집중적으로 이야기를 나눴다.

"왜 그날이었죠?" 내가 물어보았다.

"엄마의 생일이었어요. 엄마 없이는 더는 못 견디겠더라고요. 엄마 곁에 있고 싶었어요." 그는 슬퍼하며 말했다.

"왜요? 어머니와 무엇을 함께 했을까요?"

"그냥 함께 있었을 거예요. 엄마는 저랑 이야기 나눴을 거고, 어떤 말들을 해줬을 거고, 조금은 수다도 떨었겠죠." 그가 대답했다.

"어머니께서 F 씨 곁에 있었다면, 어떤 이야기를 들려주셨을까요?" 나는 계속해서 질문을 던졌다.

"아, 그냥 이것저것요. 엄마는 옛날 일도 자주 이야기해줬었어요. 그 때문에 엄마랑 종종 말다툼을 벌이기도 했지만요. 하지만 제가 화두를 재빨리 돌렸어요. 그럼 괜찮아졌죠." 그는 비죽 웃으며 이야기했다.

"서로 다투었던 이유가 뭐죠?" 나는 좀 더 자세하게 질문해보았다.

"뭐, 엄마가 그 빌어먹을 영감탱이를 감싸댈 때면요. 그 놈이 실상 틀리지 않았다고, 제대로 된 남자였다고, 뭐 이런 말을 내뱉을 때면요." 그가 눈을 부릅 떴다.

"F 씨 가족들이 겪은 폭력은요?" 나는 깜짝 놀라며 물어보았다.

"그러니까요, 죄다 희미해져버린 거죠. 그러니까 제 말은, 엄마가 이를 무시해버렸다고요. 엄마는 그렇게 비관적으로 생각하지 않았어요. 이게 우리에게 아무런 피해도 주지 않았다고 생각한 거죠. 사람은 한 대씩 맞을 필요가 있다, 뭐 그런 거죠." 그는 신경질적으로 대답하면서 눈을 다시금 부릅 떴다.

"어머니는 F 씨를 어떻게 대했나요?"

"그러니까, 사실 지극히 정상적이었어요. 좋은 엄마였어요. 아주 다정했죠. 그 돼지 놈이랑 관련된 일에서만 매번 저희랑 생각이 달랐어요. 그러면 엄마는 제가 아무짝에도 쓸모없는 녀석이며 술주정뱅이일 뿐이라고, 저도 조만간 술 때문에 죽을 거라고 했어요." 그는 다시금 살짝 피식 웃으며 말했다. 하지만 이번에는 고통에 찬 웃음에 가까웠다.

"아주 마음 아픈 말이네요." 내가 말했다.

"아, 뭐, 저는 익숙해요." 그는 무덤덤하게 대답했다.

"그러니까 어머니께서 그런 말을 자주 하셨나요?" 내가 물어보았다.

"네, 물론이죠. 매번 그랬어요." 그는 냉정하게 말했다.

흥미롭군. 정말 흥미로워.

F는 그의 어머니와 굉장히 친밀하고 좋은 관계를 유지했었다고 늘 이야기했다. 그녀는 그에게 가장 중요한 애착 대상이었으며 '대단히 상냥하고 늘 그와 함께해줬던' 사람이었다. 그의 어머니가 매번 그를 속상하게 만들고 경멸했던 걸 F는 통상적인 행위라고 생각했다. 그에게는 **보통인 일**이었다. 애정 어린 애착 관계를 그는 알지 못했다. 그게 뭔지 그는 기본적으로 전혀 모르고 있었다. 그에게는 '녹초가 될 만큼 맞기'나 '지하실에서의 성폭력'만 아니면 뭐든 애정 어린 행위였다.

속에서 뭔가 메스꺼운 기분이 들었다. 슬펐다. 정말로 너무나 슬펐다. 이에 관해 나는 몇 날 며칠을 고민했고, 관계를 형용하고자 우리가 사용하는 수식어를 모두 곰곰이 따져보았다. 상대방이 이 단어들로 정확하게 표현하고자 했던 바가 무엇인지를 고심해보는 건 언제나 중요하다.

나에게 '애정 어림'은 어떤 의미인가? 나의 어머니는 자신의 '애정 어린 방식'을 정확히 어떻게 보여줬는가?

자, 또다시 그 진실이다. 모두가 저만의 신념에서 만들어내는 개별적인 진실들. 내가 봤을 때 F의 엄마는 F를 전혀 **애정 어리게** 대하지 않았다. 그런데 내가 누구라고 이걸 판단하나? 내가 생각하는 '애정 어린 양육'은 F가 생각하는 것과는 분명 완전히 다르다. F에게는 그의 어머니로부터 받아왔던 게 애정 어린 행위였다. 그에게 이보다 더한 애정은 한마디로 존재하지 않았다.

이는 나를 경악게 했다. F 때문이 아니었다. 그에게만 해당하는 이야기가 아니란 걸 너무도 잘 알기 때문이다. 책이나 영화를 통해서만 이러한 '애정 어림'을 접해보는 사람이 너무도 많다. 그들은 이에 관한 대략적인 이미지만 이론적으로 가질 뿐, 몸소 경험해본 적은 거의 없다. 그들의 삶을 공감적으로, 감수성 깊게 동반해줄 의무를 짊어졌던 이들이 그렇게 해주질 않았던 거다. 바로 부모란 사람들이 말이다.

그런 주제에 관해 몇 날 며칠을(그래, 인정하지, 몇 주 동안) 고민한 다음에서야 나는 비로소 다시금 정신을 가다듬었다. 설명이 필요한 질문 하나가 남아있었다. F는 43년이나 지나서 어떻게 이렇게 성공적으로 금주할 수 있었던 걸까? 그에게 있던 모든 위험 요인에도 불구하고, 그는 그간 술에 다시 손을 댄 적도 없었다. 굉장히 흥미로웠다.

"아세요? 저 하늘 위에서 어머니가 F 씨를 바라보고 있다고 이야기하니 마치 천사같이 들려요. 정말 그런가요? F 씨의 엄마는 천사인가요?" 나는 천진난만하게 질문했다.

그는 살짝 웃어 보였다. "흠, 분명 천사는 아니었어요. 엄마는 정말로 힘겹게 살아왔어요, 특히 그 비열한 놈 때문에요. 그렇지만 그 놈이 죽자 엄마는 아주 힘들어했어요. 우리 집에는 이제 남자가 없으니까요. 그 시대는 지금이랑 달랐어요. 무슨 말인지 아시잖아요." 그는 생각에 깊이 빠진 채로 대답했다.

"집에 남자가 없다." 나 역시 깊은 생각에 빠진 채로 말했다. "F 씨에게는 이게 무슨 의미일까요?" 나는 궁금했다.

"흠, 저는 장남이었어요. 당연히 제 의무를 다해야 했죠. 제 아버지, 그러니까 그 더러운 놈을 어떻게 해서건 대신해야 했어요. 집에 있는 남자, 네, 그럼요." 그는 마치 자기 자신에게 설명하듯 말했다.

"그렇군요. 그런데 이게 무슨 의미일까요? F 씨가 집에 있는 남자로서 반드시 해야만 했던 게 뭘까요?" 나는 좀 더 자세하게 물어보았다.

"저는… 저도 잘 모르겠어요. 어떤 규칙이나 그런 게 있던 건 아니었어요. 사실 '집에 있는 남자'는 술 퍼마시는 것 외엔 제대로 하는 게 없었죠. 저도 그때 그랬고요. 맨날 놀러 다니며 깽판만 치고, 고주망

태가 되어 집에 돌아왔죠. 뭐, 그런 짓들요. 그렇다고 사람을 패거나 그런 적은 단 한 번도 없었어요." 그가 말했다.

"F 씨에게 정말로 어려운 역할이 부여됐었네요. 그것도 그렇게 어린 나이에요."

이 말로 그는 깊은 생각에 빠졌다. 그는 내가 하고픈 말이 무엇인지 잘 알고 있었다.

"네." 그는 나지막이 동의했다. "저는 그저 엄마를 만족시키고 싶었을 뿐이에요. 엄마에겐 제가 필요했어요. 엄마는 충분히 힘들어했었잖아요."

"어머니가 돌아가셨을 때는요?" 내가 물어보았다.

그는 아무 말도 하지 않은 채, 부끄러운 듯 바닥을 바라봤다. 이를 대놓고 말하는 걸 그는 망설이고 있었다. 그래서 내가 F 대신 말해주었다. "어머니를 만족시키는 일을 그만둬도 됐지요."

그는 고개를 끄덕이며 동의했다.

그리고 침묵했다.

나도 조용히 기다렸다. 여파가 계속되게 그냥 놔두었다.

그가 경험했던 이야기는 그의 것이 아니었다. 한 독재자의 이야기가 계속 이어지는 데 그는 악용되었다. 그래야 이 이야기가 사라지지 않으니까. 그래야 이 가족 체계가 무너지지 않으니까. 그래야 그 독재자가 남긴 영향에 그 누구도 신경 쓰지 않아도 되니까. 그래야 그렇게 계속 넘어가니까. 이렇게 하는 게 그 체계에는 더 편했던 거다. 그런데 여기에서의 함정은 F는 결단코 독재자가 될 인물이 아니었다는 거다. 정반대였다. 그는 겉만 봐서는 전혀 그럴 것 같진 않지만, 감수성이 풍부했고, 조용했고, 상냥했으며, 파리 한 마리도 못 죽이는 그런 사람이었다. 그가 유일하게 충족시킬 수 있었던 의무는 음주밖에 없었다. 그렇기에 그는 늘 모욕당했고 멸시받았다. F는 그에게 부여된 역할을 그의 엄마가 완전히 만족할 만큼 충족시키지 못했기에 그의 엄마 눈에는 '쓸모없는 녀석'일 뿐이었다. 그는 그런 비열한 놈이 되지 못했다.

F의 엄마가 죽자 그는 더는 그렇게 하지 않아도 됐다. 그 의무를 다하고자 더는 애쓰지 않아도 됐다.

하지만 그 죄책감만은 계속해서 올라왔던 거다. 비열한 놈이 됨으로써 엄마를 만족시키고자 더는 애쓰지 않아도 된다는 죄책감. 그리고 이 죄책감은 F 엄마의 생일날 최대치에 달했던 듯하다. 그렇기에 그는 3년 전 바로 그날, 자살하려 했던 거다. 그의 삶을 끝내지 않도록 그를 막으셨던 건 결국 그 자신이었다. 자신의 삶을 살아가고 싶은 자기 자신의 의지였다.

F와 함께 그의 삶을 자세히 분석해본 이후, 그가 이렇게 말한 적이 있었다. "저는 죽고 싶지 않았어요! 하지만 제가 그렇게 하길 엄마가 바란다고 생각했어요. 그 놈도 죽었고, 엄마도 죽었으니까요. 살아갈 이유가 더는 없었어요. 인생의 의미가 없었던 거죠. 저는 그냥 그 자식의 역할을 넘겨받아야 했던 거니까요. 이게 저를 혼란스럽게 만들었어요. 두 사람 다 죽었는데 제가 살아있을 이유가 뭐가 있나 싶었어요.

그런데 제가 떨어져 죽으려고 했던, 그 지붕 위에 서서 하늘을 잠깐 바라봤었어요. 그 순간 살고 싶어졌어요. 그냥 평범한 사람처럼 살고 싶었어요. 그런 비열한 놈이 될 필요도 없어요."

✦ 건강하지 않은 가족 체계 ✦

이는 근본적으로 알코올 중독에 관한 이야기도, 우울증에 관한 이야기도 아니었다. 그의 증상은 본질적인 문제를 파악하도록 도와주는 메시지 전달자에 불과했다. 이는 파괴적인 가족 체계를 강압적으로 유지하려던 이야기였다. 그런데 이런 일은 드물지 않고, 오히려 통례에 더 가깝다.

가족 체계는 가족 구성원들로 이루어진 역동적인 조직이다. 자주성과 친밀감이 역동적인 관계 속에 가족 구성원들이 자리해 있다. 각각의 구성원 간의 친밀도는 서로 다르며, 시간에 따라 계속 변화할 수도 있다. 이러한 역학 관계는 '건강한' 가족 체계에서는 너그럽게 허용되고 지지받는다.

아이들은 가족 체계, 그리고 부모와 같이 그 체계를 구성하고 있는 사람들에게 굉장히 의존적이다. 다시 말해 아이들이 제 욕구를 충족시키려면 부모나 다른 주요 애착 대상이 필요하다. 아이들은 의존적이다. 이러한 아이들이 애정 어린 보살핌을 받으며 안전하게 보호받는 기분을 느낄 수 있는 건강한 가족 환경에서 자라면, 이러한 의존성은 전혀 문제 될 게 없다. 지극히 당연하며 안전한 일이다. 클수록 아이들은 점차 이 의존성에서 벗어나 자주성, 즉 비의존성의 방향으로 나아간다. 이 역시 건강한 가족 체계에서는 지지받을뿐더러 애정 가득히 함께해준다. 이러한 가족 체계의 아이들이 성인이 되면 부모와는 독립적으로 행동하는 (그래도 괜찮은) 자주적인 사람으로서 거듭나게 된다.

건강하지 않은 가족 체계에서는 엄폐된 역학 관계뿐만 아니라, 바깥에서는 쉽게 파악하기도 이해하기도 힘든 무언의 규칙이 형성될 때가 많다. 건강하지 않은 가족 체계를 암시하는 아주 중요한 신호 중 하나는 앞서 언급된 사례에서처럼 부모에 대한 아이의 의존성이 그렇게 안전하지 않을 때다. 의존성은 아이들에게 있어 벗어날 수 없는 덫과 같다. 처음 이 세상에 태어나면 아이들은 의존적일 수밖에 없기 때문이다. 아이들은 그들의 부모에게 의존한다. 하지만 건강하지 않은 가족 체계의 아이들은 그들의 의존성이나 자주성에 있어 부모의 애정 가득한 지지를 받지 못하며, 되레 부모들의 욕구 충족에 악용될 뿐이다. 이 아이들은 수치심, 죄책감, 두려움 등을 자주 느끼고, 부모(그리고 나중에는 그 이외의 다른 사람들)의 욕구나 기분, 혹은 그들의 바람에 과도한 책임 의식을 가진다. F의 경우, 그의 가족 내 역학 관계는 아버지 중심으로 모두 돌아갔고 아버지의 욕구들이 제일 강하게 우선시됐었다. F의 엄마는 전형적인 공의존성co-dependency을 보인 사람이었고, 그렇기에 이 체계가 유지되는데 한몫했다. 다른 체계는 알지도 못했다. 그녀에겐 이 체계가 정상이었고 이러한 역학 관계 속에서 안전함을 느꼈다. 이곳에서 그녀가 기대하는 바가 무엇인지를 스스로 알고 있었기 때문이기도 했다. 자의건 타의건 가족 구성원 중 한 명이 이 체계를 떠나버리면, 그때마다 체계 전체가 위협받았다. 혼란의 위협 속으로 빠져들었다. 그 사람이 이 체계에서 중요한 존재일수록 그의 부재는 더더욱 치명적이었다. F 아빠의 죽음은 가족 체계에 특히 위협적이었다. F 엄마는 여태껏 남편에 맞춰, 그의 욕구들에 맞춰 살아왔었다. 그렇기에 그녀에게는 대안이 필요했고, 장남 F를 찾아냈던 거다. F는 '그 뒤를 이어야'만 했고 그 빈자리를 채워줘야만 했다. F가 원하고 말고는 전혀 상관없었다. F는 자신의 욕구들을 알지 못했다. 자신이 원하는 바를 고심해볼 줄도 몰랐다. 가족들은 그의 바람 따위는 전혀 신경 쓰지 않았다. F는 그의 어머니가 원하는 바를 충족시켜줘야 했다. 그에게 제일 중요한 가족 구성원은 처음부터 언제나 그의 어머니였다.

F는 '나는 중요하지 않아'나 '나는 가치 없어'와 같은 신념을 일찌감치 만들어냈다. 이를 통해 그는 '내가 가족들에게 헌신하면 나는 중요한 존재야'라는 사명을 만들어냈다. 가치와 중요성에 관한 그의 절망적인 욕구는 가족들을 위한 그의 헌신으로 오랫동안 충족됐다.

건강하지 않은 가족 관계에서는 한 명이 다른 가족들의 욕구를 위해 헌신한다. 이 한 명은 개별적인 존재가 아닌 일종의 기능 역할로 여겨진다. F의 기능은 독재자의 역할 유지였다. 이 역할이 그의 가족 체계에서는 가장 중요했기 때문이다.

F와의 상담 치료는 이미 몇 해 전에 종결되었다. 하지만 나는 그를 절대 잊지 못할 것이다. 그는 내가 만나왔던 환자들 가운데 아주 흥미로웠던 사람 중 한 명이었다. 그는 자신의 삶을 방해하는 그토록 많은 방해 요인과 맞서 싸워나갔기 때문이다. 그렇다고 그의 가족 체계가 그에게 바랐던 바에서 스스로 벗어날 수 있었던 건 아니었다. 그 체계의 핵심 인물들이 사라지고 난 다음에야 비로소 그는 자유로워질 수 있었다. 그가 독립적인 한 인간으로서 살아갈 수 있으려면 그의 부모가 이 세상에 존재하지 않아야만 했다. F가 제게 방해되는 신념을 모두 놓아버리고 제대로 살아가는 걸 방해하는 사람들이 더는 존재하지 않았을 때, 비로소 그는 '오롯한 나'로 살 수 있었다.

가족과 관련된 신념들을 내던지는 일은 가끔 가족들을 배신하는 것처럼 느껴지기도 한다. 자기 가족들과 더불어 제게 주어졌던 가치와 전통을 부인하고, 이에 감사하지 않는 것처럼 느껴질 수도 있다. 이러한 유형의 가족 체계는 엄청난 아픔과 위기 속에서 만들어지는 경우가 많다. 대개 그렇다. 그런데 이를 대체할 만한 다른 가족 모델을 부모가 알지 못해서 그저 자기가 아는 형태로만 계속 전달할 때도 종종 있다. 부모들이 제 어린 시절에 '나와 내 욕구들은 중요하지 않아', '부모에게 반항하면 안 돼' 등의 가정을 형성했고 이러한 신념에 관해 깊게 생각해본 적이 단 한 번도 없었다면, 그들의 양육 방식에 이러한 가정이 영향을 미치는 건 지극히 당연하다. 그렇기에 자신의 아이들이 생기기

전에 자기 신념을 집중적으로 다뤄보는 건 엄청나게 큰 도움이 될 수 있다. 자신의 지난날과 제 부모에 관해 속속들이 깊게 파고 들어가는 일이 결단코 쉽지 않은 사람들에게는 더더욱 중요하다. 전문가의 손길이 필요할 수도 있다. 처음으로 통찰을 시도해보는 데 다음의 질문이 도움이 될 것이다.

- 부모님의 행동을 통해 나는 어떤 메시지를 받아왔는가?
- 정당성에 관해 나는 어떻게 생각하는가?
- 내가 반항하면 부모님은 어떤 반응을 보였는가?
- 부모님이 내게 사과한 적이 있었는가?
- 부모님은 내 사생활을 존중해줬는가?
- 체벌에 대한 아무런 두려움 없이 내 의견을 표출할 수 있었는가?
- 내 문제를 부모님께 믿고 맡길 수 있었는가?
- 부모님과 대립하는 의견이나 관점을 내세워도 됐는가?

12장

저는 공기처럼 존재해야 해요

신념에 숨은 내면 아이는 어떤 모습인가

✦ 주목받아선 안 되는 사람 ✦

T는 그녀만의 방식으로 특별한 여성이었다. 하지만 이는 상담 치료가 어느 정도 진행된 다음에서야 비로소 파악 가능했다. 처음엔 그녀의 수수하고, 수줍으며, 무표정한 행동 방식이 눈에 띄었다. 흠, 사실 그렇게 막 눈에 띈 것도 아니었다. 그녀는 사람들 눈에 최대한 안 띄려고 갖은 노력을 기울였다. 어떠한 관심도 받지 않기, 중심에는 절대로 서지 않기, 최대한 눈에 안 띄기. 그녀는 그래야만 안전하다고 생각했다. 확실히 그녀는 자신에게 익숙한 영역 안에서만 움직였다. 그 안에서 그

녀는 편안함을 느꼈다. 의문점은, **왜?**

사람들 눈에 띄지 않는 게 T에겐 왜 가장 안전했던 걸까? 좀 더 눈에 띄게 되면 무슨 일이 일어날 거라고 그녀는 생각하는 걸까? 더 많은 공간을 차지하고, 심지어 중앙 자리에 서게 된다면? 그녀가 두려워 하는 건 무엇일까?

"두려움." 두려움과 근심·걱정을 다루던 상담 회차 때 그녀가 말했었다.

"무엇에 대한 두려움이죠? 어떤 일이 일어날까 봐 두려운 거죠?" 나는 좀 더 자세히 질문했다.

"한마디로 저는 그곳에 어울리는 사람이 아니에요. 그러니까 제 말은 중심자리요. 모두가 주목받아야 하는 것도 아니죠."

"맞아요." 나는 인정했다. "**반드시 해야만 한다**는 건 없어요. 그렇지만 T 씨가 중심자리를 차지할 수는 있는 거잖아요. 자신의 행동에 대한 선택권이 있잖아요. 뒤로 물러나 있을지, 중심자리로 좀 더 나아갈지 스스로 선택할 수 있었잖아요. 그 사이에서 유동적으로 왔다 갔다 할 수도 있는 거고요. T 씨에게는 자유가 있잖아요. 그런데 지금은 T 씨가 중심에 서질 못하는 것 같아요. 두려움이 T 씨를 막아서는 거죠. T 씨에게는 주변 가장자리에 머무르는 것, 그 이외에는 다른 선택권이 없는 거죠. 저는 T 씨에게 정말로 이런 자유로움이 있었으면 좋겠어요."

"네, 사실 저도 그래요." 그녀는 깊은 생각에 잠긴 채 대답했다.

"엄청 어이없게 들리겠지만, 저는 백일몽을 자주 꿔요. 그런 백일몽 속에 저는 늘 주목을 받아요. 저는 흥분한 상태고, 시끄럽고 요란스럽죠. 무대 위에 서 있거나 다른 멋진 무언가를 하고 있을 때가 많아요." 그녀는 어색하게 웃더니 금세 무표정해졌다.

"진짜 멋진데요!" 나는 그녀를 다시금 흥분 상태로 만들고자 다소 과장된 목소리로 말했다. 지금껏 그녀에게서 그런 모습을 본 적은 없었다. 굉장히 흥미로웠다. 이후의 치료 시간 때 그녀의 그런 측면을 좀 더 자주 마주할 필요가 있었다.

"이 백일몽이 현실이 되면 어떨까요?" 내가 물어보았다.

"아, 아니요. 안 돼요. 저는 절대로 그러지 못할 거예요. 게다가 저는 특별하게 할 줄 아는 게 없어요. 그건 그저 망상일 뿐이에요." 그녀는 거절했다.

"맞아요. 기이한 생각일 뿐이에요. 그런데 그냥 한번 미쳐보자고요, 그저 재미로 말이죠. 그런 이상한 생각을 실행으로 옮긴다면 뭐가 어떤데요?" 나는 계속 질문해보았다.

그녀는 잠시 생각에 빠졌다. 이 '망상'이 실재가 된다는 건 그녀에게는 상상하기도 힘든 일이었다. 이를 상상하는 것만으로도 그녀에게는 시간이 필요했고 나는 기다렸다.

"사실 저는 관객들을 곧장 떠올려요. 저를 쳐다볼 수도 있을 관객들을요. 그럼 기분이 좋지 않아져요. 한 방 맞은 듯한 그런 기분. 그처럼 너무도 불편한 기분이죠."

나는 잠깐 생각했다. 지금 우리는 평가에 대한 두려움을 다루고 있는 건가? 다른 사람들이 그녀를 부정적으로 평가할 수도 있고, 아주 멍청하거나 유치하다고 생각할지도 모른다는 걱정? 물론 이는 그녀가 가진 여러 걱정거리 중 하나였고 충분히 이해됐다. 적어도 그녀의 관점에서 보자면 그랬다. 무대에 오를 정도로 특별한 능력이 자신에게는 없다고 그녀 스스로 생각하고 있었다. 설령 있다고 할지라도 그녀는 알지 못했다. 그녀는 무대에 올라본 적이 단 한 번도 없었다. 더 나아가 익숙한 환경인 집에서조차 주목을 크게 받아본 적이 없었다. 그녀는 늘 소극적이고 몸을 뒤로 숨겼다. 무대 위에서 관객들 앞에 서는 걸 생각하면 느껴지는, 한 대 맞은 기분도 당연히 알지 못했다. 이는 경험 많은 연극인들이나 아는 느낌이니까.

하지만 T는 곧장 관객들을 떠올려야 한다고 말했다. 관객.

"관객은 누구일까요?" 나는 궁금했다.

치료실 안 분위기가 어째 무거워졌다.

우리 심리치료사들은 일하는 병원이나 치료실에서 작은 '홈 어드밴티지Home advantage'를 갖는다. 이는 우리의 공간이다. 환자들이 발을 들여놓는 그곳을 잘 알고 있을뿐더러 결정 짓는 것 역시 우리다. 이 말인즉슨 우리는 그곳의 현재 상태를 잘 알고 있다. 누군가 우리 공간에 들어오면, 그 사람이 가져오는 것이 무엇인가에 따라 분위기가 달라진다. 이에 주의를 기울이며 치료실 내 변화를 아주 민감하게 지각하면, 많은 정보를 얻을 수 있다. 나는 치료실 내 분위기가 달라졌다는 걸 느낄 수 있었다. 무거운 기운이 감돌았다. 한 방 먹은 듯한 그런 기분. 억눌리고, 낙담하고, 경직되고. 이곳에 무슨 일이 있었던 거지?

"사실 엄청나게 많은 관객이 있는 건 아니에요. 제 눈엔 한 명밖에 보이지 않아요. 우리 엄마." 그녀가 끝내 대답했다.

그녀는 관객이라 말했지만, 사실 그녀의 엄마만 이야기했던 것이었다.

"당신의 상상 속에서 어머니는 이걸 어떻게 생각하나요? 그러니까, 당신이 무대에 서 있는걸요." 내가 질문했다.

"확실히 좋게는 아니에요. 매우 화난, 굳은 표정으로 저를 바라보고 있어요. 팔짱을 낀 채 입술을 꽉 깨물고 있죠. 언제나처럼. 입이 일자인 스마일리Smiley 캐릭터를 아시나요? 딱 그런 표정이에요. 그 스마일리를 보면 늘 엄마가 떠올라요."

"당신의 어머니는 왜 항상 그렇게 바라실까요?" 나는 궁금해하며 질문했다.

"저는 그러면 안 되니까요." 그녀의 대답은 확고했다.

"왜 안 되죠?"

"저도 몰라요. 제가 그러면 안 된다는 것만 알아요. 모든 스포트라이트가 저를 향해 있으면 안 되는 거예요. 저는 무대 위에 서면 안 돼요. 엄마가 제가 주목받는 걸 좋아하지 않는 이유는 저도 몰라요. 그렇게 확실하게 말한 적도 없었고 뭘 금지한 적도 없었어요. 하지만 제가 앞으로 나서지 않는 게 더 좋겠다는 건 분명했어요. 그걸 엄마가 더 좋아했어요." 그녀는 나에게라기보다는 자기 자신에게 설명하는 듯했다. 이에 대한 진정으로 논리적인 설명은 없었기 때문이었다. T가 자신을 좀 더 드러내면 안 됐던 이유는 뭘까? 그녀가 체감상 눈에 띄지 않았을 때만 착한 존재가 됐던 이유가 뭘까?

어렸을 때부터 T는 눈에 띄지 않고 주목받지 않는 행동이 그녀에게 안전하다고 생각했고, 그렇게 행동하는 데 익숙해졌다. 이게 그녀에게는 정상이었다.

주목받지 마.
눈에 띄지 마.
뒤로 물러나.

이게 그녀의 기본 원칙이었다. 그리고 그녀는 이를 준수했다.

게다가 또 다른 측면도 하나 존재했다. 백일몽에서는 드러나도 괜찮았던 측면. 그 안에서는 거칠고, 시끄럽고, 요란스러워도 됐다. 무대 위 스포트라이트를 전부 받아도 됐다. 제일 주목받는 존재가 되어도 괜찮았고, 이로 인해 기분이 좋아도 괜찮았다. 금지된 일임에도 불구하고 말이다.

T의 백일몽을 방해할 수 있었던 건 딱 하나, 관객석으로 향하는 시선이었다. 팔짱을 끼고 미간을 찌푸린 채 앉아 있는 그녀의 엄마를 보면, 그녀는 이제 무대에서 내려올 시간이 되었음을 깨달았다. 그녀

를 위한 박수갈채는 없었다.

"최대한 생기 없이 지내는 것." T의 엄마가 그녀에게 제일 바라는 행동이 무엇이겠냐는 내 질문에 그녀가 한번은 이렇게 대답했었다. T의 엄마는 자신의 딸이 무대에 올라 주목받는 여성이 되기보다는 생기 없고 무기력한 존재이길 바랐다. 적어도 T는 자신의 엄마가 그렇게 바란다고 생각했었다. 그게 그녀가 받아들인 바였다. 이게 정말로 그러한가 아닌가는 심리치료에서는 전혀 중요하지 않다. 즉 무기력하고 생기 없는 딸의 모습을 엄마가 정말로 원했는가 아닌가는 전혀 상관없었다. 이때 내 관심사는 그녀가 받아들인 것, 다시 말해 자신의 현실을 만들어냈던 그녀의 신념이었다. 더 나아가 나는 그녀가 그렇게 생각했던 이유, 그리고 이러한 지각 상태가 지금 그녀에게 미치는 영향이 궁금할 뿐이었다.

우리는 그녀의 지난날을 이야기해보았다. 그녀는 "최대한 생기 없이 지내는 것"이라고 말했었고, 이 말은 내 머릿속을 떠나지 않았다.

나는 이 말이 아주 엄청나다고 생각했다. '눈에 띄지 않는 것, 눈에 보이지 않는 것'과 '생기 없는 것'은 확연히 다르기 때문이다. 생기가 없다는 건 죽음을 의미한다.

그렇기에 나는 이렇게 질문해봤다. "생기가 없다는 건 무슨 뜻일까요?"

그녀는 '진지한', '조용한', '굳은' 등 앞서 언급한 여러 수식어로 이 단어를 애꿎게 설명했다. 특별한 의미가 없는 듯했다. 나는 이 단어를 더는 파고들지 않았고 한쪽으로 제쳐뒀다.

그런데 이 단어가 다시 등장했다. 심리치료를 12회 차 정도 진행했을 때, 그녀가 유치원 시절 이야기를 들려주었다. 당시 유치원에서 작은 연극을 할 계획이었고, 담임 선생님이 제비뽑기로 주인공을 정하게 됐다. 그런데 그녀가 뽑힌 것이다. 추첨에서 그녀가 당첨됐다. 그녀가 꿀벌 마야 역을 맡게 됐다.

"저는 꿀벌 마야를 좋아했어요. 꿈같은 이야기잖아요! 꿀벌 마야 역으로 연극을 하게 됐을 때 저는 너무너무 행복했어요. 엄마가 저를 데리러 왔을 때, 곧장 그 소식을 전했죠. 아직도 생생하게 기억해요. 비르기트, 그러니까 담임 선생님이 문턱에 서서 엄마에게 이야기했었어요. 제가 꿀벌 마야 역을 맡게 되었으니 노란 레깅스와 검은 원피스를 준비해달라고요. 그걸로 선생님이 제 의상을 준비할 수 있다고요." T는 자랑스럽게 이야기했다. 그녀의 눈이 반짝거렸다. 그 순간 나는 굉장히 흥분한 채 유치원 문턱에 서서는 반짝반짝 빛나는 눈으로 꿀벌 마야를 이야기했을 꼬마 T의 모습을 어렵지 않게 상상해볼 수 있었다.

무대에 대한 백일몽(혹은 T의 표현 방식에 따라 '망상')이 한순간 완전히 다른 모습이 되었다. 그건 망상도 전혀 아니었고, 상상하기 힘든 일도 아니었다. 그건 하나의 기억이었다! 적어도 나는 그렇게 생각했다.

그녀는 이야기를 계속 이어나갔다. "엄마는 표정 하나 안 바뀌었어요. 기뻐하지 않았죠. 못 믿겠다는 듯 미심쩍은 표정으로 바라봤어요. 엄마는 그런 걸 준비할 수 없다고, 손이 가도 너무 많이 가는 일이라고, 별거 아닌 일에 호들갑 떨지 말라고 그랬어요. 별거 아닌 일에 호들갑?! 정말 크게 한 방 먹은 기분이었어요."

또 한 번 한 방 맞은 기분. 이 역시 예전에 느꼈던 기분이었다. 그때 처음 알게 됐고, 요즘에도 비슷한 상황에 놓일 때면 어김없이 올라오는 그 기분. 그런데 이는 내 앞에 앉은 어른 T의 기분이 아니다. 이는 그녀의 내면 아이의 기분이었다. 세상에서 제일로 행복한 아이가 될 거로 믿었지만 자신의 크나큰 꿈 가운데 실현되는 건 아무것도 없음을 깨달아야만 했던 꼬마 T의 기분. 그녀는 실망했었다.

"저는 정말 이해할 수 없었어요. 엄마는 왜 기뻐하지 않았을까요? 정말 너무도 멋지고 흥분되는 일이었다고요! 선생님은 엄마를 설득하려고 애쓰셨어요. 유치원에 있는 것들로도 제 의상을 준비할 수 있다고요. 엄마는 아무것도 준비하지 않아도 된다고요. 선생님은 저를 위해 정말 최선을 다해주셨어요. 지금까지도 저는 선생님께 너무너무 감사해요. 그때 그 말이 제게 희망이 되기도 했거든요. 하지만 엄마는 수긍하지 않았어요. 엄마는 그게 그냥 싫다고 말했어요. 그리고 우리는 곧장 집으로 돌아왔죠." 이렇게 설명하는 동안 T의 목소리는 점점 줄어들더니 거의 들리지 않을 정도였다.

"꿀벌 마야 역을 하지 못했나요?" 내가 물어보았다.

"유감스럽게도 네, 못 맡았어요. 그다음 날 제비뽑기를 다시 했어요. 이번에는 상자 속에 제 이름은 빼고서요. 카린이라는 친구가 뽑혔죠. 그걸 아직도 기억하고 있네요. 제가 너무 바보 같았어요. 하루 전날까지만 하더라도 저는 너무도 기쁘고 흥분된 나머지 소리소리 지르며 열광했는데, 그다음 날엔 입을 꾹 다문 채 구석에 앉아 있었잖아요. 상자엔 제 이름도 들어있지 않고. 너무도 모욕적이었고 너무도 수치스러웠어요. 아직도 생생하게 기억나요. 저는 이렇게 생각했었어요. '**이 멍청이, 너무 일찍 좋아했잖아!**' 모두가 저를 쳐다보며 몰래 비웃는 것 같았어요. 사실 그 누구도 그러지 않았어요. 다른 아이들은 제게 아주 친절했고, 어떻게 보면 함께 속상해해줬어요. 카린도 그렇게 막 기뻐하진 않았어요. 다소 걱정하는 눈빛으로 저를 바라봤고요. 하지만 저는 그때 지구가 멸망하는 것만 같았어요." 그녀가 설명해주었다.

T의 지난날을 좀 더 상세하게 다뤄보면서 알게 된 사실이 하나 있었다. 그 일 이후 그녀는 자신이 주목이나 큰 관심을 받을 상황이면 더는 끼어들지 않았다. 그 일 이래 그녀는 몸을 숨겼고, 소극적으로 변했으며, 조용해졌다. 자신을 거의 드러내지 않았다. 그 밖의 다른 것들은 죄다 너무 불안했고, 더 나아가 위험하기까지 했다. 그녀가 표현한 것처럼, 이는 그녀에게 '지구 멸망'이었다.

그런데 나는 그날 유치원에서 집으로 돌아가는 길이 어땠을지 궁금했다. 실망한 꼬마 T가 엄마와 함께 집으로 돌아갈 때, 그땐 어땠을까?

"처음엔 충격받았죠. 그냥 이해가 안 되더라고요. 꿀벌 마야 역을 왜 맡으면 안 되냐고 엄마에게 거듭 물어봤었어요. 엄마의 표정은 점차 굳어졌고 점점 더 나빠졌어요. 저도 점점 더 화가 났고요. 저는 소리를 질러댔고, 바닥에 발을 쿵쿵 마구 굴렀어요. 어느 순간 엄마도 더는 참을 수가 없었나 봐요. 엄마의 인내심이 바닥나버렸고, 더는 왈가왈부하고 싶지 않았던 것 같아요. 솔직히 지금도 저는 제가 왜 꿀벌 마야 역을 맡으면 안 됐었는지 잘 몰라요. 그런데 엄마가 그때 그랬었어요, 그런 연극은 하면 안 되는 거고 제가 이 세상에 존재한다는 사실에 그냥 감사하라고요.

저는 다섯 살이었어요. 당연히 이해하지 못했죠. 무엇을 감사해야 하지? 무슨 뜻이지? 그런데 엄마는 점점 더 화를 내더니 원래는 저를 지우려고 했었다고 말했어요. 그때 엄마 옆집에 살던 여자 덕분에 제가 이 세상에 태어난 거라고요. 종교적 신념으로 낙태를 엄청나게 반대했던 분이었기에 엄마를 이래저래 설득했다고, 엄마가 저를 낳으면 자기가 도와주겠다고 약속했다고요.

그땐 이렇게 자세하게 설명해주진 않았었어요. 그 후에도 거듭 반복해서 이 이야기를 언급했었기에 이젠 정확하게 알고 있는 거죠. 이 이야기가 저를 마구 뒤흔들어놓았을 거라고, 지금 그렇게 생각하고 계시죠?! 그런데 엄마가 하도 자주 말해줘서 이젠 아무런 느낌도 없어요. 참나, 그때 엄마가 나를 지웠더라면 어땠을까! 가끔 그렇게 생각하곤 해요." 그녀는 퉁명스럽게 말했다.

그 순간 생각나는 말이 딱 하나밖에 없었다. '생기 없게.'

불현듯 모든 게 확실하게 이해돼버렸다. T가 수차례 말했던 것처럼 그녀는 당연히 '최대한 생기 없이' 행동했다. 실상 그녀가 살아있으면 안 됐었으니까. 세상에 나오질 말았어야 할 존재니까. 그녀의 엄마는 낙태를 바랐었으니까. 그저 그 이웃 여자 덕분에 그녀는 세상에 태어날 수 있었고, 그렇기에 최대한 감사하는 마음으로 살아가야 했고, 최대한 눈에 띄지 않게 행동하면서 그 고마움을 드러내야 했다. 그녀의 표현처럼 '생기 없게' 말이다.

너는 사실 태어나면 안 됐어.

이 가정이 T에게 고스란히 전해졌고, 그녀는 무의식적으로 자기 자신에게 이 가정을 계속 반복해서 말해줬다. 그 이면에 숨겨진 신념은, '**너는 원치 않은 존재야**'였다.

게다가 그녀는 유치원 때의 경험으로 관심과 '무대'를 위험한 것이라 학습하게 됐다. 기대감은 수치심과 슬픔으로 곧장 이어질 수 있고, 이러한 실망감으로부터 안전하게 벗어나려면 차라리 뒤로 물러서 있는 게 더 좋다고 배웠다. 이 경험은 그녀에게 너무도 강력하게 박혀 있었기에 지금껏 그녀는 최대한 눈에 띄지 않게, 소극적으로 행동해왔다. 시끄럽고, 흥분되고, 적극적인 성격의 T가 계속 존재해나갈 수 있었던 곳은 오직 백일몽 속에서뿐이었다.

치료 초반 T는 자기 자신을 아주 조용하고 소극적인 사람으로 소개했고, 늘 그런 성격의 사람이었음을 거듭 강조해서 말했다. 이게 특히나 흥미로웠다. 그녀는 자기 자신에 관해서는 그 어떤 다른 면도 알지 못한다고, 이게 자신의 성격이라고 재차 강조했다. 그런데 대화를 계속 이어나가면서 우리는 이게 그녀의 유일한 성격 특성이 아님을 확실히 알게 됐다. 이보다 더 나아가, 우리는 그녀가 아주 어렸을 때는 조용하고 소극적인 성격과는 아주 거리가 멀었다는 사실도 알게 됐다. 그녀는 자신의 엄마가 원하는 대로 자신의 모습을 갖춰나갔다. 이를 일찍이 깨달았고 오로지 이 신조에 맞춰서 행동해나갔다.

엄마, 저를 지우지 않아서 고마워요. 감사의 의미로 최대한 생기 없게 지낼게요.

'나는 원하지 않은 존재야'와 같은 신념은 이 젊은 여성의 삶에 어떤 영향을 미치게 될까? 이러한 확신은 그녀의 삶, 그녀의 친구 관계, 그녀의 연인 관계, 그리고 그녀의 직장 생활에 어떤 영향을 미치게 될까? T는 최대한 다른 사람들의 주목을 받지 않고자 오랫동안 애써왔었다. 삶에 참여하지 않은 채 살아가기. 그녀는 늘 뒤로 물러나 있었다. 친구들 사이에서는 개밥에 도토리 같은 신세처럼 느껴질 때가 많았다. 친구들 무리에 제대로 끼어본 적은 거의 없었기 때문이다. 그녀는 친구들이 그녀에게 바라는 대로 행동했고, 다른 사람들의 말에 언제나 귀 기울였고, 그녀가 할 수 있는 한 다른 사람들을 도와줬다. 그녀가 무슨 생각을 하는지, 어떤 걱정거리나 문제가 있는지는 아무도 몰랐다. 요즘 어떻게 지내냐는 질문에 그녀는 늘 이렇게 대답했다. "다 좋아, 괜찮아."

　　연인 관계에서는 소극적이고 복종적이었으며, 상대방에게 다 맞춰줬다. 자신의 욕구보다 남자친구의 욕구를 더 우선시했고 말다툼이 있으면 금세 승복하며 양보했다. 그녀는 직장 생활에서도 끝까지 자기 의견을 관철하지 못했다. 다른 사람들이 꺼리는 인기 없는 과제들을 넘겨받기가 일쑤였고, 최대한 눈에 안 띄게 행동했다. 지금보다 더 나은 자리에 걸맞은 능력들이 있다는 걸 알면서도 스스로 지원해본 적은 단 한 번도 없었다. 거절당할까 두려웠으니까.

　　'나는 원치 않은 존재다.'

　　그 이면에 숨겨진 논리는 이렇다. 어차피 나는 이러나저러나 원치 않은 존재라고 믿으면, 아주 큰 주목을 받거나 전력투구하는 일을 스스로 피하는 건 당연하다. 그러지 않으면 주변 사람들이 나를 알게 될 것이고, 실상 이곳에서 나는 전혀 원치 않은 존재라는 걸 그들이 알게 될 수도 있기 때문이다. 나를 위해 뭔가를 더 바라는 것 자체가 '지나치게 많은' 것인지도 모른다. 어쩌면 내가 너무 많은 걸 바라고 있나? 나는 이곳에 존재해도 된다는 그 사실만으로도 실상 행복해야 하는 거니까, 어쩌면 이는 내게 결단코 허락돼선 안 될지도 모른다. 다른 사람들이 나를 감내한다는 사실에 고마워해야 하며 조그마한 그 어떤 것도 바라서는 안 된다.

　　내 권리를 지킨다? 아주 위험해.

　　내 바운더리를 만들고 이를 지켜나간다? 너무너무 위험해.

내 욕구들에 주의를 기울이며 이를 충족시킨다? 불가능.

'나는 원치 않은 존재다'란 신념 이면에 놓인 논리는 삶의 모든 영역에서 시종일관 T를 쫓아다녔다. 이는 T가 엄마 배 속에 생겼을 때부터 엄마가 T에게 그녀는 원치 않은 존재라는 메시지를 계속 전달함으로써 생긴 상처 때문이었다.

✦ 애착 관계에 따라 아이의 삶이 달라진다 ✦

이 이야기가 딴 세상 이야기처럼 들리는 사람들도 분명 있다. 이들은 그런 일을 상상조차 하기 힘들기 때문이다. 이처럼 행복한 사람들에겐 엄마가 자신의 딸을 애정 없이 대하는 태도가 그저 비현실적이다. 이들은 사회적으로 통용되는 전형적인 엄마 이미지에 딱 맞는, 그러니까 자녀를 안전하게, 배려심 깊게, 애정 가득히 대해주는 엄마나 애착 대상이 있는 행운아들이다.

한편, 이 이야기를 접하는 동안 주인공의 감정이 고스란히 전달되는 사람들도 있다. 이 이야기가 자신의 이야기이기도 하기 때문이다. 이들은 자신이 직접 경험해봤기에 엄마로 인해 겪게 되는 거부, 거절, 엄격함, 딱딱함, 무관심, 학대가 어떤 기분인지 잘 안다.

이 이야기는 우리의 이야기다.

그렇다면 우리는 이에 관해 이야기해볼 필요가 있다. 애정 없는,

무자비하고 차가운 엄마의 이미지를 그려내는 게 사회적으로는 덜 통용될지언정 실제로는 그런 엄마가 분명 존재한다. 특정 유형의 엄마를 나쁘게 이야기하면서 이들을 희생양으로 삼고자 하는 게 목적이 아니다. 주된 사안은 그런 사람들의 아이들이 놓인 현실을 진지하게 받아들이는 거다. 아이들은 엄마, 아빠, 제3의 주요 애착 인물 등 자신을 돌봐주는 양육자에 맞춰 제 자존감을 발달시켜나간다. 이 아이들의 현실은 일단은 제 부모의 현실에 의존한다. 즉 아이들은 부모에게 의존적이며 아이들에 대한 책임은 그 부모에게 있다. 이들이 자신에게 부여된 책임을 인지하고 한 치의 거짓됨 없이 진실하게 그 책임에 임하냐 그렇지 않냐에 따라 아이들의 삶이 달라진다. 부모의 보살핌, 보호, 사랑, 애착, 관심, 인내에 따라 아이들의 삶이 바뀐다.

아이들은 욕심이 없다. 아이들은 자신들이 취할 수 있는 걸 가지면 그로부터 자신의 현실을 만들어나간다. 아이들은 비교하지도, 요구하지도 않는다. 아이들은 부모가 주는 대로 그냥 받아들인다. 이것이야말로 그들에게 옳은 것이고, 그들이 얻어낸 것들이다. 그리고 이때 장기적으로 문제가 발생한다. 아이들이 부모로부터 얻은 게 불충분하고 고통스러우며 슬픈 것일지언정, 아이들은 부모를 샅샅이 들춰대지 않기 때문이다. 아이들은 어떠한 잘못이나 책임도 부모에게서 찾지 않는다. 아이들은 자기 자신에게 그 잘못과 그 책임을 묻는다.

어린아이들은 자기 부모가 자신의 문제나 스트레스로 인해 지금 힘들어하고 있고, 그렇기에 자신의 행동에 대해 어떠한 변명도 하지 못한다는 사실을 알지 못한다. 어린아이들은 자기 자식에게 정의롭지 못한 부모도 있다는 걸 알지 못한다. 아이들은 이러한 부모가 자신에게 옳은 부모라고 확신하며 이들이 행하는 것이야말로 자신이 반드시 행해야만 하는 것이라 당연하게 여긴다. 이게 그들에겐 정상이다.

슬프고 고통스러운 경험을 했더라도 아이들은 이를 어떻게든 처리해야 한다. 아이들은 제게 가장 간단하면서도 논리적인 설명으로 다루기 시작한다. 즉 아이들은 자기 자신에게 잘못을 부여한다.

T의 엄마가 원래는 그녀를 지우려고 했었기에 지금 살아있는 것에나 그저 감사하라고, 그렇기에 꿀벌 마야 역을 맡을 수 없는 거라고 꼬마 T에게 설명해줬을 때, 이는 그녀가 믿었던 논리적인 설명이었다. 이 말을 다섯 살짜리 아이가 어떻게 달리 해석해낼 수 있겠는가? 아이는 그저 그대로 이해할 수밖에 없다. 그리고 그게 바로 엄마가 말한 것이기도 하다.

애착 없는 엄마 아래서 성장한 아이들은 어른이 되어서도 이른바 '어머니 상처mother wound'를 대부분 가지고 있다. 이는 근본적으로 자존감과 관련된 정서적 상처로, 더욱 깊은 곤궁 상태로 빠져들 수도 있다.

이 아이들은 안전하고 애정 가득한 돌봄을 받으며 자라는 데 필요한 사랑, 확신, 인정, 보살핌 등을 자신의 엄마나 다른 주요 애착 대상으로부터 받아본 적이 없다. 그렇게 되면 이러한 영역에 대한 욕구는 더더욱 심해지면서 주된 애착 관계에 정서적으로 의존해버릴 수도 있다. 보호와 사랑에 대한 욕구가 충족되지 못한 상태로 깊이 박혀 있던 사람들은 새로운 관계를 맺을 적에도 보살핌과 애정을 충분히 받아본 사람들과는 다른 조건에서 시작한다. 후자의 경우, 연인이나 배우자와 의견이 달라도 자신이 여전히 사랑받고 있는지를 (무의식적으로라도) 끊임없이 걱정하지 않는다. 불협화음이 생기거나 다툼이 일어나도 상대방의 감정부터 곧장 의심하지는 않는다. 논쟁이 그 사람의 자존감을 바로 공격하지도 않는다. 오히려 이들은 그런 상황을 '해결책이 필요한, 일시적인 불편한 상태'로 간주한다.

하지만 어머니 상처(혹은 아버지 상처)가 있는 사람들은 이런 위기 상황을 그저 불편한 상태로만 여기지 않는다. 이들에겐 자존감에 대한 실존적 위협이기도 하다. 이들은 (지금 발생한 사건과는 완전히 무관하게) 자신이 늘 사랑받을 가치가 충분한 존재라고 생각하지 않기 때문이다. 이들은 자신이 성취하거나 제공한 것, 혹은 타인이 자신을 평가하는 정도에 따라 한 인간으로서 가지는 자신의 가치가 달라진다고 생각한다. 갈등이 생기거나 다툼이 벌어지면 이들은 한순간 그러한 문제점들과 비판들을 몽땅 직면하게 된다. 조화로움이 깨진 것, 그것 자체만으로도 견디기 힘들어한다. 그런데 자기 자신이나 관계에 대한 비판은 (T의 사례처럼) 어머니 상처를 통해 생겨난 자존감 상처에 직접 와닿기에 압도적으로 파괴적일 때가 많다.

이러한 어머니 상처를 도대체 어떻게 치유하지?

T의 이야기를 자기 자신의 이야기와 동일시하고 있는 독자들의 질문 소리가 여기까지 들린다. 장기적으로 지속적인 효과를 보이는 방법은 실상 하나밖에 없다. 바로 자기 책임이다. 자기 자신에 대한 책임은 스스로 지자. 우선은 엄청 힘겹고 매정하게 들릴 수도 있다. 그런데 아니다. 이는 상처받은 아이의 역할에서 벗어나 한층 더 성장해나가기 위한 해결책이다.

모든 사람은 제2차 성징기를 거치면서 신체적으로는 다 자란다. 하지만 정서적으로는 그 이후까지 굉장히 의존적인 경우가 많다. 우리는 부모님들의 아이들로 영원히 남을 것이다. 그렇지만 언제까지나 아이들처럼 느낄 필요는 없다. 우리는 대개 어른이 된다는 걸 일상생활에서, 그리고 무엇보다 경제적으로 부모에 의존하지 않는 것에 초점을 맞춘다. 흔히 '내 돈은 내가 벌어', '내 삶은 내가 결정해' 등으로 정의한다. 물론 이도 중요하나 일부분에 불과하다. 어른이 된다는 건 정서적 의무를 감당한다는 것도 뜻한다. 이게 바로 자기 책임이다. 자기 결정에 대한 책임, 자기 행동에 대한 책임, 그리고 자기 감정에 대한 책임을 스스로 짊어질 줄 아는 것이다. 이때 '예전의' 어릴 적 감정과 현재의 감정을 구분할 줄 아는 게 중요하다.

1. 지금 느끼는 감정을 파악해보자.
2. 이미 알고 있던 감정인가? 정확하게 이 강도로, 정확하게 이 감정?

3. 지금 활성화된 게 유년기 시절에서 비롯된 '옛' 감정인가?

감정은 바로 지금, 그 감정이 유발된 상황과 무조건 관련 있는 것은 아니다. 가끔은 현재 상황으로 과거의 감정이 활성화되기도 한다. 예를 들어 한 친구가 다른 일로 당신과의 약속을 취소했고 이로 인해 당신이 엄청나게 슬프고 상처받았다고 생각해보자. 이때는 '옛' 감정들이 지금 활성화됐을 가능성이 크다. 예전 기억이 무의식적으로 활성화된 것이다. 어렸을 때 자신에게 아주 중요한 사람으로부터 거부당했다고 느꼈던, 굉장히 상처받았던 경험일 수도 있다. 친구가 약속을 취소했기에 정말로 상처받거나 슬픈 게 아니다. 거절과 관련된 '나'의 옛 감정이 친구의 약속 취소로 활성화됐고, 이 감정을 지금 강하게 경험하면서 유발자(친구)에게 잘못 전가하게 되는 것이다.

이로 인해 대인관계에서 극적인 문제들이 초래될 때가 많으며, 엄청난 위기 상황이 연출되기도 한다. 상대방은 이 '과한' 반응을 대부분 이해하지 못하기 때문이다. 더욱이 자기 자신조차 이러한 상황을 잘 이해하지 못한다.

도대체 나는 왜 이렇게 강하게 반응하는 거지? 사실 그렇게 끔찍한 일도 아니잖아! 이해가 안 돼, 그런데 그냥 놔두지도 못하겠어. 그냥 너무 아파!

우리가 흔히 생각하는 말이다. 그리고 바로 이러한 생각에서 우리는 이것이 오래된 옛 감정을 다루고 있을 수도 있음을 가장 잘 알아차릴 수 있다.

그렇다면 이 오래된 감정을 어떻게 해야 할까? 사실 이들은 전혀 문젯거리가 못 된다. 오히려 그 반대다. 이들은 우리의 체계 속에 마무리되지 못한 그 무언가가 이리저리 돌아다니며 우리의 관심을 촉구하고 있음을 알려주는 중요한 메시지 전달자다. 바로 이걸 해내야만 한다. 자기 자신을 주의 깊게 바라보는 것을 말이다.

그러려면 그 감정에 자신을 내맡긴 뒤, 그 상황과 더불어 이에 대한 기억을 확실하게 규명해봐야 한다. 앞서 언급했던 약속 취소 상황을 다시금 떠올려보자. 이때 스스로 이렇게 질문해볼 수도 있겠다.

1. 지금 나는 정확하게 어떤 기분인가? **거부당한 느낌이야.**

2. 이 거부당한 감정을 나는 어떻게 알게 된 건가? **엄마가 늘 언니만 예뻐하고 찾을 때 느꼈던, 그 감정 같아. 지금 이 기분을 그때도 똑같이 느껴봤었어.**

3. 지금 활성화된 건 유년기 시절의 '옛' 감정인가? **맞아, 그런 기분이 들었던 상황들을 나는 아직도 기억해. 이 감정은 지금보단 그 기억들에 더 들어맞아. 감정의 세기도 지금 상황과는 그렇게 딱 맞아떨어지지 않아.**

그다음으로 자신의 기억 속에 떠올려진 그 당시, 그 상황을 최대한 정확하게 기억해보고자 노력해야 한다. 무슨 일이 있었던 거지? 어린아이였던 자신의 모습을 떠올려보자. 아이였던 내가 그 상황을 어떻게 경험하고 있는지 한번 생각해보자.

이때 자신의 '내면 아이'를 잘 살펴보자.

그 아이는 무엇을 하고 있는가? 이 거부 행위를 그 아이는 어떻게 느끼고 있는가?

자신의 상상 속으로 좀 더 깊게 들어가보자. 그 당시의 그 감정을 (아이였을 때 느꼈던 것과 똑같이) 강하게 느낄 수 있다면 이 연습은 성공적이다.

이 지점까지 다다랐다면, 어른인 내가 이 상상 속에 등장하는 모습을 떠올려보자. '나'는 이 거부당하고 슬픈 아이를 보듬어줄 것이며, 이 아이가 지금 당장 필요로 하는 것, 즉 사랑, 관심, 애정 가득한 보살핌, 그리고 위로를 아이에게 줄 것이다.

어린아이였던 내가 바로 그 상황에서 필요로 했던 게 무엇인지, 그리고 지금도 여전히 무엇을 필요로 하고 있는지는 그 누구보다 자신이 제일 잘 안다. 오직 나만이 나의 내면 아이를 돌봐주고 보살펴줄 수 있으며, 위로해줄 수 있다. 내면 아이는 그곳에 앉아 제 부모가 자신을 돌봐주길 여전히 계속해서 기다리고 있을지도 모른다. 하지만 그런 일은 이제 더는 일어나지 않는다. 내면 아이가 바랐던 대로는 분명 이뤄지지 않는다. 이를 해줄 수 있는 사람은 단 한 명밖에 없다. 바로 자기 자신이다.

이 때문에 정서적으로 성장해나가는 게 중요하다. 자신의 어머니 상처 혹은 아버지 상처를 자신이 직접 어루만져줘야 한다. 그래야 내면 아이가 더는 자신의 고통이 언제쯤 줄어드나 헛되이 기다리지 않게 된다. 그래야 나의 인간관계를 더는 스스로 방해하지 않게 되고, 나의 감정 세계는 더는 불가사의 세계가 되지 않는다. 자신의 감정 안으로 깊이 들어가 그 이면에 숨겨진 것을 들여다볼 용기가 있을 때, 이 상처들을 치유할 방법도 찾게 된다. 감정들은 나에게 중요한 메시지 전달자가 될 수 있다. 이들은 치유가 필요한 상처들이 여전히 내 안에 존재함을 알려준다. 심지어 감정의 특성에 접근할 방법도 보여준다. 감정을 확인하는 작업을 통해 '나'는 이와 연결된 기억을 떠올리게 되고, 그렇게 함으로써 내면 아이에게 다가가게 된다. 이처럼 저마다 자신의 고통스러운 기억들에 성인이 된 자아와 함께 들어가서 내면 아이가 평생토록 바라왔던 것을 끝끝내 건네줄 수 있게 된다.

이는 치료실에서 내가 지치지 않고 계속해서 환자들의 자기 책임을 지지하는 이유 중 하나다. 나 자신, 나의 생각, 나의 감정, 그리고 나의 행동에 스스로 책임지자. 자신이 유년기 시절에 겪었던 고통스러운 경험에서는 부모에게 책임이 있다. 그렇지만 이 고통스러운 기억들을 다뤄내며 치유할 책임은 어른인 '나'에게 있다. 이 기억들은 자신의 기억 및 경험 세계의 일부분일 뿐이다. 그러므로 이에 대한 책임은 자신에게 있다.

나는 이 점이 진짜 멋지다고 생각한다. 오직 자신만이 자기 내면의 아이가 바라는 것을 줄 수 있다. 오직 자신만이 자기 내면의 아이가 지닌 욕구들을 정확하게 공감해줄 수 있다. 오직 자신만이 자기 내면의 아이를 행복하게 만들 (그럼으로써 당신도 행복할) 방법을 알고 있다. 내면 아이가 자신을 괴롭히던 사람에게 계속 의존하고 있다면, 이는 얼마나 지독하게 부당한 일이겠는가?

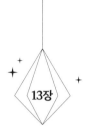

13장

제 두려움의 정체를
알 수 없어서 더 두려워요

신념은 어떻게 두려움을 키우는가

C는 지금껏 내가 외래 병동에서 상담했던 환자들 가운데 가장 나이가 많았다. 그녀는 여든다섯이었고, 20여 년 전에 이혼했다. 그리고 아들이 한 명 있었다. 심리치료사들은 대부분 인정하기 싫어하지만, 사실 조금 더 기다려지는 환자들이 몇몇 있기는 하다. 나에게는 C가 그런 환자들 가운데 한 명이었다.

C가 나로부터 뭔가를 배우는 것만큼, 적어도 그만큼은 나도 그녀로부터 배우고 있다는 기분이 들었다. 그녀는 다양한 삶의 경험이 있는 현명한 여성이었다. 그렇다고 불가사의한 미지의 세계를 바라보며 거칠고 낮은 목소리로 엄청나게 똑똑한 말들을 내뱉는 그런 '현

명한 노부인'의 모습은 전혀 아니었다. 그녀는 유쾌하면서도 시끄러운 목소리와 함께 온몸으로 이야기하는 여성이었다. 그녀는 쉽게 흥분하는 타입이었고, 재미난 일화들로 자신의 지혜로움을 드러냈다. 그녀는 정치에 관심이 많았고, 세상 및 신에 관한 지적인 논쟁을 좋아했다. 그녀는 혼자 지내는 시간이 많았기에 대부분의 논쟁을 자기 자신과 벌였고 자기 스스로 꾸준히 도발했다. "그거 아세요? 가끔은 저 혼자서 다양한 역할을 맡아봐요. 예를 들자면 메르켈 대 쇠더Söder처럼요. 그러면서 각자 어떤 논쟁을 벌일지 생각해보죠. 진짜 재미있어요. 제가 그렇게 공감하지 못 하는 쪽을 승자로 만들기도 해요. 하지만 AfDAlternative für Deutschland(독일 대안당 - 옮긴이)는 예외에요. 이 패거리는 제 상상 놀이에서는 절대 저를 이길 수 없어요." 그녀는 즐겁게 웃었다. AfD를 '지적으로 말살시켜'버렸던 자신의 상상 속 논쟁들을 떠올렸음이 틀림없었다.

게다가 C는 유감스럽게도 아주 멀리 떨어져 사는 그녀의 아들과 손주 두 명에 관해서도 이야기 나누길 좋아했다. 그래도 그녀가 제일 즐겨 했던 건 그녀 자신에 관한 이야기였다. 예전엔 어땠었는지, 어떻게 자랐는지, 그리고 안타깝게도 한날 종지부를 찍긴 했지만 그래도 꽤 행복했던 결혼생활에 관해서도 이야기했다. 그녀는 전남편에게 다른 여자가 생겨 헤어지게 됐지만, 그가 굉장히 솔직하고 예의 바르게, 그리고 '최대한 친절하게' 떠났다고 말했다. "이혼분쟁을 하지도 않았어요. 그는 직장에서 다른 여자와 사랑에 빠졌고 제게 바로 자백했어요. 그는 분명 제가 아닌 다른 여자를 원하는데 결혼 생활을 계속 유지해나간다는 건 무의미했을 거예요. 굉장히 고통스러웠지만, 그는 이혼할 때에도 제게 친절했어요." 그녀는 속상해했고, 그녀의 눈빛은 점점 더 슬퍼졌다. 그럴 때마다 그녀는 다소 즐거운 이야기들로 금세 화제를 돌렸다. 그녀의 고통을 내가 제대로 들여다보는 걸 그녀는 우선은 허락해주질 않았다.

그런데 도대체 무엇 때문에 그녀는 이곳에 와 있는 거지?

✦ 오래된 두려움의 실체 ✦

C에게는 건강염려증Hypochondria이 있었다. 심각한 질병을 앓을지도 모른다는 것에 대한 엄청난 두려움을 가지고 있었다. 일주일에 최소 두 번은 '점검'을 위해 병원을 찾았다. 어느 순간 그녀의 주치의는 굉장히 짜증이 났고, 그녀에게 심리치료를 권했다. 지금까지 85년을 살아오면서 그녀가 심리치료를 받아본 적은 단 한 번도 없었다. 그런데 그녀는 이를 아주 멋지다고 생각했다.

"매주 이곳에 와서 선생님과 제 이야기를 나눠도 된다고요?" 그녀는 완전히 매료된 채로 질문했다. 이를 그녀는 엄청나게 멋지다고만 생각했다.

적어도 우리가 그녀의 두려움에 관해 이야기를 나누고 그녀의 안전 확인 행동들(주치의를 찾아가 검진받기, 끊임없이 혈압 재보기 등)을 줄여 보고자 하기 전까지는 그랬다. 그녀는 매번 이 주제만큼은 어떻게든 피해가려고 애썼다.

"C 씨의 두려움이 뭐죠? 그러니까, C 씨에게 일어날 수 있는 최악의 상황이 뭘까요?" 내가 그녀에게 물어보았다.

"병원, 좀 더 나쁜 경우엔 노인시설로 보내지겠죠. 다른 사람들의 보호를 받아야만 하겠죠." 그녀가 대답했다.

우리는 계속해서 C의 두려움을 다루며 어떤 일이 벌어질 수 있을지를 함께 상상해보았다. 일어날 수 있는 최악의 경우들을 떠올려봤다. 최악으로 벌어질 수 있는 일은 뭘까? 이를 어떻게 다뤄낼 수 있을까? 최악의 상황이 정말로 벌어지면 어떻게 해야 할까? 이러한 '재앙'을 계속해서 막아내는 건 내게 무슨 의미일까? 이 재앙 가득한 생각들로 나는 실상 얼마나 많은 힘을 빼앗기고 있는 걸까?

C는 이런저런 생각들을 떠올렸지만, 한 지점만큼은 다가가지 못하게 막아섰다. 그곳에서는 더는 협조하지 않았다. 바로 그곳에 그녀의 본질적인 두려움이 숨겨져 있었다. 이는 아주 오래된 녹슨 궤짝 속에 담겨 있었고, 이 궤짝은 쇠사슬과 자물쇠로 꽁꽁 잠겨진 채 저 깊은 바닷속에 놓여 있었다. 나는 다가가지 않았다. 그녀가 허락하지 않는 한, 나는 더 깊이 잠수해나갈 수 없다.

그리고 그녀는 이를 허락하지 않았다. 두려웠기 때문이다. 그녀의 두려움은 이 궤짝을 열고자 하는 마음가짐보다 훨씬 더 컸다. 이 궤짝은 너무도 오랫동안 묻혀 있었기에 그 안에 무엇을 숨겨뒀는지 이제는 그녀조차 모르는 것 같았다. 그녀는 두려웠다. 두려움에 대한 두려움. 그리고 그녀가 알아낼지도 모를 그 무언가, 그러면서 그녀가 맞닥뜨려야만 할 그 무언가에 대한 두려움.

그런 순간마다 나는 우리 인간들에게 매번 경악한다. 두려워해야만 한다고 믿는 무언가를 막아내고자 우리는 얼마나 많은 힘을 쏟아붓고 우리 삶의 질을 얼마나 많이 떨어뜨리는가. 그게 뭔지 정작 알지도 못하면서 말이다.

나는 내가 C의 본질적인 두려움에 가까이 다가가지 못하고 있다는 사실에 화가 났다. 어렸을 때 나는 수수께끼를 미치도록 좋아했고 탐정 문제들을 즐겨 풀었다. 하지만 이번만큼은 아무런 진전이 없었다. 재미나게도 C는 수수께끼와 범죄-탐정 놀이에 대한 열정을 내게 불러일으켰다. 단지 같은 편이 아닐 뿐이었다. 그녀는 내 조사를 막았다.

이 역시 심리치료에서는 중요 포인트다. 심리치료사들은 자신에게 허락된 만큼만, 딱 그만큼만 환자들과 동행해줄 수 있다. 바로 코앞에서 문이 닫혀버릴 때도 많다. 심리치료사로서 그만큼이나 접근해도 괜찮다고 허용해주기 때문이다. 우리가 만나는 환자들은 대부분 지금껏 살아오는 동안 그들의 아주 개인적인 생각을 우리에게처럼 다른 사람들에게 드러내는 경우는 거의 없다. 내게 표명해주는 신뢰에 나는 늘 굉장히 감사하며 이를 결단코 당연하게 여기지 않는다.

물론 내게도 어느 정도의 책임은 뒤따른다. 그들이 내게 공유해 주는 개인적인 정보들로 나는 무엇을 하는가? 더 많은 정보를 얻고픈 내 바람은 옆으로 제쳐두고 환자가 설정한 경계를 존중하며 인정해줄 수 있는가? 그럴 수 없다면, 나는 이 환자에게 적합한 심리치료사가 아니다.

나는 C의 궤짝을 저 먼 깊은 바닷속에 내버려두었다. 나는 그녀의 두려움 관련 증상을 그녀와 함께 계속해서 다루어나갔고, 그녀는 정말로 좋은 진전을 보였다. 매주 그녀의 상태는 조금씩 더 좋아졌다.

그러던 중, 심상치 않은 일이 벌어졌다. 약속한 상담 날짜에 그녀가 나타나지 않았다. 지난 수개월 동안 이런 적은 정말 단 한 번도 없었다. 나는 내 자동응답 전화기에 남겨진 메시지들을 들었고, 그녀가 남긴 음성 메시지도 하나 있었다. 그녀는 감기에 걸려 치료실에 나올 수 없다고 했으며, 2주 뒤에 상담 일정을 새로 잡아달라고 부탁했다. 그렇게 약속을 새로 잡았지만, 이번에도 그녀는 모습을 비추지 않았다. 이번에는 자동응답 전화기에 메시지조차 남기지 않았다.

나는 그녀의 안부를 묻고자 전화를 걸었다. 하지만 아무도 전화를 받지 않았다. 무슨 일이 있는 걸까? 얼마 지나지 않아 누군가 치료실 벨을 눌렀다. 한 중년의 여성이 문 앞에 서 있었다. "방해해서 죄송합니다만, 정말 너무 중요한 일이라서요! 선생님과 잠깐 이야기를 나눌 수 있을까요? 선생님 환자, C와 관련된 일입니다!" 그녀는 완전히 흥분한 채로 말했다.

그녀는 안으로 들어오더니 C가 그냥 보통 감기에 걸린 게 아니라 코로나19에 확진되었다고 이야기해주었다. 지금 C가 병원에 입원해 있는데 상태가 아주 안 좋다고 했다. 그녀는 내게 병동 전화번호를 건네주었고, 나는 그날 바로 C에게 전화를 걸었다.

C의 상태는 좋지 않았다. 그녀는 말 한마디 뱉을 때마다 깊게 숨을 들이마시어야 했다. 숨을 굉장히 가쁘게 쉬었고, 그 때문에 질병과 관련된 그녀의 두려움은 더더욱 커져만 갔다. 그녀가 제일로 두려워했던 일이 정말로 일어난 것이다. 병원에 누워 다른 사람들의 보살핌을 받아야만 하는 일이.

나는 그녀에게 도움이 될 만한 사항들을 권유했고 우리가 그간 함께 연습해왔던 호흡법도 상기시켜주었다. 끔찍한 일들에 관한 생각들로부터 그녀의 주의를 돌리고자 정치 이야기도 하고 토론도 벌였다. 그녀가 저만의 생각들과 맞서 싸우기엔 너무도 쇠약해진 상태였다.

내가 질병이나 병원 등 그녀에게 두려움을 불러일으키는 모든 주제로부터 화제를 바꾸며 그녀를 배려했던 동안 그녀 내면에서 어떤 일이 벌어졌다. 처음으로 그녀가 자신의 두려움, 근심, 걱정거리에 관해 솔직하게 이야기하기 시작했다.

"아세요? 저는 몸이 안 좋아져서 병원이나 노인시설에 들어가는 것을 평생토록 가장 두려워했어요. 그런데 지금 제가 여기, 이렇게 누워 있잖아요. 여기저기 호스들로 연결되어 있고, 저를 돌봐주는 낯선 사람들에게 둘러싸여 있죠. 그런데 이젠 한 가지 사실이 아주 분명해졌어요. 사실 저는 이걸 전혀 두려워하지 않았던 거예요. 제 머릿속에선 이게 제일 끔찍한 재앙이었어요. 하지만 정작 그 상황이 되자 제가 이걸 하나도 안 두려워했다는 걸 깨닫게 된 거죠." 그녀는 차분하게 설명했다. 이번에는 정말로 현명한 노부인처럼 침착하면서도 거칠고 낮은 목소리로 말이다. 아직 할 말이 더 남았다는 게 느껴졌기에 나는 그저 그녀의 말에 귀를 기울였다.

"선생님이 늘 가까이 다가서고 싶어 했던 그 궤짝을 기억하세요?" 그녀가 말했다. 그녀의 목소리에서 나는 그녀가 지금 미소 짓고 있음을 알 수 있었다.

"그럼요, 당연히 기억하죠." 나도 미소 지으며 대답했다.

"지금 제가 그 궤짝의 뚜껑을 연 것 같아요."

"그 안에 뭐가 들어있죠?" 나는 깜짝 놀라며 물어보았다.

"아무것도요." 그녀는 잠시 말을 멈췄다. 수화기 너머로 정적이 흘렀다. 아주 잠깐이었지만, 내겐 엄청나게 길게 느껴졌다. 내 머릿속에 울려 퍼지던 딸깍딸깍 초침 소리는 그녀의 우렁찬 웃음소리와 함께 뚝 사라졌다.

"정말 굉장한 모순이지 않나요, 카흐라만 선생님! 제가 악의 없는, 기분 좋은 장난은 뭐든 다 좋아한다는 걸 선생님도 아실 거예요. 하지만 이건 정말 모든 걸 다 넘어설 정도로 최고예요! 어느 순간이 되면 정작 무엇이 문제이고 핵심인지를 제가 다 잊어버릴 거란 생각에 저는 한평생 두려웠고 그 두려움을 제 안에 품고 살아왔어요. '나는 무엇이 그렇게 두려운 걸까?' 그리고 오늘 저는 드디어 제 안을 들여다볼 용기가 생겼어요. 그래서 선생님과 그토록 자주 연습했던 상상법을 실천해봤어요. 제가 선생님을 정말로 힘들게 했었다는 거, 저도 잘 알아요! 그런데 이번에는 정말로 멀리 나아갔어요. 그리고 좀 더 멀리, 좀 더 멀리. 그리고 결국엔 이 궤짝에 다다르게 된 거죠. 뚜껑을 열었는데 아무것도 없었어요. 실망하기 일보 직전이었어요!" 그녀는 다시금 웃었다. 기침과 가쁜 호흡으로 중간중간 웃음을 멈추기도 했지만, 그런데도 그녀는 계속 웃었다.

MRI 폐 사진을 찍고자 간호사 한 명이 C를 데리러 병실로 들어왔다.

"카흐라만 선생님, 유감스럽게도 전화를 끊어야만 하겠네요! 이 궤짝에 관해 선생님께 알려드리고 싶었을 뿐이에요. 선생님께서 저를 위해 애써주신 그 모든 것에 진심으로, 너무 감사드려요. 저를 포기하지 않아주셔서 고마워요. 그 궤짝 안을 들여다본 건, 제가 지금에서 해볼 수 있었던 최고의 것이었어요." 그녀는 다시금 침착하면서도 거칠고 낮은 목소리로 말했다.

"오로지 C 씨 혼자 힘으로 해내신 거예요. 스스로 자랑스러워하셨으면 좋겠어요. 빠른 쾌유를 빌어요, 빨리 쾌차하세요. 치료실에서 다시 만나요!" 나는 긍정적으로 말했다.

"아름다운 이별이네요." 그러면서 그녀는 전화를 끊었다.

그리고 이는 정말로 영원한 이별이 되었다. 그땐 우리 둘 다 알지 못했지만.

MRI 결과는 염려스러울 정도로 좋지 않았다. 우리가 대화를 나눈 지 24시간도 채 지나지 않아 C의 상태는 급속도로 나빠졌고, 중환자실로 옮겨진 지 얼마 되지 않아 숨을 거뒀다.

그녀와 전화 통화한 지 3일 후, 그녀의 아들이 내게 그녀가 죽었다는 소식을 전해줬다. 그녀가 마지막 숨을 거두기 전, 그는 그녀와 함께 있었다. 그녀는 마지막으로 이렇게 말했다고 했다.

"아무런 두려움 없이 잘 죽었다고 모두에게 전해줘."

✦

사람들은 환자들의 이야기로 내가 정서적으로 굉장히 고통스럽진 않냐고, 기구한 팔자 이야기들을 매일같이 어떻게 참으며 들어줄 수 있냐고, 그리고 그런 슬픈 이야기들을 들으면 나도 울 수밖에 없지 않냐고 내게 자주 물어본다.

그런데 그런 적은 단 한 번도 없었다. 조금도 그렇지 않았다. 나는 방해되는 사고 단계들과 이를 유발한 원인, 그리고 사고 전환을 위해 필요한 방법들을 아주 논리적이고 이성적으로 찾아내고자 노력하는 탐정과 내가 더 가깝다고 생각한다.

C의 부고과 더불어 그녀의 마지막 말을 전해 들었을 때, 나는 눈물을 흘리긴 했다. 하지만 그건 슬픔의 눈물이 아니었다.

유감스러운 사실이지만, 건강이 굉장히 안 좋은 여든다섯 살 노인이 오래 살지 못할 수도 있다는 건 거의 확실하기 때문이다. 나는 C의 죽음에 놀라지도, 충격받지도 않았다. 나는 그녀의 마지막 말에 아주 기뻤으며 한숨 놓았을 뿐이다. 나는 그녀를 위해 진심으로 기뻐했다.

그녀는 거의 평생토록 두려움을 안고 살아왔다. 하지만 죽기 직전 그 두려움을 떨쳐버리는 데 성공했다. 그녀는 홀가분함, 평화로움, 그리고 내적 평화의 순간을 경험했다. 그녀는 두려워하지 않고 죽었다. 그녀는 평화롭게 죽었다. 이보다 더 좋은 이별의 선물을 그녀가 자기 자신에게 해줄 수 있을까?

C는 자신이 두려워해야만 할 그 무언가가 있다는 가정을 한평생 믿어왔었다. 이 무언가에 그 누구도 접근하지 못하게 막아섰다. 그렇기에 나는 그녀의 현실에 대한 이러한 두려움을 검증해볼 수가 없었다. 이게 맞나? 이게 얼마나 현실적이지? 이 두려움이 현실적이고 한날 정말로 실재하게 된다면, 그땐 뭐? 나는 무엇을 할 수 있지? 내가 지금 배워볼 수 있는 극복 전략들은 뭐가 있지? 이 중대사안을 위해 나는 어떤 준비를 하고 있지? 나는 이 두려운 상황을 단호하게 받아들일 수 있나?

C는 그녀의 두려움을 확인해보지 않았다. 그 두려움을 제대로 알고 있었던 적은 단 한 번도 없었으니까. 하지만 이처럼 혼란스러운 두려움들과 맞닥뜨리는 게 너무도 두려워 그녀는 아예 쳐다보지도 않았다. 그러면 일단 더는 다가가지 못한다. 이렇게 흐릿흐릿하고 혼란

스러운 것을 어떻게 제대로 확인해볼 수 있겠는가? 이는 제 몸에 지니고 있긴 하지만 어떤 불빛에서부터 만들어지고 있는 건지는 확인해보지 않는, 그런 그림자 같았다. C만 그런 건 절대로 아니다. 두려움이 없는 상태가 어떤 기분인지 전혀 알지도 못한 채, 그렇게 오랫동안 두려움을 품으며 살아가는 사람들이 많다. 두려움은 끊임없이 함께하며, 그 존재 여부에 어떠한 의문도 품지 않는다. 그러다 두려움이 잠깐이라도 사라지면, 이게 갑자기 어디로 갔는지 많은 이가 궁금해한다. 바로 그 순간, 두려움은 자연스럽게 다시 돌아온다. 이런 식으로 두려움이 완전히 내면화되는 경우가 비일비재하다. 즉 두려움을 나 자신의 일부로 받아들이고 인정해버리게 된다. 그렇게 두려움과 하나가 되어 간다.

두려움은 내 일부야.

그러면 이 신념에 관해서는 되묻지 않게 된다. 두려움이 내면화된 상태에서 두려움에 관한 생각들을 적극적으로 분석해보는 일은 당사자들에게도 굉장히 어렵다. 이미 내 모습의 한 부분이라고 확고하게 인정해버린 것에 어떻게 거리를 둘 수 있겠는가? 두려움을 자기 자신의 일부로 간주하면 할수록, 이에 관한 분석은 점점 더 어려워진다.

그렇기에 저만의 두려운 생각들을 분석하기에 앞서 실행되어야 할 단계가 있다. 우선 그 두려움(및 불안장애)을 표면화해야 한다. 다시 말해 두려움을 자기 자신과 제 몸에서 벗어나 있는 요소로서 경험해봐야 한다. 이는 의도적인 상상을 통해 시행해볼 수 있다. 두려움을 자신의 몸 밖에 존재하는 실체로서 아주 구체적으로 상상해보자.

그것도 최대한 구체적으로.

- 두려움은 어떻게 생겼는가?
- 어떤 형태인가, 어떤 '몸'을 지니고 있는가, 그리고 이름이 뭔가?
- 목소리가 있는가? 무슨 말을 하는가? 보통 언제 말하는가?
- 항상 그곳에 있는가, 아니면 특정 시간대나 상황에만 나타나는가?
- 그간 얼마나 더 커졌는가? 나의 방이나 집에서 얼마나 많은 자리를 차지하고 있는가?
- 그 모습을 정확하게 생각해보자. 원한다면 그림을 그려도 좋다.
- 이름을 붙여보자. 그 이름을 부르며 말을 걸어보자. 이름을 갖고 있고, 나에게 말도 거는 살아있는 존재처럼 여겨보자.

이러한 상상 놀이에는 엄청난 장점이 있다. 두려움에 내가 대답할 수 있다. 두려움이 나에게 이야기하는 걸 되물어볼 수도 있고, 두려움에 맞설 공정한 기회도 주어진다. 이제는 그 두려움을 내가 알고 있기 때문이다. 그 두려움을 바라볼 수도 있고, 두려움의 소리를 들어볼 수도 있기 때문이다. 나는 두려움에 "안 돼"라고 말할 수도 있고, "그만"이라고 고함칠 수도 있다. 두려움을 무음으로 설정해버릴 수도 있고, 방 밖으로 내던져버릴 수도 있다. 더는 내 안에 존재하는 혼란스럽고, 비가시적이며, 정의 불가한 상태가 아니다. 이제는 당신 눈에 보이고, 당신 손에 잡히며, 두려움이 무엇을 말해대건 모두 절충해낼 수 있다.

우세한 위치에 있는 건 나라는 사실을 분명히 해두자. 나의 두려움은 그 두려움으로부터 내가 만들어낸 것이며, 그렇게 되도록 내가 내버려둔 것이다. 그러므로 그 두려움을 정확하게 정의해냄으로써 나의 삶에 대한 통제권을 다시금 쥐어보자. 두려움은 주인 없는 주도권을 곧잘 넘겨받는다.

두려움을 '이겨낼' 수 없다면, 두려움과 협상해보자. 두려움에 허용 가능한 공간은 어느 정도인가? 두려움은 어느 만큼 커져도 괜찮은가? 두려움의 목소리는 얼마나 커도 되는가? 두려움은 언제 말해도 되는가? 두려움과 협의를 봐도 좋다. 나는 정해진 시간에만 두려움의 목소리에 귀 기울이며, 약속된 시간이 지나면 두려움은 다시 사라져야만 한다.

하지만 두려움은 안 그렇잖아. 그래도 늘 거기에 있잖아. 두려움은 자기가 원하는 대로 나를 찾아온다고.

지금 이렇게 말하고 있는 거, 여기까지 다 들린다.

이건 자신이 믿고 있는 가정이고, 그렇기에 (적어도 지금 자신에게는) 진실이다. 그런데 이 가정들이 정말로 옳은 소린가? 내가 생각하는 것들을 누가 결정하는가?

두려움의 감정? 아니면 나 자신?

나의 생각에 접근할 수 있는 건 누구인가? 내 생각에 관한 권리는 누구에게 있는가?

내가 무방비 상태로 두려움에 노출되었다고 생각하는 이유는 무엇인가? 이 두려움은 누구인가? 이 두려움은 나에 대한 권리를 얼마나 가져도 괜찮은가?

그리고 무엇보다 중요하지만 아주 불편한 질문은 바로 이거다.

나는 두려움으로부터 뭘 바라는가?

알다시피 두려움에도 저만의 기능이 있다. 두려움은 위험 요인들에 대한 경계 및 보호와 연결되며, 그렇기에 아주 중요하기도 하다. 그런 맥락에서 우리는 두려움을 이성적인 두려움이라고도 부른다. 다시 말해 두려움은 합리적인 이유로 유발된다. 그러나 불안장애의 두려움은 비합리적이다. 불안장애를 진단할 때의 핵심 기준이 바로 이거다. 두려움의 이유가 없고 과도해야 한다.

C의 경우가 그랬다. 그녀의 두려움은 이미 너무도 많은 자리를 차지해버렸고 그녀의 삶 및 그녀 자신의 일부분으로서 너무도 강하게

인지되고 있었기에 그 존재에 관해 아무런 의문조차 품을 수가 없었다. 그러면서 그녀의 두려움은 한층 더 비이성적인 게 되었다. '도대체 나는 무엇을 두려워하고 있지?' 이 질문에 C가 제대로 대답할 수 있었던 적은 단 한 번도 없었다. 그녀는 (그녀 자신의 모티브와 욕구로) 그 두려움에 다가가 직면하고 난 다음에서야 자신이 그 무언가를 두려워해야 할 이유가 없다는 사실을 깨달았다. '두려움은 내 일부야.' 이 신념을 그녀는 계속 품고 있었고, 죽기 직전에서야 더는 안 믿게 됐다. 이 가정에 합당한 그 어떤 이유도 찾을 수 없었기 때문이다.

✦ 통제할 수 없는 일들에 대한 책임 ✦

잠시 기억을 되돌려보자. 우리는 이렇게 자주 질문한다. "이 신념은 어디에서부터 비롯된 거지?" 그런데 이렇게도 한 번 질문해봐야 한다. "이 신념은 왜 계속 있는 거지?"

두려움은 C의 삶에 계속 남아 있었다. 그 기능을 충족시켜나갔기 때문이다. C는 어린 나이에, 그것도 반복해서 죽음과 맞닥뜨렸다. 절정에 달했던 건, 어린 여동생이 갑자기 죽어버렸을 때였다. C는 통제력 상실을 재차 경험했다. 통제 소재와 귀인 양식을 다시금 떠올려보자. 나는 이 사건들의 책임을 누구에게로 돌리는가? 이 일들을 통제하는 건 무엇이라고 생각하는가? 어린 여동생이 예상치 못하게 일찍 죽었다면, 이건 운명적인 사건인가? 신, 인간의 삶, 혹은 어떤 누군가의 책임인가? 누구의 잘못인가? 누가 통제하는가? 이런 끔찍한 일들이 발생하는 이유는 무엇인가?

C는 우선 외부에 책임을 돌렸다. 즉 이를 운명이자 신의 바람이라 여겼고, 교회에서 위로받길 바랐다. 하지만 불행한 일들은 계속 더해갔다. 먼 친척 삼촌이 갑작스레 돌아가셨고, 할머니가 암 투병으로 고생하시다 돌아가셨으며, 몇 주 뒤엔 반려묘가 죽은 채 발견되었다. 이로 인해 C에게 변화가 생겼다. 그녀는 신에게 의문을 품었고, 자기가 사랑했던 사람들을 자기에게서 그토록 많이 앗아간 신에게 경악했다. 그녀에게 일어난 일들에서 그 어떤 의미도 찾지 못했다.

제대로 설명할 수 없는 일들이 주변에서 발생하면, 사람은 대개 그 이유를 먼저 자기 자신에게서 찾는다. '왜 자꾸 이런 일이 벌어지지?', '어째서 나한테는 매번 이런 일이 일어나는 거지?', '나는 정말로 많은 장례식을 치러야만 했어. 내가 무슨 잘못을 저질렀던 걸까?', '무슨 이유로 나는 지금 벌을 받는 걸까?'

C는 비운의 사건들을 개인적으로 받아들이기 시작했다. 그녀의 논리에서는 한 가지가 분명해졌다. '이건 분명 나랑 관련이 있어!' 그러면서 그녀의 통제 소재가 달라졌다. 그녀는 운명적인 사건들에 대한 통제력을 더는 외적(신, 운명)으로 받아들이지 않고, 내적(나)으로 인지해나갔다.

이는 그녀에게 치명적이었다. 일단 이건 얼토당토않은 소리이기 때문이다. 다른 사람들의 삶과 죽음을 그녀가 통제할 수는 없다. 누가 얼마나 오래 살지를 결정한 건 그녀가 아니다. 누가 언제 어떻게 죽을지를 통제한 것도 그녀가 아니다. 하지만 그녀는 자기가 이런 일들을 좌지우지했다고 생각했고, 그렇기에 이에 대한 엄청난 책임감과 죄책감을 느꼈다.

또한 그녀 스스로 부과했던 통제력은 장기적으로 그녀에게 더 많은 두려움을 안겨줬다. 삶을 통제할 수 있다는 건 환상이다. 삶의 어떤 영역들은 스스로 상당히 잘 통제해나갈 수 있고, 일정 루틴을 통해 안전하게 구축해나갈 수도 있다. 하지만 어떤 모습의 삶이 앞으로 우리를 기다리고 있을지 미리 알 수는 없다. 설령 계획을 세워놨고 이에 따라 착착 준비해나간다고 할지라도 5년 뒤 나의 삶이 어떤 모습일지는 알 수 없다. 내가 얼마나 오래 살지, 내가 살아있는 동안 누가 얼마나 오랫동안 나와 함께할지는 알 수 없는 노릇이다. 우리에게는 삶에 대한 통제력이 그렇게 많지 않다. 이를 깨닫게 되면 두려움이 올라올 때가 많다. 두려움과 불안함을 없애거나 적어도 감소해보고자 우리는 통제하기 시작한다.

실용적인 영역들이 생길 수도 있다. 예를 들자면 건강한 식습관을 유지하고 몸을 충분히 움직여주고자 주의를 기울일 때, 나에게 이로운 사람들과 함께하고자 노력할 때, 혹은 안정적인 경제 상태를 유지하기 위해 일하고 나의 몸과 정신이 보내는 신호들에 귀 기울일 때 등이다. 따지고 보면 이들도 통제 전략들이다. 합리적인 것들뿐이지만 말이다.

통제 전략들은 이득보다 손실을 더 많이 초래하기 시작할 때 비로소 문제가 된다. C의 사례도 마찬가지였다. 그녀는 건강한 식습관이나 충분한 운동에는 관심 없었고, 그녀가 섭취하게 되는 것들만 정밀하게 따져봤으며 매주 최소 두 번은 주치의를 찾아가 자신의 건강 상태를 점검했다. 다른 사람들에게서 병이 옮을까 봐 그녀 스스로 고립시켰고, 실상 그녀에게 잘 해주는 사람들과도 거리를 두었다. TV에서 심장 질환에 관한 다큐멘터리를 봤을 때 그녀는 공포를 느꼈고, 몸에서 나타나는 모든 신호에 과잉반응을 보였다.

어떤 식이었건 간에 통제 행위는 점차 그녀의 감옥이 되었다. 원래는 그녀에게 확신을 심어주는 기능이었던 통제 행위가 시간이 지나면서 더 많은 불안과 두려움을 유발했다. 어느 순간, 그녀 자신조차 자신이 실상 두려워하는 게 무엇인지 더는 명확하게 말할 수 없을 정도로 너무 멀리 갔다. 문제가 많은 통제 전략 속으로 그녀는 점차 소멸했고, 이 전략들이 도대체 왜 필요한지도 더는 알지 못했다.

두려움, 그 자체에 대한 분석만 중요한 게 아니다. 두려움과 함께하는 과정 중에 내가 모아왔던 전략도 모두 함께 살펴보아야 한다.

- 두려움, 그리고(또는) 불안함을 줄이기 위해 나는 어떤 전략들을 형성해왔는가?
- 내가 두려움을 느낄 때, 내게 통제감을 안겨주는 행동은 무엇

인가?

- 내가 두려워할 때, 내게 안전감을 주는 사람들은 누구인가?
- 단지 두려움 때문에 이 사람들을 붙잡고 있는가?
- 사실 하고는 싶지만 두려움 혹은 불안함 때문에 내가 행하지 못하고 있는 건 무엇인가?
- 통제 전략으로 인해 내가 얻게 되는 이점은 무엇인가?
- 통제 전략으로 인해 내가 갖게 되는 손실은 무엇인가?

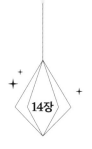

14장

상처받기 싫어서
제 감정을 꼭꼭 숨겨요

신념은 인간관계에 어떻게 영향을 미치는가

✦ 사랑을 식게 한 가스라이팅 ✦

"저는 그냥 연애 능력이 없는 것 같아요." L은 삐딱하게 웃으며 말했다. 그녀는 서른여덟 살이었고 얼마 전에 남자친구와 헤어졌다. "왜 자꾸 헤어지는지 도무지 모르겠어요. 점차 제 탓인 것만 같아요."

"L 씨의 행동이 어떤데요?" 내가 물어보았다.

"진심으로 마음을 다한 적은 없어요. 그런 척할 뿐이죠. 남자친구랑 매번 호수 언저리에서만 수영하는 것과 별반 다르지 않아요. 제대로 뛰어들어본 적도, 제대로 잠수해본 적도 없는 거죠." 그녀가 설명했다. L은 자기 기분이나 어떤 특정 상황을 비유적으로 굉장히 잘 표현해내는 놀라운 재능이 있었다.

"관계에 완전히 빠져들지 않는 이유는 뭘까요? 호수 언저리에서의 수영은 물에 빠질 위험에서 벗어나 밖으로 재빨리 빠져나올 수 있다는 장점이 있죠."

"맞아요. 더 안전해요. 어째서인지 저는 그렇게밖에 안 되더라고요." 그녀는 어깨를 으쓱거렸다.

"L 씨에게 친밀함과 애착 관계는 어떤 의미일까요?" 내가 그녀에게 질문했다.

"흠, 좋지는 않은 것." 그녀는 살짝 당황해하며 미소 지었다. "흠, 저도 모르겠어요. 굉장히 이상한 기분이 들어요. 제 말은, 어떤 남자가 제게 아주 친절하게 다가오면 괜히 이상해요. 한편으론 저도 분명 그걸 원해요. 당연히 좋죠. 그런데도 그런 게 너무 힘겹게 다가올 때가 많아요."

"힘겹다고요?"

"견디기 힘들어요."

"왜죠?" 나는 궁금했다.

"어째서인지 저는 그걸 받아들일 수가 없더라고요. 감정이 하나도 없을 때, 제 기분은 되레 더 좋아요. 아, 이것도 완전히 맞는 소리는 아니네요. 저도 사랑받고 싶고 사랑하고 싶어요. 그런데 감정이 조금이라도 올라오면 이걸 감당하는 게 힘들어요." 그녀가 설명해주었다.

"좀 더 자세히 이야기해주세요. 마지막 연애들은 어땠나요?"

"제대로 오랫동안 연애해본 건 세 번 정도였어요. 첫 번째는 중·고등학교 시절 풋사랑으로, 3년 동안 연애했어요. 그는 저를 한없이 사랑해줬어요. 저도 그를 사랑한다고 생각했었어요. 하지만 전혀 그렇게 행동하지 않았던 듯해요. 그땐 사랑이 뭔지 전혀 몰랐으니까요. 지금도 여전히 모르고 있는 것 같고요. 저는 그에게 좋은 친구였지만, 애인은 아니었어요. 여하튼 저는 늘 연인 관계보다는 친구 관계일 때 훨씬, 아주 훨씬 더 좋은 사람이었어요. 너무 어린 나이이기도 했고요. 그때 제가 좀 이래저래 뒤죽박죽으로 만들어버렸던 것 같아요."

"그 관계는 어떻게 끝이 났나요?"

"제가 그의 마음을 아프게 했죠. 헤어지자고 했거든요. 더는 못 하겠더라고요. 그는 영원한 사랑과 결혼식 이야길 꺼냈어요. 저는 어딘가에 갇힌 것만 같았고요." 그녀는 무덤덤하게 이야기했다.

"두 번째 연애는요?" 내가 물어보았다.

"첫눈에 반한 사랑이었어요. 제가 아르바이트할 때 서로 알게 됐어요. 저도 그 사람도 둘 다 대학생이었어요. 그가 일하러 온 첫날, 서로 쳐다봤는데 제 온몸에서 전율 같은 게 마구 올라오는 거예요. 그도 저랑 똑같이 느끼고 있다는 걸 알 수 있었죠. 며칠 지나지 않아 그가 제게 데이트를 신청했어요. 저희는 몇 번 데이트 하고 나서는 끈끈한 연인 사이가 됐죠. 그는 로맨틱하고 사려 깊은 사람이었어요. 엄청나게 멋졌고, 많은 여자가 그에게 매력을 느꼈죠. 제가 완벽한 잭팟Jackpot을 터뜨린 기분이었어요. 처음으로 저도 결혼과 영원한 사랑을 생각해봤어요."

그 이야기를 하는 동안 그녀의 눈은 반짝반짝 빛이 났다.

"L 씨가 완전히 빠져들었던 것처럼 들리는데요. 호숫가 언저리와는 아주 멀리 떨어진 곳으로요. 그런 다음, 무슨 일이 일어났죠?" 나는 조용히 물어보았다.

"깊이 빠져들면 늘 발생하는 일, 실망이죠." 그녀는 나지막이 대답했다. 그녀의 눈에서 반짝반짝하던 불빛이 사라졌다. "제가 생각했던 그런 잭팟이 아니란 걸 깨닫게 됐어요. 사실 그는 충동적이고 폭력적이며 영악한 사람이었던 거예요. 저를 달달 볶으면서 위협까지 했어요. 고의로 절 위험에 빠트리기도 했고요. 제가 그를 도울 수 있다고 생각했었기에, 한동안 계속 연애를 이어갔어요. '우리는 해낼 거다. 어쩌면 그는 치료적 도움을 받아야 하거나 약을 먹어야 하는 걸지도 모른다.'라고 생각했죠. 그런데 그는 완전히 다르게 생각하고 있었어요. 저를 문젯거리로 여기더라고요. '네가 나를 이토록 화나게 만들지 않았다면 나도 차를 그렇게 처박아대진 않았을 거야.' 이런 말들을 계속 들었던 거죠. 저는 그때 완전히 순종적이었어요. 우리를 죽게 만들 수도 있었을 그런 짓거리는 정말 안 했어요."

"가스라이팅Gaslighting. 가해자와 피해자 전환. 피해자 책임 전가Victim-Blaming. 정서적 학대." 나는 그녀에게라기보다는 나 자신에게 말하고 있었다.

"네, 바로 그거에요! 이걸 저는 나중에서야 깨닫게 됐어요. 그 사람이 정말 교활하게 행동했던 거죠. 저는 매번 죄책감과 책임감을 느꼈어요. 하지만 수년 전 일이에요. 지금은 더는 힘들지 않아요. 거기서 벗어났다는 사실에 그저 기쁠 뿐이에요."

"L 씨가 끝냈나요?"

"네. 이때도 3년간 함께했네요. 한번은 그가 선을 너무 넘어버렸어요. 저를 위협했고 밀치기까지 했거든요. 죽을지도 모르겠다는 그런 공포까지 느끼게 했어요. 하지만 더는 그렇게 안 됐어요. 그때 저는 이미 아주 냉정해진 상태였거든요. 냉정한 태도는 제 보호 망토 같은 거예요. 제가 상처받거나 다칠 위험이 있어 보이면 완전히 차단해버려요. 아주 차가운 사람이 되죠. 그러면 그 사람은 제게 상처를 줄 수 없어요. 이 차가움으로 저는 힘을 얻어 그곳을 빠져나왔고 관계를 끝내버렸죠." 그녀가 설명했고 나는 그 차가움을 느낄 수 있었다. 그녀의 표정은 확고했고 눈빛은 공허했다.

"그 관계를 끝낸 이후 얼마나 오랫동안 그토록 **차갑게** 지냈나요?" 내가 그녀에게 물어보았다.

"지금까지요." 그녀는 무덤덤하게 대답했다. 하지만 나는 그녀의 말 속에서 왠지 모를 슬픔을 느꼈다.

"그 사람 이후부턴 어떤 관계에도 정서적으로 빠져들지 않나요? 호숫가 언저리에만 머물러 있었나요?" 내가 질문했다.

"네."

"마지막 연애는 어땠나요?"

"차가웠죠." 그제야 그녀는 살짝 미소 지었다. "흠, 차가운 그 무언가에서부터 시작된 관계였어요. 오히려 합리적인 사고와 이성으로부터 시작된 관계. 감정에 의해 시작된 게 아니었어요. 첫눈에 반한 사랑도 아니었고, 두근두근 마구 떨리는 그런 기분도 없었어요. 그는 그냥 멋진 남자였어요. 저는 그를 존중했고 존경했고요. 하지만 사랑했던 건 아니었어요. 저희는 친구에 더 가까웠어요. 물론 그는 그렇게까지 생각한 적은 없었을 거예요. 그는 그만의 방식으로 저를 사랑했어요." 그녀는 생각에 잠긴 채 설명해나갔다.

"다시 말해 L 씨는 이성에서부터, 그 사람은 사랑에서부터 연애를 시작했다는 건가요?"

"네. 흠, 완전히는 아니고요. 그 사람의 사랑도 이성적인 사랑에 가까웠다고 저는 생각해요. 엄청 열정적이고 감정적이진 않았거든요. 그리고 그 당시엔 저도 이게 아주 좋다고 생각했었어요. 저는 매우 차가웠으니까요. 저를 따뜻하게 해주면서 제 보호 망토를 녹일, 그런 불을 제가 필요로 했던 건 아니었어요."

"마지막은 어땠나요?" 내가 물어보았다.

"제가 끝냈어요. 7년 뒤에. 그렇게 오랫동안 관계를 유지했던 건 처음이었어요. 하지만 그게 진정한 관계가 아니었기에 가능했던 거예요. 저희는 서로 옆집에 사는 이웃에 더 가까웠고 서로의 일상생활을 도와줬죠. 나쁘진 않았어요. 다툼도, 드라마도 없었죠. 굉장한 걱정거리도 없었고요. 하지만 동시에 지루하고, 숨 막히고, 황량하기까지 했어요. 저는 따뜻함을 다시금 느껴보고 싶었어요. 그렇지만 우선 그는 그런 사람이 아니었고, 저 역시도 엄청나게 두려웠어요."

"따뜻함, 그러니까 애착과 친밀감, 진정한 사적인 관계, 이런 게 L 씨는 두렵나요?" 내가 조용히 질문해보았다.

"네. 제겐 위협적인 것들이거든요. 두 번째 연애 때처럼요. 그때 저는 처음으로 진심으로 빠져들었는데 그런 일이 벌어진 거잖아요. 감정을 허용하면 왜 항상 벌을 받아야만 하는 거죠? 감정의 끝은 왜 그토록 아프기만 한 걸까요?" 그녀는 슬픈 눈빛으로 허공을 응시했다.

"감정을 허용하면 벌 받는다." 나는 그녀의 말을 반복했다. "그렇게 생각하시나요?"

"네, 백 퍼센트." 그녀가 대답했다.

✦ 위험한 감정으로부터 나를 지키는 보호막 ✦

"왜 그렇게 생각하시죠? 두 번째 연애와는 무관하게 생각해본다면요? 제가 L 씨를 제대로 이해한 거라면 그전까지도 감정을 허락해본 적은 없어요, 아닌가요?"

"네, 맞아요. 저도 정확하게는 모르겠어요. 부모님 때문인 것 같기도 해요. 심하게 미친 사람들이었으니까요."

"어떤 의미로요?" 나는 좀 더 자세히 질문해보았다.

"서로서로 엄청나게 사랑했어요. 그런데도 매일 공중으로 뭐가 마구 날아다녔죠. 끊임없이 싸웠고, 아주 시끄러웠고, 무진장 부숴댔어요. 엄마가 칼 들고 아빠에게 달려든 적이 수도 없어요. 아빠는 주변에 있던 물건들을 던지며 엄마를 욕했죠. 밤새도록 그런 적이 진짜 많아요. 어렸을 때 저는 침대에 누워 이 소란이 빨리 끝났으면 좋겠다고 밤새 자주 빌었어요. 소란이 멈추면 두 사람이 화해했다는 걸 알 수 있었죠. 그러면 조용해졌어요. 다음 날 아침이면 아무 일도 없었다는 양 두 사람은 서로를 사랑하는 부부가 되어 있었어요." 나는 그녀의 눈에서 슬픔을 보았고 그녀가 울 거로 생각했다. 하지만 그녀는 슬픈 눈으로 먼 곳을 바라보며 살짝 미소 지을 뿐이었다.

"애착은 L 씨에게 혼란스럽고, 불안하고, 심지어 위험하기까지 했네요? L 씨가 처음으로 경험했던 애착 관계들이 그랬었나요?" 나는 궁금했다.

"네, 그랬어요. 사춘기 때 제 역할이 조금 달라지긴 했어요. 주변이 조용해질 때까지 마냥 기다리기만 하는 조용조용한 아이만은 아니었거든요. 사춘기 이후 저는 제 조용한 성격 때문에 부모님의 중재자가 되었죠. 두 사람이 싸울 때면 중재해달라고 저를 불렀어요. 그럼 저는 누가 옳은지 말해줘야 했죠. 그 모든 걸 세세하게, 다 들어줘야 한다는 사실에 짜증이 나기도 했어요. 하지만 제가 무언가를 할 수 있다는 기분도 들더라고요. 그런 상황에서 두 사람이 제 말에 귀를 기울였고 저는 중요한 존재가 됐으니까요. 제가 옳은 소리만 하면 주변이 평온해질 수 있었어요. 놀라울 정도로 잘 됐어요. 그때 냉정해지는 법을 배우게 된 거죠."

"이 보호 망토가 없다면 L 씨는 더는 견뎌내지 못하니까?" 내가 질문했다.

"네. 제겐 그게 필요했어요. 제 감정과 두 사람의 감정을 분리하는 일이요. 부모님은 너무도 과격해진 상태였고 감정이 어떤 일을 초래할 수 있는지를 저를 매일 봐왔으니까요. 매일매일 전쟁이었고 드라마였죠. 오로지 감정 때문에요." 그녀는 숨을 깊게 내쉬었다. 평생토록 무의식적으로나 생각해왔던 것을 처음으로 깨닫게 된 듯한 표정이었다.

오로지 감정 때문에 일어나는 드라마와 전쟁.
감정은 드라마와 전쟁을 일으킨다.
감정은 위험하다.

"냉정함이란 보호 망토 속에 L 씨의 감정을 숨기는 법을 배웠다는 건가요? 그러면 사라지지는 않잖아요."

"네. 제 강점이 되었죠. 사람들은 대개 제가 언제 어떤 기분인지 전혀 몰라요. 다른 사람들에게 저는 불가사의한 존재일 때가 많아요. 적어도 그런 말을 자주 들어요. 저를 아는 사람들은 대개 제가 엄청나게 강하고 자의식이 강한 사람이라고 생각해요. 저는 항상 '냉정한 머리'를 유지하며, 그 누구도 제게 해를 끼칠 수 없다는 식으로 행동하니까요. 하지만 사실 그렇지 않아요. 저는 근본적으로 굉장히 약한 사람이에요. '더는 못 견디겠다', '이제는 그냥 무너져내리겠다' 그런 생각을 자주 할 만큼 엄청나게 많은 상처를 참아내야만 했어요. 하지만 이런 모습을 그 누구에게도 보이지 않아요. 이를 아무도 알아선 안 돼요. 이해하시겠어요?"

"그렇지 않으면 L 씨가 상처받을 수도 있으니까요? 외부로 그렇게 강한 모습만 계속 보이다 보면 사람들은 L 씨를 점점 덜 공격하게 되겠죠." 내가 추측해보았다.

"맞아요. 하지만 이건 진퇴양난과 같은 상황이죠. 저와 제 삶에는 실상 완전히 유익하지만…." 그녀는 말을 멈췄다.

"하지만 연애 관계에서는 그렇지 않다?" 나는 조심스레 그녀의 말을 이어갔다.

"네. 그땐 아닌 거예요. 그럼 엄청나게 복잡해지죠. 저는 사실 감정을 굉장히 많이, 그리고 강하게 느끼는 사람이에요. 제가 사랑에 막 빠지면 그래요. 그런데 이 감정을 드러내면 곧장 두려워져요. 제가 정말로 정서적으로 빠져들면 상처받기 때문이죠."

"그런 경험은 수차례 해봤기 때문이죠. 이와는 다른 경험을 허용해본 적은 없나요?" 내가 물어보았다.

"아뇨. 지금껏 제가 진심으로 사랑해본 사람은 단 한 명밖에 없었어요. 그리고 그 사람은 그걸 악용했고요. 그 때문에 저는 다시금 그런 경험을 시도해보는 게 두려워요."

"그런데 이 말은 이를 바꿔볼 만한 다른 새로운 경험을 L 씨가 더는 해보질 못한다는 걸 의미하기도 해요. '애착은 위험, 혼돈, 불안, 드라마, 전쟁이다'란 L 씨의 가정을 현실적으로 분석해볼 수 없다는 걸 의미하죠. 물론 지금도 생각 안에서 곰곰이 따져볼 순 있어요. 하지만 가끔은 새로운 경험을 통해 자기 신념을 바꿔보는 게 훨씬 더 효과적일 때가 있거든요." 내가 설명해주었다.

"하지만 그건 너무 위험하잖아요." 그녀는 주저하며 대답했다. "제가 다시금 데이트를 시작하게 됐고, 어떤 남자를 사랑하게 됐고, 그 사람도 저를 사랑한다고 가정해볼게요. 그러면 저는 제 감정을 허락할 거고 그 감정을 내보이기도 하겠죠. 처음엔 모든 게 다 좋을 거예요. 그러다 엉망진창인 상황이 또 벌어지면요? 그가 제게 상처를 주고 심지어 학대까지 하면요?"

"그 반대로 잘 되면요? 그 남자가 한결같이 따뜻하고 친절한 사람이라면요? 사람 사이의 관계는 시간이 지나면서 계속 변하고, 성장하고, 무르익어가요. 하지만 꼭 악화한다는 보장은 없는 거죠."

"흠." 그녀는 내 말에 완전히 동의하는 것 같진 않았다. 그녀는 생각에 잠겼다.

"모든 사람이 서로 사랑하고 서로 친절하게 대하는, 그런 환상의 세계를 L 씨에게 보여주려는 게 아니에요. 우리가 사는 세상이 그렇지도 않고요. 중요한 건, 현실적으로 생각해보는 거예요. L 씨를 학대하는 교묘하고 영악한 남자보다 L 씨가 사랑해볼 가치가 충분한 남자를 만날 가능성이 훨씬 더 커요. 통계적으로 봤을 때 그래요. 아주 중립적으로요. 그렇다고 L 씨가 새로운 관계에서 부정적인 경험을 전혀 하지 않을 거라는 소리도 아니에요. 하지만 지금 문제는, 여태껏 L 씨가 해 온 경험들로 인해 L 씨는 대인관계나 다른 사람들에 관해 그저 부정적인 이미지만 갖고 있다는 거예요. 그런데 현실이 꼭 그렇다는 의미는 아니잖아요. 이건 L 씨의 인지이고, L 씨의 생각이에요. 새로운 경험을 쌓아갈 때 이 역시 달라질 수 있어요. 요는 L 씨가 그렇게 빠져들 의향이 있냐예요. 다시금 상처받을 위험도 당연히 있는 법이니까요. 그리고 그다음으로 던져봐야 할 질문이 하나 더 있어요. L 씨는 이걸 참아낼 건가요? L 씨는 본인을 충분히 강한 사람이라고 생각하나요, 아니면 자신이 약하고 무기력한 사람인 것 같나요? 자기 자신에 관해, 그리고 L 씨가 가진 능력들에 관해 어떤 이미지를 갖고 있나요?"

관계라는 주제를 다룰 때 함께 고려해봐야 할 게 있다. 바로 '자기 자신과의 관계'이다. 근본적으로 자기 자신에 대해 스스로 어떤 이미지를 그리고 있는지 곰곰이 성찰한 다음, 때에 따라서는 이에 다른 것들을 맞추고 강화해나가는 게 중요하다. 애착 관계는 기본적으로 위험하며 자기 자신은 나약한 존재라고 생각하는데 다른 사람과 관계를 형성해나갈 이유가 있겠는가? 이때의 논리적인 결론은 그러한 위험한 관계로부터 나 자신을 보호하는 거다. 충분히 이해가 간다. 그런데 자기 자신을 나약하고 무력한 존재로 간주하는 이유와 더불어 이러한 생각이 현실과 대개 부합하는지를 면밀하게 따져봐야, 자기 자신과의 관계도 함께 분석해볼 수 있고 새롭게 형성해나가는 것도 가능해진다.

- 나는 나 자신에 관해 왜 그렇게 생각하는가?
- 나는 나 자신과 왜 그렇게 이야기 나누는가?
- 나는 나 자신에게 왜 그렇게 관대하지 못한가?
- 나 자신에 관한 내 생각은 옳은가?
- 다른 사람들은 나를 어떻게 보는가?

자기 자신과의 관계가 현실적이고 건강하다면, 타인과도 훨씬 더 건강한 관계를 만들어나갈 수 있다. 자, 여기서 우리는 '자기 책임'이라는 주제와 다시금 맞닥뜨리게 된다. 자기 자신의 감정, 기분, 욕구를 스스로 책임지며, 앞으로도 계속해서 스스로 충족시켜나가자! 우리의 파트너들은 우리의 욕구를 충족시키기 위한 기기들이 아니며 악용되어서도 안 된다. 그들에게는 우리의 감정이나 지난날의 부정적인 경험들, 혹은 유년기 시절에 충족되지 못한 욕구에 대한 책임이 없다.

L의 경우, 애착 관계에서의 안전함에 대한 욕구가 충족되지 못했다. 예측 가능한, 안정적인 애착 관계에 대한 욕구도 채워지지 못했고, 평화롭게 잘 돌아가는 의사소통에 관한 욕구도 마찬가지였다.

어렸을 때 그녀는 애착 관계를 아주 불확실하고 예견치 못한 것이라고 학습해왔기 때문이다.

L에게는 자신에게 일어났던 일들에 대한 통제권이 없었다. 좀 더 자란 뒤, 그녀가 부모님 사이에서 중재자의 역할을 맡으면서 상황은 달라졌다. 그 역할로 그녀는 통제감과 효능감('나는 무언가에 영향을 미칠 수 있어, 변화시킬 수 있어.')을 느꼈다. 하지만 다른 한편으론 L을 양육할 책임이 있는 이들로부터 넘겨받았던 책임감의 무게가 아이였던 L을 무자비하게 짓눌렀다. 너무도 크고 너무도 불편한 책임감이었다. 그렇기에 그녀는 제게 올라오는 감정을 억누르거나 차단하면서 자기 자신을 방해했고 자신의 감정 세계를 지켜나갔다. **차가움**은 사람들에게 그녀를 멀게 느껴지도록 만들었지만, 그녀를 보호해주는 핵심 기능이 있었다. 어렸을 때 그녀가 불편함과 위험을 느끼던 순간마다, 그 상황을 극복하기 위해 꼭 필요한 전략이었다.

그렇지만 장기적으로 보자면 이 전략에는 그녀가 다른 사람들에게 거의 접근하지 못하게 만드는 단점이 있었다. 밀접한 애착 관계가 형성되는 그 순간, 그녀는 차갑고 멀게 느껴지는 상태를 작동시켰고 아직 생기지도 않은 상처로부터 자기 자신을 보호했다. 이 전략의 또 다른 단점은 이를 수정할 만한 관계를 경험할 기회를 스스로 박탈시킨다는 것이었다. 다른 사람에게 자기 자신을 정서적으로 오픈해보지 않으면, 신뢰감, 친밀함, 안전함 등의 따뜻한 감정을 대인관계 영역에서 느낄 수 없다. 스스로 이러한 경험을 할 기회를 빼앗아버리는 거다. 그

대가와 유용성에 관해서는 다음과 같이 질문해볼 수 있다.

- 단지 상처받을지도 모른다는 위험에서 벗어나고자 사람들 사이에서 느낄 수 있는 사랑이란 감정을 포기하는 게 나에게 가치 있는 일인가?
- '관계 속에서는 상처만 받아', '관계는 위험해', '근본적으로 사람은 믿을 만한 존재가 못 돼'와 같은 방해꾼 신념으로 인해 나는 어떤 대가를 치르는가?

사람은 살면서 마주한 자신의 경험을 바탕으로 인류 전체를 결정지어버린다. 자신과 깊고 친밀한, 진정한 관계를 형성해볼 기회를 다른 사람들로부터 빼앗아버릴뿐더러, 이 아름다운 경험의 기회를 스스로 없애버리게 된다. 이 관계 경험이 그렇게 오래 계속되지 않을지언정, 혹은 이 관계 경험이 상처가 되거나 두려움을 안겨줄 수 있을지언정 말이다. 인생의 모든 인간관계가 영원한 사랑으로 마무리되는 아름다운 동화라고 말하진 않겠다. 하지만 어떤 인간관계이건 간에 이는 나의 경험 세계를 풍부하게 해주는 하나의 경험에 불과하다고 말해주고 싶다.

삶의 풍부한 경험을 쌓아갈 기회를 왜 포기해야 하겠는가?

15장

저는 두 명의 삶을
살고 있어요

신념을 바꿀 것인가, 유지할 것인가

✦ 나의 삶은 곧 그의 삶 ✦

S는 소파에 몸을 파묻으면서 숨을 깊게 내쉬었다. 그는 이야깃거리가 맨날 있었다. 나는 질문을 그렇게 많이 던질 필요도 없었고, 특별한 라포rapport(사람과 사람, 치료자와 환자 간의 상호적 신뢰 관계 - 옮긴이)를 형성할 필요도 없었다. 그간 S와의 치료 관계는 안정되었고 그는 이곳에서 편안함을 느꼈다.

"지난 시간에 선생님께서 말씀하셨던, 그 신념에 관한 이야기는 정말 저를 꽉 사로잡았어요. 한동안 제 머릿속을 맴돌았죠." 그는 곧장 이야기를 시작했다.

내가 그의 말을 굉장히 경청하고 있다는 걸 보여주고자 나는 고개를 짧게 끄덕였다. 말을 많이 할 필요도 없었다. 내가 그렇게 요구하지 않아도 그가 계속 이야기할 거란 사실을 나는 잘 알고 있었다.

"물론 제 마음에 확 와닿았던 건 '나는 내 역할을 잘 해내야만 해'란 신념이었어요. 이 신념 때문에 저는 어떤 상황에서건 제게 주어진 일을 다 끝마칠 수 있게 저를 굉장히 혹사시켰고, 거의 쉬어본 적도 없고, 병가를 내야만 하는 상황에서는 기분이 굉장히 안 좋았다는 거죠. 제가 완전히 기진맥진하지 않는 이상 병가는 거의 내본 적도 없지만요. 그 신념 때문에 제가 그렇게 생각하거나, 그렇게 행동하거나, 그렇게 느꼈다는 걸 확실하게 알 수 있는 상황이 정말로 많더라고요." 그는 계속해서 설명해나갔다.

언급했다시피 S와 나는 꽤 많은 치료 회차를 진행해왔었고, 그는 자기 성찰이 뛰어난 환자들 가운데 한 명이었다. 치료 회차마다 이렇게 잘 깨우치는 사람은 드물었다. 그렇기에 나는 성과를 향한 그의 동기가 굉장히 강하다는 사실을 아주 빨리 예측해볼 수 있었다.

나는 성과를 내야만 해. 내 역할을 잘 해내야만 해. 실수하면 안 돼.

"그 가정들을 각 상황에서나 혹은 그 이후에서나 곰곰이 따져볼 수 있었나요?" 내가 질문했다.

"네, 정말 잘 되더라고요. 그리고 솔직히 말해서 재미도 좀 있었어요. 사람들이 이해해나가는 방법은 참 흥미로워요. 한번은 저 자신을 보고 마구 웃어댈 수밖에 없었어요. '이런 거지 같은 걸 내가 왜 생각하고 있지?' 그런 생각이 들면서 엄청 시끄럽게 웃어댔어요. 뭔가 속 시원해지더라고요."

"정말 멋지네요. 이 말인즉슨 가정들 분석이 S 씨 감정에 곧장 효과를 보였다는 거네요." 내가 말했다.

"네. 처음에는 안 그랬지만, 시간이 지나면서는 그렇더군요. 처음에는 정말 힘들었어요. 늘 메모했어요. ABC 모델 프로토콜에 맞춰서요. 중간중간에는 진짜 짜증 나더라고요. 하지만 그 후엔 제가 저에 관해 실상 뭘 알게 됐는지를 깨닫게 됐어요. 제 사고 세계, 그리고 이 세계가 얼마나 산발적으로 흩어져 있는지를요. 이게 어째서인지 저를 화나게 했어요. 이걸 왜 나는 스스로 통제하지 못하지? 내가 생각하는 걸 나는 왜 의식적으로 결정하지 못하지? 어째서 이건 이렇게 자동으로 일어나는 거지? 이 자동 프로세스를 멈추고 싶었어요. 이게 왠지 모르게 절 자극하더라고요, 계속해서 해나가라고요." 그는 살짝 흥분한 채로 말했다.

"구체적인 상황을 예로 들어봐주실 수 있나요?" 나는 궁금했다.

"그럼요. 한 예로, 제가 상사와 싸운 적이 있었어요. 그 자식은 제가 좀 더 오래 일하길 자주 바랐었어요. 꼭 마무리해야 할 일들보다도 더 많이 작업해냈는데도 말이죠. 같이 일하는 애들 두 명이 아팠었거든요. 거의 제가 혼자서 가게를 다 꾸려나갔어요. 일도 모두 끝내놨었고요. 저는 저 자신이 너무너무 자랑스러웠어요. 그런데 제가 막 퇴근하려는데 그 자식이 일거리를 더 들고 오는 거예요."

"그때 무슨 생각을 하셨나요?" 내가 끼어들었다.

"처음엔 이런 생각만 들었죠. 뭐 이런 망할 놈의 자식이 다 있지! 저는 그날 일을 다 끝내놨었다고요. 저는 진짜 화났었어요. 그런데 어째서인지 금세 기분이 안 좋아졌어요. 그가 요구하면 저는 할 수밖에 없다는 생각이 들었거든요. 다시금 올라온 거죠.

나는 내 역할을 잘 해내야만 해. 성과를 내야만 해."

"그렇지 않으면요?"

"휴. 좋은 질문이네요. 그렇지 않으면…." 그는 잠시 고민했고, 대답하기에 앞서 깊게 숨을 내쉬었다. "그렇지 않으면 실망하게 만들겠죠."

"누구를요?" 내가 물어보았다.

이제 치료실 분위기는 확 가라앉았다. 아주 무거워졌다. 그가 대답하기까지 한동안 시간이 필요했다.

"쌍둥이 형을요."

예상치 못한 대답이었다. 치료 초반에 S가 자신에게 쌍둥이 형이 있다는 걸 아주 잠깐 언급했던 적은 있었지만, 그 이야기는 되레 피하는 편이었다. 일란성 쌍둥이 형과 그는 아주 가깝고 친했다. 그런데 사고로 형이 죽게 됐다. 그때 그도 함께 있었다. 그의 잘못은 아니었다. 그도 많이 다쳤고 겨우 목숨만 건질 수 있었던 상황이었기에, 형에게 응급조치할 처지는 못 됐다.

"형의 죽음에 죄책감을 느끼는 건 아니에요. 아무도 그렇게 생각하지 않아요. 그런데 문제는 그게 아니에요. 제 잘못이 아니었다는 것도, 제가 어떻게 달리할 방법이 없었다는 것도 저는 잘 알고 있어요. 저도 가까스로 살아남았거든요. 하지만 저희는 열아홉 살이었고 사람이 상상해볼 만한 최고의 팀이었어요. 저는 형이 매일매일 보고 싶어요. 마음속으로 형과 대화를 나눌 때도 많죠. '형이 이걸 지금 보고 있다면….' 이런 생각을 끊임없이 해요. 저는 형이랑 정말 많은 걸 함께하고 싶어요. 하지만 형은 더는 이 세상에 없죠."

S는 몸을 웅크렸다. 그토록 무기력하게 슬퍼하는 모습을 나는 여태껏 본 적이 없었다. 그는 아주 낙천적이었고 완전히 쾌락주의자였다. 그는 자신의 삶을 사랑했고 소소한 것들에도 기뻐할 줄 알았다. 그의 행복한 기분은 그렇게 쉽게 흐트러지는 게 아니었다. 그렇기에 그가 이토록 무기력한 모습을 보이는 일은 굉장히 드물다는 것을 나는 잘 알고 있었다. 나는 그가 나를 믿고 자신의 또 다른 면모를 보여줌에 내심 감사했다. 그에게는 분명 굉장히 힘든 일이라는 걸 나는 잘 알고 있었기 때문이다.

"S 씨가 충분히 잘 해내지 못하면 쌍둥이 형이 왜 실망할 것이라고 생각하시나요?" 내가 물어보았다.

"잘은 모르겠지만, 저는 형에게 좋은 인상을 심어주고 싶어요. 형이 저를 자랑스러워했으면 좋겠어요. 형을 위해서, 형과 함께 살아나가고 싶어요. 저는 죽음을 모면했지만, 형은 그렇지 못했죠. 쌍둥이 가운데 살아남은 게 형이 아니고 저란 사실에 종종 죄책감도 느껴요. 선생님께서 오해하지는 않으셨으면 좋겠어요. 죽고 싶은 건 아니에요, 저는 제 삶을 사랑해요. 제가 살아있음에 감사해요. 하지만 형도 이 삶을 마땅히 누릴 수 있었어야 했어요."

그를 위해, 그와 함께 살아나가고 싶다. 이 말이 내 머릿속을 맴돌았다.

"그래서 S 씨가 그토록 많은 성과를 내야만 하는 건가요? S 씨 자신의 성공뿐 아니라 형의 성공까지 보장해주고 싶어서요?" 나는 조심스럽게 물어보았다. 내가 제시한 가정에 나 스스로 확신이 안 들었기 때문이었다.

"네. 왠지 모르게 그래요. 형이 여전히 제 곁에 있고, 제가 최선을 다할 때건 제가 힘겨워할 때건 언제나 저와 함께해준다는 생각이 자주 들어요. 형을 본다거나 형의 목소리를 듣는다거나, 뭐 그런 건 아니에요. 하지만 가끔 저는 형을 느낄 수 있어요. 미친놈처럼 그런 건 아니니 걱정하지 마세요."

"아무것도 안 미쳤어요." 내가 확실히 해주었다.

"사람들은 제가 직업적으로 이 모든 걸 어떻게 다해내냐고 물어봐요. 그러면 왠지 멋진 것 같더라고요. 이 일들을 다 해내지 못하는 사람들도 많다는 걸 저는 잘 알고 있어요. 그래서인지 제가 좀 월등해진 기분이 들더라고요. 제게 뭔가를 주긴 해요. 하지만 저녁에 집에 혼자 앉아, 이토록 많은 성과를 내면서도 멈추지 못하는 이유는 뭘까? 하고 저 자신에게 진지하게 물어보면, 형밖에 떠오르지 않아요. 형이 죽었을 때 제가 형을 데리고 왔고, 그 이후부터는 제가 형을 안고 제 삶을 살아가는 듯한 기분이에요. 형은 저와 함께 있고, 이 덕분에 제 기분은 참 좋고요. 이런 터무니없는 이별은 싫어요. 저는 형이 계속 머물러 있었으면 좋겠어요. 오로지 형의 진면목을 보여주기 위해 두 배로 많은 성과를 낼 준비도 되어 있어요."

"형의 진면목을 보여주고 싶다는 게 무슨 의미죠?" 나는 궁금했다.

"형도 굉장히 똑똑하고 야심 찬 사람이었어요. 살아있었다면 승승장구했을 거예요. 확실해요. 저는 일을 반만 끝내지는 못해요. 한다면 제대로 해야죠. 형은 그런 대가를 받을 자격이 충분해요. 이게 제가 형을 위해 최소한 해줄 수 있는 것이에요." 이제 그의 눈은 반짝반짝 빛났다. 그는 이 성공을 자신의 형과 '나누고 있음'에 스스로 자랑스러워하고 있었다.

S의 말들을 나는 오랫동안 곰곰이 생각해보았다. 죽음은 삶의 일부이지만, 대단히 불공정해 보인다. 죽음은 통제 불가능하며, 특히 나이가 어린 사람들에게는 아무런 이유 없이, 갑작스레 찾아올 때가 많

다. 어린 사람들이 죽으면 삶으로부터 배신당한 기분이 훅 올라온다. 이런 비극적인 사건들을 다뤄내는 방식은 사람마다 다 다르다. S는 그의 삶에서 제일 중요한 애착 대상을 너무도 이른 나이에 비극적으로 잃어버렸다. 이를 어떻게 극복해야 할까?

✦ 슬픔을 극복하는 방법 ✦

S는 자신의 삶에서나 자신의 극복 전략에서나 굉장히 실용적이다. 그는 어떤 일에서건 언제나 최선을 다하고자 노력했다. 최선을 다해야만 스스로 만족하는 사람이다. 그 이유를 나는 이 치료 회차 이후에야 이해하게 됐다.

그 이전의 치료 회차에서는 그의 '나는 특히 많은 성과를 내야만 해'란 신념을 파악하고 확인했다. 이는 그의 내면에서 그를 달달 볶아대는 존재였다. 그런데 도대체 왜? 나는 이 성과 동기를 다루었고 퍼즐 조각을 몇 개 찾아냈다. 성과를 굉장히 중요시하는 부모, 특출난 성과를 내야만 주어졌던 인정, 그리고 그를 계속해서 인정해주며 그의 신념과 행동에 계속해서 힘을 불어넣어줬던 끊임없는 성공들. 지금껏 이 신념으로 인해 그가 해를 입은 적은 없었다. 즉 이들을 **방해되는** 신념이라 곧장 이야기할 수는 없다. 이 신념이 문제가 됐던 건, 여러 달 계속되던 신체적 질환으로 S가 더는 예전처럼 많은 성과를 내지 못하게 되었을 때였다. 그는 이러한 '실적 부진'을 굉장히 견디기 힘들어했고, 그의 기분까지 점점 더 안 좋아질 지경이었다.

지난 치료 시간에 나는 그의 성과 동기에 관한 아주 중요한 퍼즐 조각을 하나 찾아냈다. S는 자신의 성공을 통해 죽은 그의 쌍둥이 형이 어떤 의미에서건 자기 삶을 유지해나가길 바랐다. 그가 바랐던 대로 완전히 그런 건 아니지만. 그래도 이는 그가 자신의 형을 한층 더 가까이 두며 자신의 삶에 참여하게끔 만들 수 있는 유일무이하게 실행 가능한 전략이었다.

나는 이 신념이 S에게 정말로 해가 되는지, 이 신념을 정말로 다뤄내야만 하는지를 스스로 질문해봤다. 어쨌건 이건 그의 극복 전략이었고 지금껏 잘 사용해왔다. 그는 자신의 형을 놓아버리고 싶지 않았다.

나는 끔찍한 이별은 싫어.

그가 선을 그렇게 멀리 넘어버린 것도 아니었고 그렇게 할 리도 만무했다.

신념에는 저만의 기능이 다 있다. S 신념의 역할은 '슬픔 극복'이었다. 이 신념을 정말로 버려야 할까? 그렇게 되도록 그는 그냥 내버려둬야만 하는 걸까? 내 생각은 그렇지 않다.

이 신념을 다루고 분석하게 된다면, 슬픔을 극복하기 위해 그에게 남는 전략은 무엇일까? 이 신념을 건드리기에 앞서 나는 상실감을 극복하기 위한 대체 전략부터 우선 고안해봐야 했다.

이에 관해 나는 S와 허심탄회하게 이야기했고, 우리는 그 중간지점을 선택했다. 그는 이러한 방식의 상실감 극복 전략을 포기하고 싶어 하진 않았다. 하지만 그가 내야 '만' 했던 성과의 범주에 관해서는 면밀하게 살펴보았다.

- 정말로 그렇게 많아야만 하는가?
- 정말로 그렇게 계속되어야만 하는가?
- 나 자신에게 휴식을 허락해도 되는가?
- 실상 내게 도움이 되는 건 무엇인가?
- 성과 이외에 내가 인정받을 수 있는 건 무엇인가?
- 형은 무엇에 기뻐할까? 형이 즐겨 하고픈 건 무엇일까? 형은 계속해서 일만 해야 하는 걸까?

"형도 저처럼 생동적인 사람이었어요. 계속 일만 해야 한다면 형도 전혀 행복하지 않을 거예요." 불쑥 이렇게 말하더니 S는 자신도 사실은 제 삶을 완전히 즐겼던 '생동적인 사람'이었음을 스스로 기억해냈다. 그는 즐겁고 편한 활동들을 다시금 완전히 의도적으로 계획한 다음 자신의 일정표에 집어넣었다. 자신도 쉴 필요가 있고 삶을 다시 즐길 필요가 있다는 사실을 깨달았다. 하지만 이러한 쉼과 즐거움은 형의 관점에서 되물어본 다음에서야 비로소 자기 자신에게 허락할 수 있었다. 형은 무엇을 하려고 할까? 형의 마음에 드는 건 뭘까?

S는 형과의 관계를 느슨하게 만들면서 자기 자신에게 100퍼센트 집중할 준비는 되어 있지 않았다. 하지만 이제는 자기 자신에게는 60퍼센트, 그의 형에겐 40퍼센트 '밖'에 그 초점을 맞추지 않는다. 그가 말한 바에 따르면 그렇다. 그리고 이건 좋은 협상이다.

S의 슬픔 극복 전략은 자신의 형과의 마지막 연결고리였다. 내가 무슨 권리로 이 전략을 평가하고 그로부터 빼앗어낼 수 있겠는가? 그 장단점에 관해 그는 스스로 충분히 저울질하며 고민해봤다. 자신의 신념이 무엇이며 어떤 상황에서 이들이 특히 더 활성화되는지 그도 잘 알고 있다. 그는 자기 생각을 스스로 분석할 줄 알고 대안이 될 만한 것들로 이들을 대체할 줄도 안다. 게다가 그렇게 함으로써 자기 감정에 영향을 미칠 줄도 안다. 그는 그 이면에 숨겨진 가정을 변화시키지 않겠다고 스스로 잘 알고 결정했으며, 그렇게 되도록 내버려두고 싶어 하지도 않았다. 이 역시 아주 올바른 결정이다. 자신이 원한다면 자신의 신념, 가정, 생각, 감정을 유지해나갈 수 있다. 누구나 다 그럴 권리가 있다. 자신의 신념을 모두 바꿀 필요는 없다. 그 누구에게도 자신의 가정을 다뤄보라고 강요할 수는 없다. 단지 자신의 가정을 잘 알며, 이들을 의식하고 있고, 현재 자신의 행동과 연관 지어보는 일은 조언해볼 만하다. 그렇게 하면 스스로를 좀 더 잘 이해할 수 있고, 자신의 행동 방식을 좀 더 잘 파악할 수 있으며, 원한다면 자신의 행동 방식에 영

향을 미칠 수도 있다. 그러면서 자기 주도적으로 행동할 수 있게 되고 자존감을 높이게 되며, 이는 결과적으로 자의식을 강하게 만들어준다. 이러한 자각을 통해 자신의 신념도 바꿔나갈 '수' 있다. 하지만 반드시 그렇게 해야'만' 하는 건 아니다. 그 신념을 계속 유지해나가도 괜찮다.

16장

이제는 내가 누구인지
조금 알 것 같아요

나에게 어떻게 공감할 것인가

✦ 나 자신에게 머무르기 ✦

"정말 잘하셨어요. 그 환자분은 예후도 꽤 안 좋았고, 치료 관계를 진심으로 신뢰하면서 자신을 내맡기는 일도 꽤 힘들었을 거예요. 하지만 카흐라만 선생님은 포기하지 않고, 믿음을 기반으로 라포를 형성하는 데 꼭 필요한 밧줄을 제대로 아주 빨리 찾아냈어요. 정말 훌륭한 치료였어요." 내 슈퍼바이저Supervisor가 말했다. 다행히도 우리 심리치료사들은 혼자 내내 버티지 않고, 동료들 간의 사례 연구나 슈퍼비전을 통해 우리가 행하는 치료에 관해 꾸준히 이야기 나눈다. 게다가 본인들의 이야기나 걱정거리를 나눌 기회도 얻는다. 이 세상에서 내 슈퍼바이저만큼이나 나를 잘 아는 사람은 없을 것이다. 슈퍼바이저에게 내 이야기를 특히 많이 해서 그런 게 아니라, 내가 분명하게 말하지 않는 이야기에도 귀 기울여주기 때문이다. 그는 내가 말한 내용과 말하지 내용을 정리한 다음, 나에 관한 그만의 기준틀reference frame에 그 내용을 끼워 넣는다. 어떠한 방해꾼 가정이나 판단 없이 나를 중립적으로 바라본다. 그러면서 나에 관한 현실적인 이미지를 그려나간다. 내가 나에 관해 가지고 있는 이미지보다 훨씬 더 현실적으로.

그런데 나를 인정하는 그의 말들 때문에 내 몸이 경직돼갔다. 불편했다. 그리고 나는 그 이유를 알고 있다. 그도 알고 있고.

"자, 이 칭찬을 또 못 받아들이겠나요?" 그는 웃으면서 말했다.

"노력 중이에요." 나는 미소 지으며 대답했다.

"정말 흥미로운 게 뭔지 아세요? 카흐라만 선생님은 본인이 일을 잘하고 있다는 걸 명확하게 보여주는 증거를 다 갖고 계세요. 그런데 증거가 있다고 해서 문제가 항상 해결되는 건 아니에요, 그렇죠?"

"아뇨, 안 그래요. 선생님과의 대화도 제 책에 실을 생각이에요. 아마도 책 마지막 부분이 되겠죠. 자기 생각의 옳고 그름을 오로지 이성적인 측면에서, 그러니까 이성적으로만 분석한다고 다 되는 건 아니라는 걸 명확하게 보여주고 싶어서요. 원한다면 증거 수백 개도 찾아내죠. 여러 자격증, 수료증, 치료 종결서 등을 내보이며 제 방해꾼 가정에 이의를 제기할 수 있으니까요. 그런데 그거로는 충분하지 않아요.

그렇게 해도 저는 믿지 않으니까요."

"카흐라만 선생님이 그렇게 느끼지 않으니까요." 그가 나지막이 말했다.

이에 관해 우리는 이미 넌더리 날 지경이었다.

"맞아요. 저는 그렇게 느끼지 않아요. 그렇게 생각할 뿐이죠. 그걸 어떻게 느끼죠? 자기 자신에게 뿌듯하면 어떤 기분인데요? '본인 어깨를 토닥토닥 두드리는' 기분은 도대체 어떤 기분인 거죠? 알지 못하는데 어떻게 느낄 수 있겠어요?" 비록 질문처럼 들리지 않는 질문이었지만, 나는 그에게 물어보았다.

"자부심을 느끼고자 노력하면 어떤 기분이 들죠?" 그는 진득하게 내게 질문했다.

"죄책감. 왠지 모를 양심의 가책. 그러면 안 돼." 나는 무덤덤하게 대답했다.

"왜 하면 안 되죠? 사람들은 자기 자신을 자랑스러워하지 않나요?"

"제 안의 치료사는 이렇게 말해요.

'당연하지, 사람들은 자기 자신에게 자부심을 느껴도 돼.'

그렇게 해야만 하고요. 하지만 제 안의 또 다른 존재는 이렇게 말해요.

'아니, 그냥 그러면 안 돼.'

왜 안 되죠?"

나는 한숨을 내쉬었다. 내 신념에 관한 대화에 다시금 얽혀들고 말았다. '젠장. 그럴 마음이 전혀 없다고. 그냥 치료 방법 이야기나 하면 안 돼?'

그는 내 눈빛을 읽었다.

"제가 지금 그냥 넘어가지 않을 거라는 걸 알고 있어요, 그렇죠?" 그는 미소 지으며 말했다. '그래, 나도 알아.'

"저 자신을 그렇게 중요한 존재로 받아들이면 안 되니까요. 그렇게 많은 주목을 받아선 안 되니까요. 좀 더 조용하게, 좀 더 겸손하게, 다른 사람들 눈에 좀 덜 띄면서 지내야 할 테니까요." 나는 마지못해 대답했다.

"왜냐하면…?" 그는 좀 더 자세히 물어보았다.

"그게 더 안전하니까요."

"안전함이 필요하세요?" 그는 이미 내 대답을 알고 있었다.

"아뇨." 그렇게 말하며 나는 눈동자를 돌렸다. 내 주제가 안전함이 아니란 걸 우리 둘 잘 알고 있었다.

"그래요. 카흐라만 선생님은 어째서 좀 더 조용하게, 좀 더 겸손하게, 그리고 사람들 눈에는 좀 덜 띄면서 지내야 하는데요?"

아, 안 돼, 이 사람은 나를 너무 잘 알아! 화제를 돌리고 싶다고. 그렇지만 이 사람은 그렇게 내버려두질 않지.

"그건 저랑 어울리지 않으니까요." 이번엔 진심으로 대답했다.

"정확하게 무엇이 카흐라만 선생님과 어울리지 않죠?" 그는 내 대답을 이미 다 알고 있으면서도 질문했다.

"그냥 넘어가면 안 될까요? 이러나저러나 다 아시잖아요." 나는 신경질적으로 대답했다.

"정확하게 뭘요?" 그는 자신의 질문을 반복하려 들었다.

"인정! 다른 사람들의 인정이 제게 어울리지 않는다고요." 나는 좀 더 짜증 부리며 말했다. "그냥 그런 생각이 들어요. 저는 그냥 싫어요. 어떤 인정이건, 어떤 칭찬이건, 어떤 찬사건 간에 그냥 죄다 불편하다고요."

그는 만족스럽다는 듯 미소 지었다.

"그걸 카흐라만 선생님은 잘 모르니까요. 비판은 잘 알아요, 이를 잘 다뤄낼 줄도 알고요. 그건 우리도 잘 아는 사실이지요. 카흐라만 선생님은 대개 빈틈이 없어요." 그는 잠깐 웃어댔지만, 금세 진지해졌다. "자, 카흐라만 선생님의 문제를 다시 짚어보고자 이렇게 한번 질문해보자고요. '자기 자신에 대한 만족스러움'이 어떤 기분인지 사람들은 어떻게 알까요? 그걸 느껴봐야 비로소 그 기분을 알아요. 외부의 인정을 받아들이고 이를 감정적으로 막아내지 않으려고 노력해볼 수 있어요. 누군가 카흐라만 선생님을 칭찬하면, 이 내적 긴장감을 없애버리고 깊이 숨을 들이마신 다음, 이 칭찬을 받아들이고자 노력해봐요. 그러면서 칭찬이란 게 얼마나 기분 좋은 것일 수 있는지 한번 느껴봐요.

그러면 진정한 인정이 어떤 느낌인지를 알게 될 거고, 장기적으로는 그 기분을 스스로 유발해보고자 노력도 해볼 수 있을 거예요. 누군가가 카흐라만 선생님을 꼭 인정해주지 않아도요."

집에 돌아오는 길, 나는 그의 말을 곰곰이 되새겨보았다. 이 '가르침'이 큰 도움이 될 환자들이 몇 명 머릿속에 떠올랐다. 금세 또 다른 사람들에게로 넘어가버렸다.

너 자신에게 머물러!

나는 나 자신에게 경고했다.

이제 나는 선택의 갈림길에 서 있다. 첫 번째 선택지는, 인정받을 때마다 그러한 인정을 스스로 받아들이지 않으려는 거부 행위, 그리고 이와 맞물려 나타나는 내적 긴장감. 두 번째 선택지는, 내 방해꾼 신념에 대한 분석, 그리고 인정에 상응하는 감정을 적극적으로 느껴보기. 이러한 선택권은 우리 누구에게나 항상 다 있다.

- 인정은 어떤 기분인가?
- 충분히 좋은 존재라는 건 어떤 기분인가?
- 중요한 존재라면 어떤 기분인가?
- 가치 있는 존재라면 어떤 기분인가?
- 자기 자신을 자랑스러워한다는 건 어떤 기분인가?

- 아무런 조건 없이 사랑받고 자기 자신을 사랑할 수 있다는 건 어 떤 기분인가?

  결함, 부족, 아무것도 아닌 존재, 이런 게 정확하게 어떤 기분인 지 대부분의 사람은 알고 있다. 그런데 온전한 존재란 건 어떤 기분일 까? 그 기분을 허락할 때 비로소 이를 경험하게 된다. 예를 들어 내적 긴장감이나 방어적 생각에 대한 첫 번째 반응을 중단시키며 아주 의도 적으로 그 감정 안으로 들어가볼 때이다. 아무런 방어를 하지 않을 때 어떤 기분인가? 그저 잠시 잠깐 시도해보는, 일종의 실험으로서 이게 어떤 기분인지를 한번 바라봐보자. 그리고 새로운 그 무언가를 접해보 자. 새로운 감정, 새로운 상태, 그리고 새로운 반응. 하지만 이에 관해 알고 있는 것만으로는 부족하다. 행동으로 옮길 줄도 알아야 한다.

  이론적인 지식과 이에 대한 활용 간에는 엄청난 차이가 존재한 다. 다른 사람의 신념을 파악하고, 분석하며, 변화시켜나갈 방법을 나 는 잘 알고 있다. 어떤 질문을 언제 던져야 할지, 내가 침묵해야 할 때 는 언제인지 나는 너무도 잘 안다. 어떤 신념이 도대체 왜 만들어졌고, 그 신념이 오늘날 어떤 감정, 생각, 행동을 유발하는지 나는 잘 설명할 수 있다. 그런데 나 자신의 신념을 다룬다면, 나 역시 외부의 중립적인 시각이 필요하다. 내 슈퍼바이저처럼, 방해꾼 신념의 필터링 하나 없 이 (그냥 아주 현실적으로) 나를 바라봐줄 수 있다는 걸 내가 정확하게 알 고 있는 사람. 짧은 순간 동안 내가 그 사람의 관점을 넘겨받을 수 있고 그 사람의 시선으로 나를 바라볼 수 있는, 그런 사람. 전문적인 사무 관계이건 개인적인 사적 관계이건 상관없다. 타인의 시선으로 나 자신과 내 이야기를 바라보면, 혼자서는 결단코 얻지 못할 소중한 정보를 획득하게 된다.

다음 슈퍼비전 때 우리는 내가 집필하고 있는 책에 관해 이야기 나누었다. "도대체 저는 이 책을 지금 왜 쓰고 있는 걸까요? 제가 전혀 통제하지 못한 기분, 제가 의식해서 결정한 게 아니란 기분, 뭐 그래요. '오, 나는 책을 쓸 거고 이런저런 내용을 담을 거야', 뭐 이런 순간은 없었거든요. 그냥 그렇게 된 것 같아요. 제가 만들어냈던 그런 애플리케이션처럼 딱 그렇게. 모든 게 그냥 그렇게 된 거라고요. 다른 사람들은 제게 진짜 자주 물어봐요, 어떻게 이 모든 걸 다 해내냐고요. 그러면서 저는 분명 아주 야심 넘치는 사람일 거라고 말하죠. 그럴 때마다 저는 저 자신에게 이렇게 물어보곤 해요. '흠, 내가 뭘 해내는데?' 그리고 어떤 야심? 저는 제가 그렇게 야망 넘치는 사람이라고 생각하지 않아요. 전혀. 제게 닥치는 일을 그냥 해낼 뿐이에요. 그런데 왜죠? 저를 재촉하는 건 뭘까요? 저는 모르겠어요." 그렇게 나는 나 자신을 드러냈다.

"그럼 인정에 관한 문제인가요? 어느 누군가로부터 인정받고 싶나요?" 내 슈퍼바이저가 내게 물었다.

"지난 회차 이후 저도 저 자신에게 물어봤어요. 인정에 관한 문제일지도 모르죠. 그런데 인정은 제게 아주 불편한 것이기도 한걸요. 인정받으면 저는 피해버려요. 잘은 모르겠지만, 그건 아니에요. 인정

없는 삶은 제게 그렇게 어렵지 않아요. 그렇게 인정을 갈구하는 사람도 아니고요. 인정받지 못해도 저는 괜찮아요."

"이 책은 누구를 위해 쓰는 건가요? 자기 자신을 위해? 치료 사례들을 정리·작업하기 위해?" 그가 질문했다.

"아뇨. 다른 사람들은 그렇게 말하는 걸 항상 좋아하죠. 근본적으로는 자기 자신을 위해 이 모든 걸 하는 거라고요. 약 5년 전의 저 자신을 목표 대상으로 삼으라는 말을 정말 자주 들었어요. 신념에 관한 책을 쓰려면, 약 5년 전의 제가 신념에 관한 책을 접했을 때 읽고 싶었던 내용을 스스로 한번 질문해보라고요."

"훌륭한 조언 같이 들리는데, 아닌가요?"

"훌륭하죠. 하지만 저한테는 아니에요. 저를 위해 이 책을 썼다고 하면 거짓말일 거예요." 내가 말했다.

"그러면 누굴 위해서죠?"

"저 빼고, 다른 모든 사람을 위해서요. 저는 이 이야기들을 다 알고 있잖아요. 사람들이 제게 들려준 이야기들이에요. 그런데 이 이야기들이 너무도 귀중하고 배울 점도 많아서, 그 이야기들을 듣는 동안 저는 더 많은 사람이 이 이야기들을 접할 수 있다면 좋겠다는 생각을 자주 했어요. 이 이야기들은 지하 창고에 그냥 파묻혀 있어도, 제 생각 속에서만 작업 되어서도 안 돼요." 내가 설명했다.

"신념과 그 이면에 담긴 이론보다는 그 이야기들 자체가 카흐라만씨에게는 훨씬 더 중요한 거죠? 그렇다면 이 책은 전형적인 전문 서적이나 조언 서적이 되진 않겠네요. 지금까지 제가 이해한 바로는요."

"우리는 21세기에 살고 있어요. 신념이나 이에 관한 분석법은 인터넷에 다 나와 있어요. 관련 정보나 안내서가 넘쳐난다고요. 정보를 얻는 건 전혀 어렵지 않아요. 물론 제 책에서도 다루긴 할 거예요. 하지만 제 환자들이 제게 이야기해줬던 내용, 그리고 그들이 자신들의 경험을 어떻게 받아들여왔는지에 초점을 맞출 거예요. 독자들이 자신의 관점들을 한번 바꿔보길 바라요. 저는 그걸 독려해보고 싶은 거예요. 계속해서 쭉. 다른 사람의 이야기를 들으면서 그 이면에 숨겨진 가정을 고려해보는 사람들이 얼마나 되겠어요? 어느 누가 제 생각을 허비해가며 다른 사람의 관점이 되어 그 사람을 압박했을 동기를 고민해보겠어요?

굉장히 빠르게 평가되고 판단돼요. 그러면서 우리는 죄다 뭉뚱그려 생각해버리고 말죠. 요즘 누가 본인 이외의 다른 사람들의 생각에 신경 쓰나요? 이미 수백 번 쓰이고 출간되었던 이론들은 제게 중요하지 않아요. 제게 중요한 건 공감이에요. 저는 이게 인류의 제일 중요한 재산이라고 생각해요."

"하지만 그건 요구 사항의 기준이 굉장히 높은데요. 왜 그렇게 높은 거죠?" 그가 질문했다. "카흐라만 선생님의 요구 사항의 기준이 (독자들에게도) 그렇게 높지 않다면 더 쉽지 않을까요?"

"맞아요, 더 쉽겠죠. 그런데 저는 이 책이 독자들에게 아무 감흥을 불러일으키지 않아서 그들이 책을 그냥 덮어버려도, 그렇게 나쁘게 생각하지 않을 거예요. 각자가 결정할 일이니까요. 그런 건 근본적으로 제게 하나도 중요하지 않아요. 독자들의 행동에는 그 어떤 것도 바라는 게 없기에 실망도 없는 거죠." 내가 설명했다.

"그러면요? 자기 자신에 대한 바람?"

"집합적 개념으로서 우리 인간들에 대한 바람."

그는 다시금 미소 지었다. "좀 더 자세하게 설명해봐요." 그가 나를 재촉했다.

"저도 지금 막 저 자신을 이해한 것 같아요. 외부로부터의 인정에 대한 욕구는 제게 없어요. 좀 공헌해보고 싶은, 그런 욕구는 있어요. 이 책이 어느 책방 '전문 서적, 심리학' 코너에 먼지 가득히 쌓여 파묻혀 있을 수도 있어요. 딱 한 사람만 이 책을 찾아 이 이야기들 속 주인공들의 관점이 되어보고, 그 사람들이 그때 그렇게 느꼈을 수밖에 없었던 그 기분을 아주 잠깐 느껴볼 수도 있어요. 그러면서 다른 사람들의 행동을 그냥 판단하기에 앞서 이들이 그렇게 행동할 수밖에 없게끔 이끌었던 이유를 궁금해할지도 모르지요. 그러면 된 거예요. 그러면 제 목표를 달성한 거예요. 이게 저를 자극하는 거죠." 내가 말했다. 이번엔 훨씬 더 만족스러웠다. 지금 막 매듭 하나가 풀렸기 때문이다. 나는 내가 그렇게 행동했던 이유를 알게 됐다. 나는 처음으로 이를 의식한 채 행동했었다. 그리고 그곳엔 응집력이 있었다. 이 내면의 조화로움. 나는 내가 밤새 컴퓨터 앞에 앉아 이 책을 썼던 이유를 알게 됐다.

✦ 자기 공감에서부터 시작하라 ✦

도대체 이 짓거리들을 왜 다 하는 거야? 이런 스트레스를 스스로
왜 받는 거야?

다음번에 내가 나 스스로 이런 질문을 던지게 된다면, 나는 그 이
유를 알고 있을 것이다. 나는 바로 그 한 사람에게 다다르고 싶다. 그게
누구이건 간에. 당신이 지금 이 구절을 읽고 있을 수도 있다. 하지만 당
신은 이 책이 재미없다며 한쪽 구석으로 치워놓았을 수도 있다. 그러
면서 이 책은 길거리에 놓인 헌책 상자에 들어갈지도 모른다. 그러다
이 책을 찾아내 감동하게 될, 바로 그 한 사람이 이 책을 발견할지도 모
른다. 인정에 관한 문제가 아니다. 중요한 건 공감이다.

사람은 사회적 존재다. 그렇기에 모든 걸 몸소 다 경험해봐야만
배울 수 있는 건 아니다. 천만다행이다. 모든 실수를 직접 다 해보지 않
아도 어떤 결과들이 초래될지 알 수 있다. 모든 경험을 스스로 직접 다
해보지 않아도 알 수 있다. 다른 사람들의 이야기를 통해 우리 자신에
게 중요한 깨달음을 얻을 수 있다. 사람만이 가진 이 특별한 능력을 통
해. 바로, 공감.

✦

이 책 속 이야기들을 읽으면서 분명 당신은 그 사람의 관점으로 자기 자신을 대입해보았을 것이다. 그러면서 그들의 생각을 이해하게 됐을 거고, 그들이 느꼈을 기분도 알게 되었을 것이다. 그들이 그렇게 행동했던 이유를 이해할 수 있었을 것이다. 더욱이 어떤 이야기에서는 특히나 더 잘 납득됐을 것이다. 이미 당신 자신에게서부터 그 이야기를 알고 있었기 때문이다. 그런 이야기들에 당신은 아마도 특히 더 공감했을 것이다. 그런데 이 이야기를 경험한 그 사람과만 공감했는가? 아니면 자기 자신과도?

다른 사람들에게 집중적으로 공감하면, 자기 자신에게도 자동으로 공감하게 되지 않는가?

다른 사람들의 이야기를 파고드는 일을 나는 굉장히 중요하게 생각한다. 그러면 다양한 경험담을 쌓을 수 있고 관점을 넓혀가게 되며, 훗날 다른 사람들과 그들이 처한 상황을 더 잘 이해할 수 있게 된다. 이러한 지식은 사회적 상황에서의 대처법을 바꿔준다. 정서적으로 더 똑똑해질뿐더러, 타인의 관점을 이성적인 수준에서만 이해하는 게 아니라 심지어 공감까지 할 수 있게 된다. 이러한 공감 능력은 모든 인간관계에서 제일로 중요한 것 아닌가?

이러한 방식의 공감을 자기 자신에게도 활용해봐야 하지 않겠는가?

당신이 여태껏 어떤 경험을 해왔던, 당신의 이야기가 어떤 모습이건, 그리고 당신의 생각과 감정, 심지어 지금까지 당신이 해온 결정이면에 어떤 신념이 숨겨져 있었건 전혀 상관없다. 당신 자신과 당신의 이야기에 스스로 공감할 수 있길 바란다. 이 책의 이야기들을 읽으면서 그 주인공들에게 공감한 것처럼 자기 자신에게도 공감해보자.

우리의 생각은 흔히 무자비한 엄격함과 냉혹함으로 표명된다. 냉정하게 거리를 두며 실수 따위는 용납하지 않고 강하게 체벌하는 독단적인 부모처럼. 그렇게 자란 사람들이 자기 자신과 제대로 잘 공감하지 못한다는 건 놀랍지도 않다. 행동방식 및 패턴처럼 우리의 사고방식 및 패턴도 학습된 것들이기 때문이다. 자기 자신에게 특히나 더 엄격한가? 자기 자신을 자주 비판하며 어떠한 실수도 용납하지 않는가? 그렇다면 당신의 유년기 시절을 되돌아본 다음, 부모, 양육자, 교사 등 당신에게 중요한 애착 대상들이 당신을 어떻게 대해왔는지를 한번 살펴보자. 그 주요 애착 대상들이 자신을 대하는 모습도 함께 살펴보자. 당신의 실수나 그들 자신의 실수에 그들은 어떻게 반응했는가? 좋지 않은 점수에는 어떤 반응을 보였는가? 좋은 점수에는? '노력 없이는 성공도 없다no sweet without sweat', '즐거움에 앞서 일부터business before pleasure' 등 매번 반복됐던 특별한 신조는 무엇이었는가?

이런 신조는 어떤 논리나 효율성을 습득하는 데엔 '유용'할 수 있다. 하지만 이와 함께 즐거움이나 평이함, 기쁨도 충분히 전달되었는가?

사람들을 보면 평상시에 엄마나 아빠가 거듭 반복적으로 들려줬던 말들을 대부분 다 무의식에 새기고 있다. 예를 들어 나는 엄마로부터 항상 이런 말을 들었었다. "인생은 험하고 거지 같아." 이 세상에 대해 나는 그렇게 긍정적인 이미지를 그려나가질 못했다. 여러 새로운 경험을 겪어본 다음에서야 나는 삶이 정말로 엄청나게 아름다울 수도 있다는 걸 비로소 의식적으로 지각할 수 있었다.

우리가 지나치게 엄격하게, 지나치게 차갑게, 그리고 지나치게 혹독하게 성장했다면, 자기 자신과의 공감은 빠져 있을 때가 많다. 우리는 예전에 자신이 다뤄졌던 방식과 비슷하게 자기 자신을 다룬다. 자비롭고 친절하며 사랑 가득한 방식은 지금껏 경험해본 적이 없었고, 겪어보질 않았으니 배울 수도 없었다. 이론적으로는 잘 안다. 물론 그런 양육 방식을 직접 경험해보진 못했어도 자신의 아이들은 사랑을 듬뿍 담아 키워나가는 사람들도 많다. 그렇지만 자신은 계속 고통받는다. 이러한 애정 어린 대우를 본인은 절대 경험해보지 못할 것이기 때문이다.

심리치료를 통해 사람들은 새로운 관계들을 경험할 기회를 얻는다. 즉 사람들은 (그들이 무엇을 생각하건, 말하건, 혹은 행동하건 전혀 상관없이) 제 모습 있는 그대로 온전히 받아들여지고, 소중히 여겨지며, 수용되는 경험을 해볼 수 있다. 자기 자신에 관해 좀 더 깊게 파고 들어가볼 안전한 공간을 가지게 된다. 그런데 자신의 이야기를 애정 가득한 눈빛으로 바라보며 자기 공감적으로 소중하게 분석해나가려면, 혹은 자신의 가장 큰 두려움들과 맞닥뜨리며 자기 자신을 인내심 있게 신중하게 대해보려면, 이를 공감하며 함께해줄 수 있는 사람이 곁에 필요하다. 그렇지 않으면 이 일들이 굉장히 힘겹게 다가올 것이다. 이런 일들을 지금껏 경험해본 적도 학습해본 적도 없는데 어떻게 행동으로 옮겨볼 수 있겠는가? 그렇기에 라포 형성은 심리치료 성공 여부에 압도적으로 중요한 조건이다. 당사자들은 자신을 공감으로 대해주는 사람이 있을 때, 이를 비로소 제대로 경험해볼 수 있고, 그러면서 이 패턴을 학습해나갈 수 있다. 환자들이 위기 상황에 놓여 있을 때, 심리치료사인 내가 그들과 공감해주고 그들을 친절하고 소중하게 대하면, 이 경험을 기반으로 그들은 다음 위기 상황 때엔 자기 자신을 어떻게 다뤄나가야 할지를 깨우칠 수 있다.

되지도 않은 '너 자신에게 좀 더 친절해져 봐!'나 '너 자신을 사랑해!'란 말은 아무런 도움이 안 된다. 이 요구 사항을 실천할 수 있는 당사자는 많지 않다. 그 이면에 숨겨진 메시지, '너는 사랑받을 가치가 있어!'를 믿지 못하기 때문이다. 자기 동정과 더불어 자기 공감도를 높이려면 좀 더 많은 현실, 리얼리티reality가 필요하다. 그 사람의 현재 상태는 이처럼 엄격하고 혹독하며 무자비한 내면의 목소리인데, 매한가지로 엄격한 '너 자신을 그냥 좀 사랑해 봐!'라는 말은 도움 될 게 없다. 그런 상태엔 이런 말들이 그저 비현실적이다. 사각지대를 벗어나, 모순을 경험해보고, 엄격함과 공감 사이의 대체 카테고리를 형성해봐야 좀 더 현실적인 목표를 가질 수 있다.

이론적으로는 아주 멋진 소리처럼 들리겠지만, 이쯤 되면 다들 이런 의문을 품을 것이다.

그런데 자기 공감이란 정확하게 어떤 거지? 어떻게 하는 거지? 나 자신에게 어떻게 공감하지?

예를 들어 공감적인 자아는 자기 자신에게 이렇게 말한다. "지금은 견디기 힘들어. 하지만 이게 내 현재의 관점일 뿐이란 걸 나는 잘 알고 있어. 나는 나 자신과 함께 견뎌내며, 이 힘든 시기에도 나 자신을 잘 보살필 거야. 쉬어도 괜찮고, 실수해도 괜찮아. 나 자신을 스스로 비참하게 만들고 비판하는 모습을 다시 마주하게 된다면, 숨을 크게 들이쉰 다음 나 자신과 공감적으로 대화해볼 거야. 내가 엄격함과 힘겨움을 당연히 겪을 만했다고 생각한다는 걸 난 잘 알아. 이게 익숙하니까. 그런데 이 생각은 그저 가정에 불과해. 사실이 아니야. 나는 사랑 가득한 환경을 누릴 만해. 이를 내게 허락할 준비도 되어 있어. 쉽지는 않을 거야. 일단 나 스스로 이를 확신할 수 있어야 하니까. 그렇지만 나는 참을성 있게, 친절하게 나 자신과 함께할 거야."

자신에게 스트레스인 상황에서 자신에게 공감하는 일이 너무 어렵다면, 제삼의 인물을 개입시키면서 자신에게 술책을 조금 부려볼 수도 있다. 한 예로 내가 사랑하는 사람(단짝 친구, 배우자, 아이 등)이 이처럼 힘겨운 상황을 겪고 있을 때 이들과 어떤 대화를 나누겠는가? 그처럼 자기 자신에게 질문해보자. 힘든 일을 겪고 있는 사랑하는 사람들에게 힘이 되고자 당신은 어떤 말을 해주고 싶은가? 그들을 어떻게 대하고 싶은가? 분명 상냥한 말과 표정이 다양하게 떠오를 것이다. 이를 자신에게도 활용할 수 있게 노력해보자. 자신에게 공감적이고 사랑 가득한 애착 인물이 되어주자. 특히 지금 자기 자신에게 정신적으로 굉장히 엄격한 상태라면 더더욱 노력해보자.

잊지 말자. 이건 **내 몸 안의 내 생각**이다. 이들이 얼마나 친절해도 좋을지, 혹은 얼마나 엄격해야 할지는 내가 결정한다.

이는 자기 자신이 써내려가는 이야기다. 이를 믿고 안 믿고는 오직 자신에게 달려 있다.

나는 내가 믿는 것이다.
나는 내가 믿는 걸 생각한다.
나는 내가 믿는 걸 실천한다.
나는 내가 믿는 걸 느낀다.

명확하게 알고 결정하자.
내가 생각하는 것들 가운데 정말로 믿고 싶은 건 무엇인가?

내가 써내려가는
나의 이야기

당신은 지금까지 내 환자들의 이야기를 경청하며 그들의 신념들을 집중적으로 함께 다루어보았다. 이 책을 읽는 동안 자기 자신의 신념에 관해서도 조금 감을 잡았을지도 모르겠다. 자신의 이야기 속으로 여행을 떠날 독자들에게 조금 도움이 되도록 이 실천 파트를 넣게 되었다. 다음에 소개될 질문들은 자신에 관해 곰곰이 생각해보고 분석해보는 데 도움이 될 것이다. 하지만 모든 질문을 한 번에 다 답하지 말고 시간을 좀 두고 가며 대답해보길 바란다. 어떤 질문은 온종일 머릿속에 맴돌며 생각하게 될 것이고, 어떤 질문은 굉장히 쉽게 대답해낼 수 있을 것이다. 자신에게 필요한 시간을 충분히 갖자. 설령 수년이 걸릴지라도. 뭔가를 재빨리 작업해내는 게 목표가 아니다. 자신을 좀 더 잘 알고, 이러한 깨달음을 일상생활에 적용할 수 있는 게 목표다. 이는 이 질문들이 자신의 일상생활에 영향을 줄 수 있도록 이 질문들에 충분한 시간을 할애하고 그 사이사이 쉼도 가져볼 때, 그때 비로소 달성된다.

어떤 이야기들에서 어떤 반응, 어떤 감정, 어떤 생각이 올라왔었는지를 성찰해보면서 시작하는 게 제일 좋다. 나에게 특히 인상적이었던 이야기는 무엇인가? 나에게 아무런 감동을 주지 못했던 이야기는 무엇인가? 어떤 이야기의 주인공과 나와 더 잘 동일시되었는가? 그 이유는 무엇인가? 나에게 엄청난 혐오감을 안겨줄뿐더러 일종의 저항까지 불러일으켰던 자는 누구인가? 그 이유는 무엇인가?

대충대충 넘겨 읽었던 장은 무엇이며 심오하게 빠져들었던 장은 무엇인가? 어떤 부분에서 이 책을 옆으로 치워두고 싶었는가? 그 이유는 무엇인가? 정말로 이 책을 덮게 만들었던 부분은 어디였는가? 왜 그랬는가? 금세 잊어버린 이야기는 무엇이며, 다 읽은 다음에도 계속해서 머릿속에 맴돌며 곱씹었던 이야기는 무엇인가? 정확하게 어떤 점에 당신은 사로잡혀 있었는가?

자신이 무언가를 하거나, 읽거나, 경험하거나, 체득하고 있는 동안 자신 안에서 어떤 일이 벌어지고 있는지를 이 질문들을 통해 정확하게 의식적으로 인지해낼 수 있길 바란다. 그 순간에는 거의 인지해내질 못한다. 하지만 그 이후엔 차분히 그 상황을 성찰해볼 수 있다. 이 질문들이 필요한 이유가 바로 이 때문이다. 특히 어떤 문구나 장에서 어떤 특별한 감정들이 유발된다는 사실을 깨닫게 되면, 이를 의식적으로 지각한 다음 자기 자신에게 이렇게 질문해보자. 이게 정확하게 어떤 감정이지? 이 문구에서 정확하게 무엇이 내게 이런 감정을 불러일으킨 거지? 이로 인해 활성화된 나만의 기억, 경험, 혹은 가정 때문인가? 각각의 구절을 읽었을 때 당신 머릿속에 가장 먼저 떠올랐던 생각은 무엇이었는가?

제일 먼저 떠오른 생각들은 보통 자기 이면에 숨겨진 가정들에 대한 중요한 정보들을 제공해준다. 만약 어떤 이야기 속에 등장한 어떤 말에 '말도 안 되는 헛소리야!'라고 생각했다면, 이렇게 질문해보자.

주인공의 그 말을 나는 왜 헛소리라고 생각한 걸까?

내면에서 모순성이 일어났기 때문이다. 뭔가 서로서로 안 맞다. 이 이야기 속에서 말해대는 소리가 이와는 완전히 상반된 내용으로 내면에 꽉 박혀있던 어떤 가정과 충돌한 것이다. 이를 방어하고자 당신은 재빠르게, 그리고 다소 무의식적으로 평가하며 반응하게 된다. 자동으로 떠오른 생각처럼. **말도 안 되는 헛소리!**

이를 곰곰이 생각해볼 때, 당신은 자기 자신뿐만 아니라 자신이 가진 가정에 관해서도 뭔가 배우게 된다. 이때 중요한 건, 나의 생각이 옳으냐 그르냐가 아니다. 이는 나의 판단이며 나에겐 옳은 생각이다.

이때 우리가 이야기하고 있는 건 주관적인 진실이다. 이는 다른 사람들에게 모두 꼭 들어맞을 수도 없고 그럴 필요도 없다. 그보다 훨씬 더 중요한 건, 자동으로 떠오르는 자신의 생각을 의식적으로 인지하고 분석하면서 자신의 지닌 가정과 신념을 추적·탐구해나가는 것이다. 중요한 사항, 하나. 이들이 무조건 방해꾼 가정들 신념은 아니라는 것! 실용적이고 유용한 가정과 신념일 수도 있다.

✦ 1. 지난날에 관한 질문 ✦

자신의 신념들에 관해 좀 더 많이 알아보려면 자신의 지난날부터 알아보는 게 좋다. 다음은 유년기, 당신의 가족, 그리고 당신의 자아상에 관한 질문과 과제이다. 이 질문들은 아널드 라자루스A. Lazarus의 〈인생에 관한 설문지Fragebogen zur Lebensgeschichte〉(1973)를 기반으로 작성되었다.

- 나의 아빠, 혹은 이에 상응할 만한 애착 대상의 특성들을 기술해보자. 그 사람이 나를 대하는 태도를 어떻게 기술하겠는가?
- 나의 엄마, 혹은 이에 상응할 만한 애착 대상의 특성들을 기술해보자. 그 사람이 나를 대하는 태도를 어떻게 기술하겠는가?
- 내가 성장했던 집 분위기는 어땠는가?

- 나의 부모님 및 애착 대상들은 서로서로 어떻게 대했는가? 아이들과는 어떻게 지냈는가?
- 가족들끼리 함께 식사하는 시간이 정해져 있었는가?
- 가족들끼리 함께 즐기는 활동들이 있었는가? 그렇다면 어떤 것들이었는가?
- 나의 부모님이나 애착 대상을 신뢰할 수 있었는가?
- 나의 부모님이나 애착 대상으로부터 근본적으로 사랑받고 수용되고 있다고 느끼는가?
- 나의 유년기 및 청소년기 시절, 나의 부모님은 당신이 어디 있는지를 일반적으로 잘 알고 있었는가? 그들은 나의 관심사를 알고 있었는가?
- 나의 부모님으로부터 체벌 받은 적이 있었는가? 어떻게?
- 나의 부모님으로부터 칭찬받은 적이 있었는가? 어떻게?
- 요즘 나의 가족과의 관계는 어떠한가?
- 가족들 가운데 정신질환, 중독 문제, 심각한 질병 등을 알고 있는 사람이 있는가?
- 나의 가족은 외부 세계와 많이 접촉하는가, 아니면 폐쇄적으로 생활하는 편인가?

나 자신을 어떻게 바라보고 있는가? 동그라미 쳐보자.

주저하는	부주의한	집착이 심한
행복한	낙관적인	안정적
재미없는	주의 깊은	산만한
활기찬	자신감 넘치는	연약한
강한	똑똑한	공정한
의심이 많은	차분한	인내심이 큰
공감적	수다스러운	무력한
어리석은	비판적	개방적인
솔직한	불행한	생동적인
폐쇄적인	매력이 없는	몽상적
비관적	냉담한	용감한
열망이 넘치는	폭력적	정신없는
외로운	사교적	즉흥적
활동적인	정확한	예민한
상처를 잘 받는	호기심 많은	즐거운
사려 깊은	질투가 많은	약한
둔한	생각이 많은	매력적인
두려운	피상적	자신감이 없는
민감한	불안한	

다음의 문장을 오래 고민하지 말고 바로 완성해보자.

- 내 성격을 기술한다면 나는 ….

- 나는 늘 굉장히 … 했다.

- 나는 특히 …에 자부심을 느낀다.

- 나는 …을 인정하는 게 참 힘들다.

- 다른 사람이 …하면 나는 상처받을 수 있다.

- 내 엄마에 관해 나는 …라고 기억한다.

- 나는 엄마로부터 …이 필요했지만, 받지 못했다.

- 내 아빠에 관해 나는 …라고 기억한다.

- 나는 아빠로부터 …이 필요했지만, 받지 못했다.

- '나 자신'이 될 용기가 있다면, 나는 … 하겠다.

- 나를 특히 화나게 만드는 건 …이다.

- 배우자로부터 받고 싶지만, 충분하게 받지 않은 것은 …이다.

- 어른이 되는 건 내게 쉽지 않다, 왜냐하면 ….

- 내가 …함으로서 나는 나 자신에게 도움을 줄 수 있다.

- 내 문제를 가지는 것의 장점은 …이다.

다음의 질문에 답해보자.

- 자유 시간에 주로 무엇을 하는가?

- 나의 관심사나 취미는?

- 내가 특히 편안하게 느끼는 신체 감각은?

- 내가 특히 불편하게 느끼는 신체 감각은?
- 나에게 아주 편안한 환상은?
- 나에게 아주 불편한 환상은?
- 나의 비이성적인 생각들, 비합리적인 아이디어는?
- 내가 행복한 사회적 상황은?
- 나를 슬프게 만드는 사회적 상황은?
- 나에게 아주 불편한 사회적 상황은?

다음 사람들은 나에 관해 어떻게 이야기하겠는가?

- 낯선 사람
- 나의 아버지
- 나의 어머니
- 나의 배우자
- 나의 단짝 친구
- 나에게 상처를 줄 수 없는 사람

내가 가장 두려워하는 것은?

1. …
2. …

3. …

4. …

5. …

하단에 표시된 양극 선상에서 어느 지점에 나를 올려두겠는가?
표시해보자.

●──●

나는 나를   나는 나를
좋아한다.   좋아하지 않는다.

✦ 2. 신념에 관한 지각 ✦

다음의 질문들은 자신의 생각, 당신의 행동, 그리고 자신의 방해꾼 가
정들과 신념들을 지각해내는 데 도움이 될 것이다. 이는 앞장들에서
이미 대부분 접해봤던 질문들이다. 여기에서는 그 질문들을 자신의 개
인적인 상황들에 적용해볼 기회가 주어질 것이다.

그렇지만 이 질문들에 한 번 대답해봤다고 해서 자신의 신념들
과 곧장 마주하게 되는 건 아니다. 자신의 생각들을 의식적으로 지각
해보는 작업을 규칙적인 일상 활동으로 만들어나가자.

예를 들어 지금 어떤 생각을 왜 하고 있는지를 잠깐 점검해봐야

겠다고 매일매일 수차례 스스로 상기해볼 수 있다. 각각의 대답들을 프로토콜 형식으로 짤막하게 기록해보는 것도 많은 도움이 된다.

- 지금 나는 무슨 생각을 하고 있는가?
- 지금 그 생각을 나는 왜 하고 있는가?
- 지금 나에게는 어떤 욕구들이 있는가?
- 여태껏 들어왔던 말들 가운데 지금도 여전히 나에게 많은 영향을 미치는 것들은 무엇인가?
- 나에게 (어떤 방식이건 상관없이) 격한 감정들을 일으키는 말들은 무엇인가?
- 나의 생활신조는 무엇인가?
- 나에게 중요한 가치는 무엇인가?
- 나의 컨디션이 좋지 않을 때 어떻게 하는가?
- 성공과 실패를 어떻게 다루는가?
- 유년기 시절, 충분히 충족되지 못했던 욕구들은 무엇인가?
- 나의 부모님이 당신의 욕구들을 충분히 충족시켜 주었다면 뭐가 달라졌을까?
- 요즘엔 나의 욕구들을 어떻게 다루는가?
- 타인보다 자기 자신에게 좀 더 엄격한가? 각기 다른 기준들을 적용하는가?
- 지금 나에게 필요한 것은 무엇인가? 지금 내가 거부하고 있는 것

은 무엇인가?

+ 3. 신념에 관한 질문 +

자신의 생각들을 되물어보고 그 결과, 자신의 신념도 분석해보게 되었
다면, 비판적인 관점으로 자신의 생각과 내면화된 가정을 살펴보는 게
좋다. 각각의 생각과 가정의 정당성 및 활용도를 파악해보려면 판사의
입장으로 각각의 '입장'에 귀 기울여보자.

- 정말 그런가?
- 무엇이 이를 대변해주는가?
- 이 생각이 진실이 아니라고 반박하는 건 무엇인가?
- 누구에게나, 언제나 다 그런가?
- 이 생각은 일반적으로 모든 상황, 모든 사람에게 타당한가?
- 이 생각은 나에게 유용한가?
- 이 생각은 합리적인가?
- 이 생각은 나의 내면에서 전형적으로 어떤 감정들을 유발하
  는가?
- 예전에 이 생각이 나의 어떤 목적을 충족시켜 준 적이 있었는가?
- 요즘도 이 생각이 그걸 채워주는가?

관점 바꾸기

자신의 생각을 비판적으로 분석해보면 어떤 때는 한계에 부딪히기도 하고 어떤 때는 좌절할 수도 있다. 전문적인 도움을 받지 않을 때특히 더하다. 논쟁 중 자신을 '잃을' 수도 있고, 더 나아가 객관적인 판사의 시각에서 당신에게 가장 엄격한 검사의 시각으로 변할 수도 있다. 그런 일이 발생했을 때나 이를 사전에 방지하고 싶을 때, 관점을 바꿔보고자 노력해볼 수 있다.

- 친한 친구가 이와 비슷한 상황에 놓인다면 어떤 조언을 해주겠는가?
- 나의 자녀가 자기는 중요하지 않은 존재인 것 같다고 말한다면, 그러면서 자신의 욕구들은 계속해서 뒷전으로 물러둔다면, 나는 어떤 조언을 해주겠는가?
- 이런 이야기를 다룬 영화를 보게 된다면, 나는 주인공을 위해 무엇을 바라겠는가?

앨버트 엘리스의 ABC 모델

정서적으로 감당하기 힘든 어떤 상황이 나에게 벌어졌다면, (제일 좋은 건 그 상황 직후) ABC 모델을 적용해볼 수 있다. 이때에도 연습이 대가를 만드는 법이다. ABC 모델을 꾸준히 실천해봐야 자신의 방해꾼 생각, 장기적으로는 자신의 가정과 신념을 인지하고 분석해낼 수 있으며 변화시켜나갈 수도 있다.

분석 과정은 첫 번째 단계, 유발 상황(A)에서부터 시작된다.

A. 그 상황을 이곳에 시나리오처럼 작성해보자. 무슨 일이 발생했는가? 영화 속 한 장면이라면, 관객들은 무엇을 보게 되는가?

예: 인터뷰 초대를 받았다.

B. 두 번째 단계는 자신의 생각들(신념)을 다루는 작업이다. 이 상황에서 나는 어떤 생각을 했는가?

예: '나는 완전히 죽 써버릴 거야. 엄청 참담한 상황이 벌어질 거라고!'

이 생각들에 머무르되 메타 영역에서 바라봐보자. 즉 내가 실상 생각하고 있는 것들을 생각해보자. B 단계에서 작성했던 그 생각들은 나에게 무슨 의미인가?

예: '나는 이걸 감당해내지 못해!'

이로부터 나는 어떤 결론을 내리게 되는가? 이러한 생각들 이면에는 어떤 가정들이 숨겨져 있는가?

예: '나는 무능해.'

이제 C 단계로, 이에 따른 결과들을 다루게 된다.

C. 이 상황에서 나의 기분은 어떠했는가? 나는 무엇을 했는가?

예: 나는 불안했고 두려웠으며, 엄청난 회의감이 올라왔다. 몸이 긴장된 게 느껴졌고 위가 아팠다. 준비했던 것들에 집중하기 힘들었으며 인터뷰를 취소하기 일보 직전이었다.

C2. 앞으로 맞닥뜨릴 이와 같은 상황들에서 나의 목표는 무엇일지 생각해보자. 그 상황을 돌이켜봤을 때, 나는 어떤 기분을 느끼고 싶었고 실상 어떻게 행동하고 싶었는가?

예: 좀 더 편안하고, 좀 더 낙관적이었을 것이다. 내가 가진 장점들에 더 많이 집중하면서 지금까지 준비해왔던 인터뷰에 좀 더 주의를 기울였을 것이다.

✦ 4. 대체 신념 형성 ✦

새로운 신념을 형성해나가는 것도 ABC 모델에 속한다.

B2. 이 상황에서 내가 달리 떠올려볼 수 있었던 생각들은 무엇이 있겠는가? 내가 바랐던 대로(C2)손쉽게 반응할 수 있게 나를 도와줄 생각들은 무엇일까?

예: '나는 지금껏 잘 준비해왔고 오늘도 최선을 다할 거야. 이 직

장을 얻지 못한다면 실망이야 하겠지만, 그렇다고 세상이 무너진 건 아니야. 계속해서 다른 직장을 찾아볼 거야.'

많은 사람이 이 단계를 엄청나게 어려워한다. 흔히 '익숙했던 대로' 흘러갔던 상황에서 달리 새롭게 생각해보는 일은 결단코 쉽지 않다. 내가 이미 잘 알고 있고 자동으로 떠올려지는 생각들 말고 다른 걸 생각해보려면 어떻게 해야 할까?

이 단계가 굉장히 어려울 수 있고, 손쉽게 재빨리 성공하기는 힘들 거라는 사실을 염두에 두자. 이는 자신의 생각에 되레 유연함을 불어넣는 문제다. 아무런 제약 없이 그냥 편안하게 생각해보자. 이 상황에서 달리 생각해볼 수 있는 것들을 죄다 떠올려보자. 허구의 인물들이나 유명한 사람들을 떠올려보자. 그 사람들이라면 이 상황에서 어떻게 생각하고 어떻게 행동했을지 스스로 질문해보자. 잭 스패로Jack Sparrow 선장은 어떻게 생각했었을까? 덤블도어Dumbledore 나 앙겔라 메르켈Angela Merkel은 무슨 생각을 했었을까? 창의적으로 생각해보자. 맞고 틀리고, 그런 건 없다. 이때 중요한 건, 여러 다양한 관점들과 행동 방식들이 존재한다는 걸 깨닫는 것, 그것뿐이다. 당신은 자신의 관점, 자신의 생각, 자신의 행동에 무방비로 그냥 내어져 있는 게 아니다. 당신은 자유롭게 선택할 수 있다. 단 당신이 실행할 수 있는 대책이 존재할 때만. 그러려면 다음의 연습법이 최적이다.

자신의 다양한 버전들.

이곳에 추가로 제시된 질문들은 다르게 생각하고, 다르게 행동하고, 다르게 느끼는 자신의 또 다른 버전을 떠올려보고자 할 때 도움이 될 것이다. 여기서도 핵심은 어떤 버전이 더 낫고 덜하다가 아니다. 평가는 계속해서 제외해두자. 중요한 건, 자신의 행동에도 여러 가지 다양한 버전들이 존재할 수 있으며, 어떤 버전에 따라 자신이 살아가고 싶은지는 스스로 선택할 수 있다는 사실을 깨닫는 것이다.

- 다른 사람인 나는 이 상황을 어떻게 인지하겠는가?
- 그 대신 무엇을 믿겠는가?
- 무엇을 생각하겠는가?
- 어떤 기분이 들겠는가?
- 어떻게 행동하겠는가?
- 다른 사람들은 나를 어떻게 인지하겠는가?
- 내 관계는 어떻게 형성되어야 하겠는가?
- 힘겹고 어려운 상황에서 어떻게 행동하겠는가?
- 내 감정, 내 생각, 내 행동에서 정확하게 무엇이 달라지겠는가?
- '다른 사람이 되어보는 것'은 어떤 기분인가?

이러한 생각, 이러한 가정, 이러한 신념이 없다면 나는 누구일까?

- 내 삶의 이러한 가정들을 변화시키는 건 무엇인가?

- 나에 관해 어떻게 생각하고 싶은가?

- 나에 관해 어떻게 믿고 싶은가?

- 이때 어떤 기분을 느끼고 싶은가?

감사의 글

저를 믿고 자신의 실제 이야기를 들려주며 그 이야기 속에서 자신들의 고통과 마주하셨던 환자분들에게 가장 큰 감사와 존경을 표합니다. 그분들과 함께할 수 있어서, 그리고 그분들이 경험하신 세계로 제가 치료 과정 동안 함께 들어가 볼 수 있어서 크나큰 영광이었습니다. 치료 과정에서 환자분들께서 제게 얻어가신 것, 그 이상으로 저 역시 많은 걸 배웠습니다. 계속해서 배워나가겠습니다.

✦

이 책과 더불어 이곳에 소개된 이야기들을 접해주신, 독자분들 모두에게도 감사의 인사를 전합니다. 제가 신인 작가로 거듭날 기회를 주셔서 감사합니다. 여러분이야말로 제가 이 책을 집필한 이유이며, 여러분이 이 책을 읽어주셨기에 이 책의 목적이 달성되었습니다. 읽어주는 사람 하나 없는 책이 무슨 의미가 있을까요?

진심으로 감사합니다!

굳게 믿었던 나라는 존재에게 던지는 질문

나는 왜 이런 사람이 됐을까?

1판 1쇄 인쇄 2024년 5월 30일
1판 1쇄 발행 2024년 6월 6일

지은이 네시베 카흐라만
옮긴이 이은미
펴낸이 고병욱

기획편집1실장 윤현주 **책임편집** 한희진 **기획편집** 김경수
마케팅 이일권 함석영 황혜리 복다은
디자인 공희 백은주 **제작** 김기창 **관리** 주동은 **총무** 노재경 송민진 서대원

펴낸곳 청림출판(주)
등록 제2023-000081호

본사 04799 서울시 성동구 아차산로17길 49 1009, 1010호 청림출판(주)
제2사옥 10881 경기도 파주시 회동길 173 청림아트스페이스
전화 02-546-4341 **팩스** 02-546-8053

홈페이지 www.chungrim.com **이메일** cr2@chungrim.com
인스타그램 @chungrimbooks **블로그** blog.naver.com/chungrimpub
페이스북 www.facebook.com/chungrimpub

ISBN 979-11-5540-235-1 03180